中经"精品课程"系列

中经新工科·汽车专业规划教材

新能源汽车安全舒适系统故障诊断与维修

主　编：吕少卉　张先贞　刘　源

副主编：聂鲁美　贺　翔　孔国栋　张　旭　戴伟星

参　编：张　科　张　通　郗欢欢　王　旭　程尚廷
　　　　吕丕华　李　波　史作光

中国经济出版社　　中国石化出版社

·北京·

图书在版编目（CIP）数据

新能源汽车安全舒适系统故障诊断与维修 / 吕少卉，张先贞，刘源主编. -- 北京：中国经济出版社：中国石化出版社，2025.6. -- ISBN 978-7-5136-8208-4

Ⅰ.U469.707

中国国家版本馆 CIP 数据核字第 20257GK009 号

选题策划	雷　生
责任编辑	罗　茜
责任印制	李　伟
封面设计	任燕飞

出版发行	中国经济出版社
印　刷　者	宝蕾元仁浩（天津）印刷有限公司
经　销　者	各地新华书店
开　　本	889mm×1194mm　1/16
印　　张	15.25
字　　数	388 千字
版　　次	2025 年 6 月第 1 版
印　　次	2025 年 6 月第 1 次
定　　价	59.00 元

广告经营许可证　京西工商广字第 8179 号

中国经济出版社　网址 http://epc.sinopec.com/epc/　社址 北京市东城区安定门外大街 58 号　邮编 100011
本版图书如存在印装质量问题，请与本社销售中心联系调换（联系电话：010-57512564）

版权所有　盗版必究（举报电话：010-57512600）
国家版权局反盗版举报中心（举报电话：12390）　　服务热线：010-57512564

PREFACE 前言

随着电子工业技术的飞速发展,电子控制技术越来越广泛地应用于汽车上,尤其是解决汽车在油耗、安全舒适和排放方面的问题,汽车电子控制技术起到了举足轻重的作用,给汽车的发展带来了划时代的变革。汽车上各个系统的工作性能都采用了相应的电子控制装置来优化管理。随着生活水平的提高,人们对汽车的安全性、舒适性要求越来越高。汽车安全性、舒适性的核心是汽车电控技术。汽车电控系统的维修是机电维修岗位的核心职业能力,也是本专业课程学习的重点、难点。掌握汽车电控系统维修技术的人才缺口较大,汽车维修的高技术技能人才将来大有用武之地。

《新能源汽车安全舒适系统故障诊断与维修》是新能源汽车技术、汽车检测与维修技术和智能网联汽车技术专业的核心课程,也是高职高专院校汽车类专业的核心课程,是培养学生职业岗位关键能力的专业技术课程。课程以汽车安全舒适系统故障诊断与维修为教学载体,把教学项目分为几个相对独立又层层递进的技能模块,使教学内容与企业实际工作岗位任务紧密贴合,提高了教学与就业凝聚力。课程内容包括汽车防盗系统、汽车舒适系统、汽车安全系统、ADAS驾驶辅助系统、汽车信息娱乐系统、汽车空调系统6个项目的故障诊断与维修,课程紧跟汽车安全舒适系统技术发展,并实时补充,使得汽车安全舒适系统新技术、新工艺理论知识与时俱进,专业技术技能实用、够用、先进。通过本课程的学习,学生能掌握车辆安全舒适系统故障诊断的基本理论知识,并能够进行车辆安全舒适系统的维护、故障诊断,故障部件的拆卸检修、更换、调试等,具有对汽车安全舒适系统典型故障进行检测、诊断和维修的实践能力,培养学生的汽车故障诊断与维修技术核心能力,从而培养出汽车检修行业需要的高技术、高技能型人才。

本教材的编写思路:

(1) 课程项目设计遵循职业成长和学生认知规律来序化教学内容,由易到难、由浅入深、层层递进安排相应的学习任务;

(2) 课程结合职业岗位需求,以工作过程为导向、任务驱动,重点突出"做中学,学中做"的理念，教学以学生为主体；

（3）教学过程中教师为辅，提供技术支持和安全监督；学生为主，依据所学内容借助维修手册，制定故障排除流程，上车排除故障；

（4）学生在团队合作的学习过程中，无论是语言沟通、文字表达、协作配合、动手操作能力，还是分析问题、解决问题的能力都能得到提高，从而构建知识技能与职业素养并重的评价体系。

本教材适用于以培养学生汽车电器系统实车操作技能和应用为主的高职、中职院校以及从事汽车电器维修职业的人员。

本教材写作团队包括吕少卉、张先贞、刘源、聂鲁美、贺翔、孔国栋、张旭、戴伟星、张科、张通、郗欢欢、王旭、程尚廷以及企业专家，吕少卉、张先贞、刘源主持教材的编写、审核与校对，张旭、贺翔负责中控门锁、电动车窗和信息娱乐系统的编写，张科、张通、程尚廷负责汽车防盗装置、一键启动、无钥匙进入以及仪表和HUD系统的编写，聂鲁美、孔国栋负责巡航系统、泊车系统和全景影像系统的编写，王旭、郗欢欢负责安全气囊、安全带和胎压监控系统的编写，贺翔负责电动后视镜、电动座椅和电动天窗的编写。教材编写过程中得到了中德诺浩（北京）教育科技股份有限公司吕丕华、济宁润华汽车销售服务有限公司李波、济宁恒悦汽车销售服务有限公司史作光的大力支持，在此一并表示感谢。

CONTENTS 目录

项目一　汽车防盗系统故障诊断与维修　001

- 任务 1　汽车防盗警报装置故障诊断与维修 …………………………… 001
- 任务 2　无钥匙进入系统故障诊断与维修 ……………………………… 010
- 任务 3　一键启动系统故障诊断与维修 ………………………………… 018
- 任务 4　中控门锁失效故障诊断与维修 ………………………………… 025

项目二　汽车舒适系统故障诊断与维修　033

- 任务 1　电动车窗故障诊断与维修 ……………………………………… 033
- 任务 2　电动后视镜故障诊断与维修 …………………………………… 041
- 任务 3　电动天窗系统故障诊断与维修 ………………………………… 049
- 任务 4　电动座椅系统故障诊断与维修 ………………………………… 057

项目三　汽车安全系统故障诊断与维修　069

- 任务 1　安全气囊系统故障诊断与维修 ………………………………… 069
- 任务 2　安全带控制系统故障诊断与维修 ……………………………… 082
- 任务 3　胎压监测系统故障诊断与维修 ………………………………… 091

项目四　ADAS 驾驶辅助系统故障诊断与维修　098

- 任务 1　车道偏离预警系统故障诊断与维修 …………………………… 098
- 任务 2　巡航控制系统故障诊断与维修 ………………………………… 111
- 任务 3　汽车变道辅助系统故障诊断与维修 …………………………… 126
- 任务 4　汽车防撞预警系统故障诊断与维修 …………………………… 138

任务 5　泊车雷达系统故障诊断与维修 …………………………………………… 153
　　任务 6　全景影像监控系统故障诊断与维修 ………………………………………… 167

项目五　汽车信息娱乐系统故障诊断与维修　　176

　　任务 1　汽车组合仪表故障诊断与维修 ……………………………………………… 176
　　任务 2　HUD 系统故障诊断与维修 ………………………………………………… 182
　　任务 3　车载信息娱乐系统故障诊断与维修 ………………………………………… 187

项目六　汽车空调系统故障诊断与维修　　196

　　任务 1　汽车空调系统保养 …………………………………………………………… 196
　　任务 2　汽车空调制冷系统检修 ……………………………………………………… 204
　　任务 3　汽车空调制热系统检修 ……………………………………………………… 211
　　任务 4　汽车空调通风和净化系统检修 ……………………………………………… 219
　　任务 5　汽车空调控制系统检修 ……………………………………………………… 228

参考文献 ………………………………………………………………………………… 237

项目一
汽车防盗系统故障诊断与维修

任务 1　汽车防盗警报装置故障诊断与维修

知识学习：汽车防盗警报装置

学习目标

1. 熟悉汽车防盗监控方式；
2. 掌握汽车防盗警报的组成和原理。

在当今社会，汽车已经成为人们生活中不可或缺的一部分。然而，随着汽车数量的不断增加，汽车被盗的风险也日益增大。为了保护汽车的安全，汽车防盗系统应运而生。

一、汽车防盗警报系统的类型

（1）机械防盗系统：机械防盗系统是最传统的汽车防盗系统，主要包括方向盘锁、排挡锁等。虽然这种防盗系统简单易行，但安全性相对较低，容易被破解。

（2）电子防盗系统：电子防盗系统是目前应用最广泛的汽车防盗系统。它由电子控制单元、传感器和报警装置等组成，具有较高的安全性和可靠性。

（3）网络防盗系统：网络防盗系统是一种基于互联网技术的新型汽车防盗系统。它可以通过车载 GPS 定位系统和移动通信网络，实时监控汽车的位置和状态，并在发生盗窃行为时及时通知车主和警方。

二、汽车防盗警报系统的组成

（1）防盗警报控制单元：这是防盗系统的核心部分，负责接收和处理各种传感器的信号，并根据预设的程序控制防盗系统的工作。

（2）防盗警报传感器：包括车门传感器、车窗传感器、点火开关传感器等，用于检测汽车的状态，如车门是否被打开、车窗是否被破坏、点火开关是否被启动等。

（3）防盗报警装置（执行器）：一般包括喇叭、闪光灯等，当防盗系统检测到异常情况时，报警装置会发出声光报警，以提醒车主和周围的人。

（4）汽车钥匙遥控器：用于远程控制防盗系统的开关、解锁和锁定等功能。

三、汽车防盗警报系统的工作原理

（1）当车主离开汽车并使用遥控器锁定车门时，防盗系统则进入警戒状态。此时，控制单元会通过传感器监测汽车的状态。

（2）如果有人试图非法打开车门、车窗或启动汽车，传感器会将检测到的异常信号发送给控制单元。

（3）控制单元接收到异常信号后，会判断是否发生了盗窃行为。如果确认发生了盗窃行为，控制单元会立即启动报警装置，发出声光报警。

（4）一些高级的防盗系统还可以通过无线通信技术将报警信息发送给车主的手机或其他指定的接收设备，以便车主及时采取措施。

四、车辆进入防盗状态的方式

在车辆熄火下电，关上车门，车内没有遗留钥匙的情况下，第一，可以通过按压遥控器上锁；第二，可以通过触摸车门把手上的锁车传感器上锁；第三，带着钥匙远离车辆上锁；第四，可以使用机械钥匙上锁，使车辆进入防盗状态。

 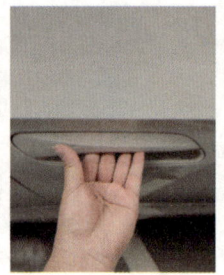  

　　按压遥控器上锁　　　触摸锁车传感器上锁　　　钥匙远离车辆上锁　　　用机械钥匙上锁

图 1-1-1　车辆进入防盗状态的方式

在防盗状态下，如果车上的任意车门、盖被打开，车辆就会进入报警状态触发车辆声光警报。

　　　车门打开　　　　　　　机舱盖打开　　　　　　触发警报

图 1-1-2　触发车辆声光警报的方式

此外，车辆可以利用防盗控制单元内部或安装在车辆上的振动传感器来检测车辆是否振动，如果环境有巨大的声音，或者振动传递到车上，使振动达到报警触发级别，也会触发车辆声光警报。

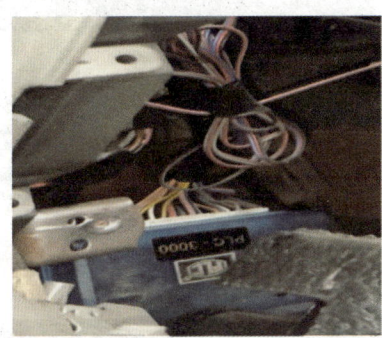

图 1-1-3 防盗监控模块

五、防盗警报装置的监控方式

车辆进入防盗状态后，防盗警报装置会监控所有车门开启触点状态变化和行李箱盖触点状态变化，有些车型也会监控发动机舱盖开关触点状态变化，如果检测到车门状态开启异常会触发车辆声光警报。

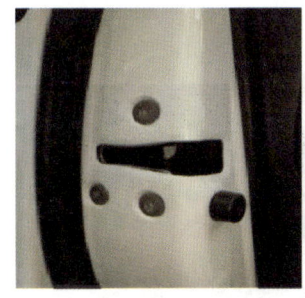

车门状态　　　　　　　　行李箱状态　　　　　　　机舱盖状态

图 1-1-4 防盗警报装置监控方式

高端车型在车辆进入防盗状态后还会通过以下方式进行监控：

（1）后窗玻璃破碎监控：在车辆锁车进入防盗状态后，监控后窗玻璃是否破碎，如果后窗玻璃破碎也会触发车辆警报装置。

（2）OBD 查询监控：在车辆警报装置已经激活的情况下，如果通过诊断插头来查询车上的控制单元，则会触发车辆警报装置。

（3）车内监控：车内监控可以通过车门侧边的按键选择激活或关闭（部分车型不支持开关关闭功能），车内监控是通过安装在车内 A 柱或车内顶灯模块灯架上的超声波传感器对车内进行监控，当有人员非法进入车内则会触发警报装置。

（4）牵引保护：通过安装在车内的传感器检测车辆是否存在非法牵引，当监测到车辆异常状态时则会触发车辆警报装置。

车辆警报装置一般由车辆喇叭、危险警报灯提供声光警报，有些车型也可通过远程电话告知车主车辆异常状态。

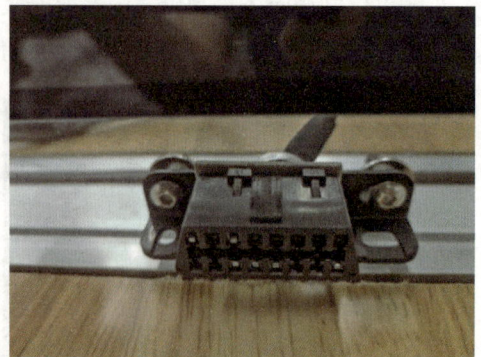

后窗玻璃破碎监控　　　　　　　　OBD查询监控

车内监控　　　车内顶灯模块超声波传感器　　　牵引保护

图 1-1-5　车辆监控方式

车辆喇叭　　　　　危险警报灯　　　　　远程呼叫

图 1-1-6　车辆警报装置

六、车内监控使用方法

在车机系统里进行设置，在主页面选择车辆选项，进入后找到车辆设置和服务选项，在里面找到车内监控选择就可以打开或关闭车内监控功能了。

车辆　　　　　车辆设置和服务　　　　　车内监控

图 1-1-7　车内监控使用方法

此外,在一些老的车型上,单独设有内部监控开关(一般安装在司机侧车门位置)。

车内监控功能也可以通过遥控器进行关闭,连续按压两次锁车按键,即可实现便捷关闭,遥控器重新解锁车辆后,该功能自动恢复到先前打开状态。

图1-1-8 内部监控开关　　　图1-1-9 遥控器关闭监控

七、防盗警报传感器类型

(1)玻璃破碎传感器:一般安装在挡风玻璃支架下方,玻璃被击打但未破碎时,会产生一种超低频弹性振动,玻璃破碎时响亮的声音属于高频声音,当传感器同时检测到低频和高频声音时,会产生警报信号;也可利用压电陶瓷的压电效应,在外力作用下发生扭曲变形产生电荷,提供警报信号。

图1-1-10 玻璃破碎传感器

(2)车内监控传感器:一般安装在车内顶灯模块内,车辆锁止30秒后,该功能开启,锁车后当有人员或物体进入车内,识别到车身晃动,或识别到车内气流的变化,超声波传感器通过检测车内气流的变化,从而触发警报装置,发出声音和视觉警报。

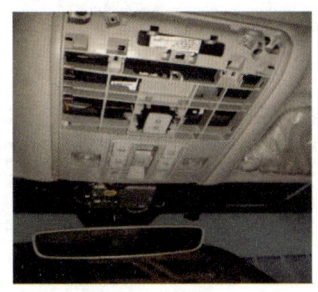 

图1-1-11 车内监控传感器

(3)防盗警报传感器:车内监控主要由G578车内防盗警报传感器提供监控信号,里面集成了超声波传感器和车辆倾斜传感器,传感器上一般连接有三个超声波的吸音口,两个负责车后吸音,一个负责车前吸音。

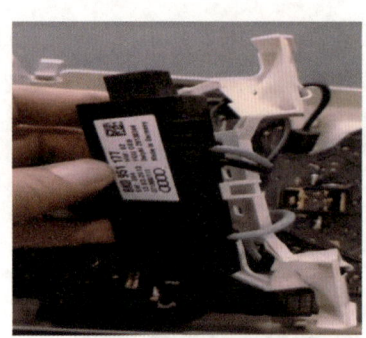
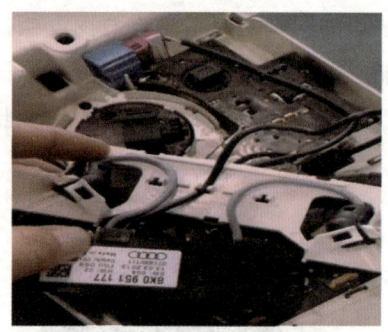

图1-1-12 防盗警报传感器

（4）倾斜传感器：主要监控车辆状态变化，用于拖车监控防盗戒备期间，当车辆蓄电池断电，如果车门状态发生变化或车辆倾斜，可以通过带有倾斜报警传感器的应急电源报警器进行报警，用于防止车辆或轮胎被盗。

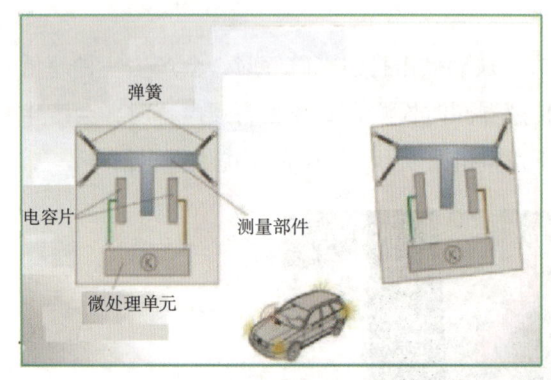
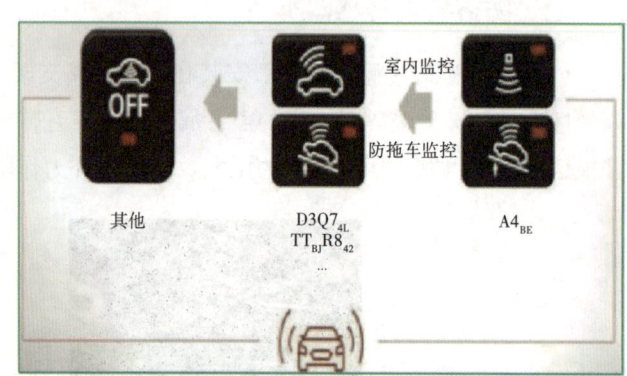

图1-1-13 倾斜传感器　　　　　　图1-1-14 监控方式

防盗警报传感器G578（包括车内监控传感器G273和车辆倾斜传感器G384）以及报警喇叭H12是舒适系统中央控制单元J393的LIN-总线用户。G578和H12通过不同的LIN-总线连接到J393。车门触点开关信号以及车窗玻璃破碎检测传感器信号也发送给J393控制单元。当J393监测到传感器信号警报电压后，会激活H12喇叭警报。

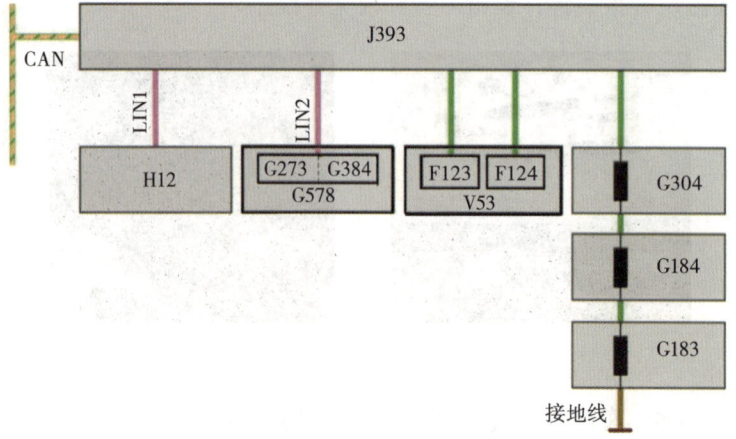

图1-1-15 防盗警报系统控制电路

技能演练：汽车防盗警报装置故障检修

学习目标

1. 学会汽车故障检测设备和工具的正确使用；
2. 学会分析汽车防盗警报装置常见故障原因；
3. 能够排除汽车防盗警报装置常见故障。

故障案例

故障现象：一辆行驶里程约 7000 千米的 2019 年奥迪 A8L 轿车。该车锁车后一段时间经常会有警报声。得知车内监控系统在 2019 年 11 月 24 日 16 时触发了警报，但与车主反馈的时间不一致。其还表示仅曾经在奥迪维修店加装过行车记录仪，没有再加装其他部件。

为了验证故障现象，维修技师做了诸多防盗报警试验，发现仅在锁车 8 小时以后，按压车辆且遥控器解锁车辆并再次遥控上锁，车辆发出警报声且持续不断，故障现象与车主描述一致。

故障诊断：使用大众奥迪原厂诊断仪，读取车辆故障码和数据组，在底盘控制单元 J775 内记录了一次偶发的"车辆前轴高度曾经过低"的故障，读取环境条件无法显示故障发生的准确时间。读取其他控制单元无故障码。

连接诊断仪模拟故障，当故障出现时读取舒适系统中央控制单元 J393 测量值（数据为文本形式），防盗监控系统显示门窗已关好，车辆倾斜角度未变化，车内无人。警报喇叭未启动，未检测到警报源。

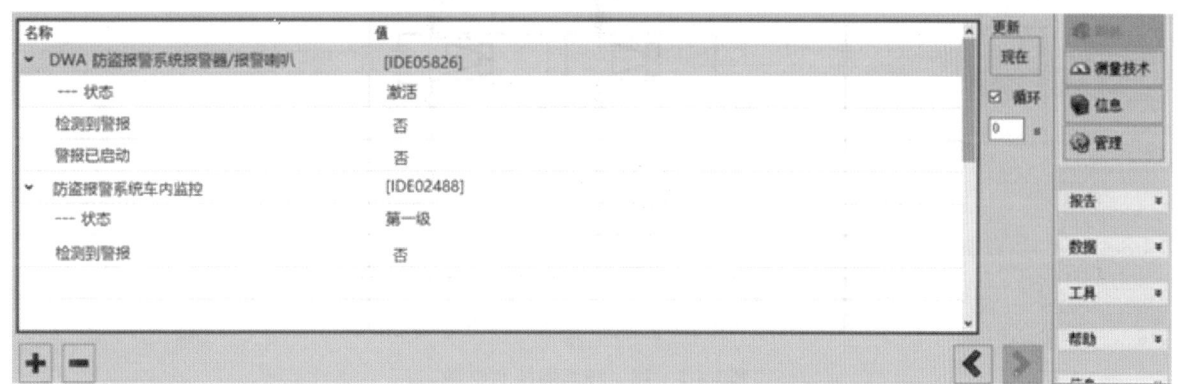

图 1-1-16 读取数据流检测警报源

既然警报未启动，那警报声是从哪儿来呢？在此款车型上，除防盗警报喇叭 H12（安装在车辆发动机舱排水槽内，为单音喇叭）能发出警报提示音外，高音信号喇叭 H2 和低音信号喇叭 H7（安装在车辆前防撞梁两侧）也有此功能。仔细甄别，当车辆故障再现时，警报音为立体音，由 H2 和 H7 发出，并且 H12 未发出警报音。H2 和 H7 由车载电网控制单元 J519 控制，警报声出现时，其测量值显示断开（图 1-1-17），即 J519 并没有控制 H2、H7 接通并发出声音。

图1-1-17 测量值

通过查阅电路图（图1-1-18）可以看出，H2和H7喇叭1#由J519控制供电，2#始终通过车身接地。

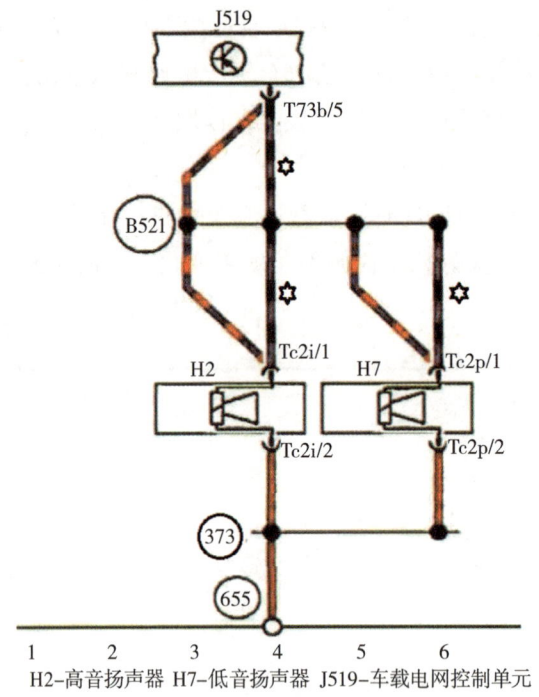

H2-高音扬声器 H7-低音扬声器 J519-车载电网控制单元

图1-1-18 扬声器控制电路

两个喇叭工作异常有两种可能：其一，控制线路上存在问题，如"对电源正极短路"等；其二，J519本身存在问题。

拆下驾驶员侧仪表板下部饰板，检查发现J519至喇叭H7和H2线路中有额外设备加装在喇叭供电线路上。

仔细查看分析加装件的电路及结构，并绘制出电路简图（图1-1-20）。

可以发现，H2、H7及加装件均由J519共同控制。加装件中另配了一个车辆倾斜传感器，测试发现当传感器相对水平位置发生变化时，加装件的模块也会激活H2、H7发出警报声。拆除加装设备及加装的汽车倾斜传感器，再停车监控24小时以上，车辆不再报警。

故障总结：将加装报警器套件从车身上拆除，故障排除。当然最令人疑惑的是，为什么车辆长

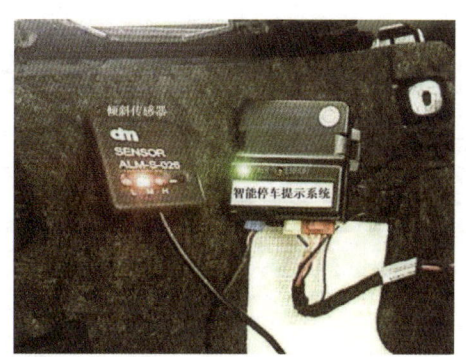

图 1-1-19 加装的设备

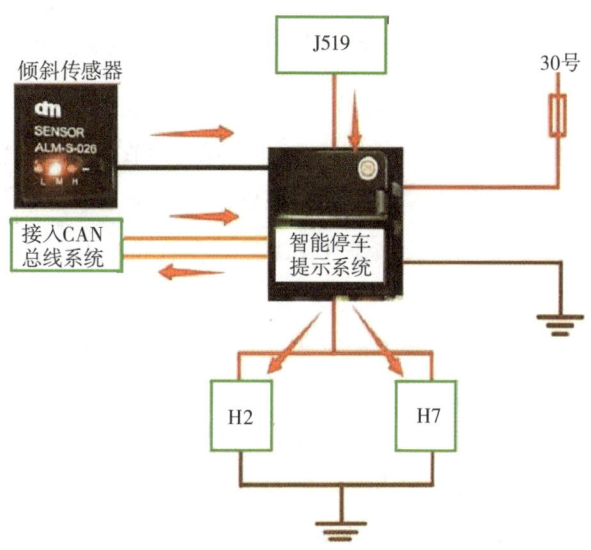

图 1-1-20 电路简图

时间停放后会发出警报声?

通过长时间停车观察发现,该车辆的高度会缓慢降低(奥迪 A8L 全系标配空气弹簧减震器),检查发现车辆左前空气弹簧存在慢漏气的情况,这将会导致车辆在长时间停放后,两前轮的空气弹簧高度变低。

原车自带一套防盗警报装置,这种因空气弹簧漏气造成的车身高度变化,并没有达到原厂的防盗警报系统的报警要求,控制单元自然就不会有相关数据记录。

那么,是不是车辆加装的"智能停车提示系统"过于灵敏,识别到了车辆高度的变化,于是控制原车双音喇叭发出警报?

为了验证以上结论,维修技师做了如下实验:

将车辆空气悬挂整体升至最高处,锁车后等待车辆进入休眠状态,用专用工具空气弹簧检漏仪 VAS-751001 给前桥空气弹簧排气,模拟故障车出现警报时的状态。此时车辆防盗警报系统并没有发出警报声。接着,将车辆前桥举升,当车轮离开地面时,车辆原车防盗装置传感器 G578(G578 安装在车内前部车辆顶棚照明饰板处,内部集成了汽车倾斜传感器 G384 电容传感器和车内监控传感器 G273 超声波传感器)监控到警报并发送给 J393,J393 收到警报后,激活了 H12 和双闪信号,电路如图 1-1-21 所示。

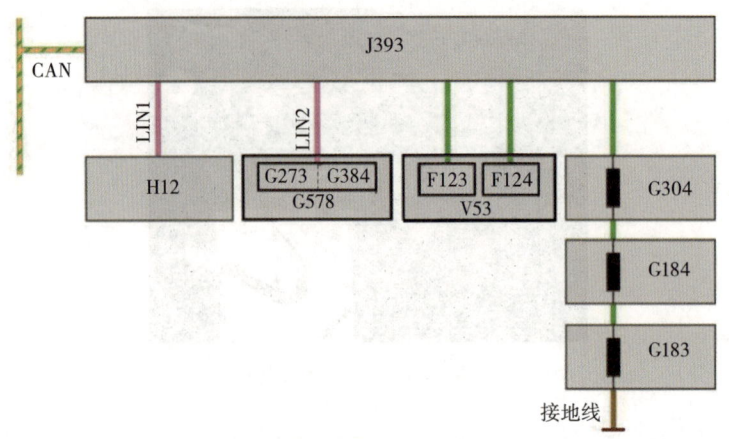

图 1-1-21 防盗警报控制电路

考虑到装备有空气弹簧的车辆因长时间停放，车身高度可能会降低这一情况，奥迪原厂防盗警报系统识别到车身发生倾斜或被移动时，只有超出车辆空气弹簧调节范围的车身高度变化才会引起报警。

车辆加装的智能式停车提示系统太灵敏，在车辆熄火停车后，该设备自带一个倾斜监控传感器且传感器安装位置并不牢靠，只用双面胶粘贴在支架处，车辆稍微移动或者开关门用力一点，就能触发警报。

原厂奥迪防盗警报系统在锁车后处于激活状态，如果识别到车内有物体活动、车内门把手被操作、车辆被移动包括升高或降低超过一定范围、诊断插头上有用电设备、车门包括前后盖被打开等，都会引起车辆防盗警报系统起作用。该警报声音信号由 H12 发出，声音刺耳、频率高、尖锐，灯光信号由前后双闪信号发出，并且每次报警触发的历史数据都会被记录。

车主通过加装设备、改编码、刷隐藏等可以实现车辆另外一套警报声音，例如，锁车时车辆双音喇叭的提示声，锁车后识别到某个车门未关由双音喇叭发出持续的警报声音，还有此案例呈现出的驻车监控警报声，这些警报声由车辆双音喇叭发出，与防盗警报喇叭发出的声音不同，频率会低一些，也会伴随灯光信号，在 J519 没有数据记录。

此车故障是人为改装导致，其加装的电器元件灵敏度与原车电控系统无法匹配，出现了一些让人匪夷所思的奇怪故障现象。

任务 2 无钥匙进入系统故障诊断与维修

知识学习：无钥匙进入系统

学习目标

1. 掌握无钥匙进入系统组成；
2. 明确无钥匙进入系统的工作原理；
3. 学会无钥匙进入系统的使用。

一、无钥匙进入系统的使用

如果车辆配备了无钥匙进入功能，此时驾驶人员携带合法钥匙靠近车辆，只需要用手触摸门把手内侧解锁区域，车辆就会自动解锁；如果上锁，只需要驾驶人员用手触摸关闭区域传感器即可完成车辆上锁，同时后视镜也会自动折叠，当然，如果你同时按压解锁和闭锁两个区域，车辆是不会解锁的。无钥匙进入功能该如何关闭呢？需要用钥匙上锁车辆，同时用手按压车门拉手关闭区域3秒，此时双闪也会闪烁一下，这时无钥匙进入功能就被关闭了。

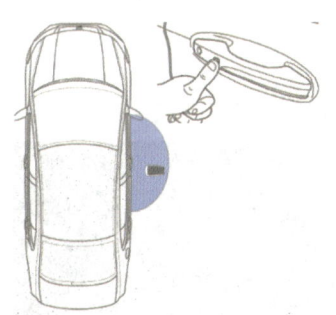 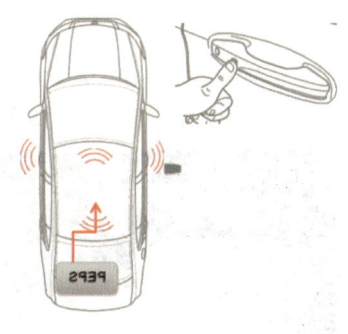 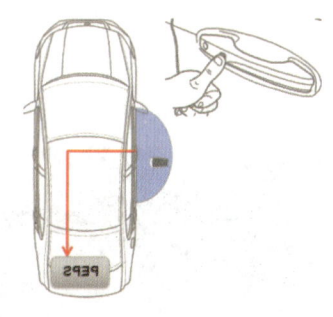

图1-2-1　无钥匙进入使用

二、无钥匙进入系统结构组成

（一）传感器

无钥匙进入系统一般配备多个天线，主要包含车辆四个车门外把手上的进入及启动系统天线，车门外把手安装接触传感器，行李箱内一般安装有后部无钥匙进入及启动系统天线以及后备箱电容传感器。以上天线主要用于寻找汽车合法钥匙，确定钥匙在车辆的有效开启范围之内。

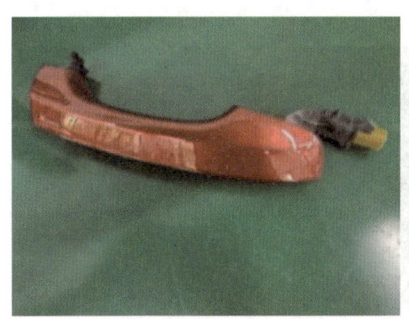 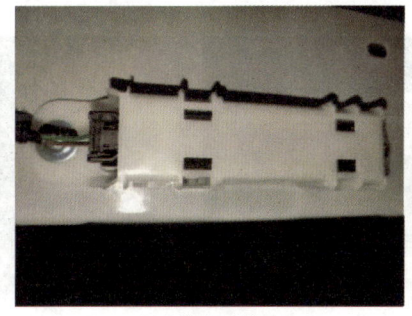 

车门把手集成有外部天线　　　　行李箱内天线　　　　后备箱电容传感器

图1-2-2　无钥匙进入系统组件1

（二）控制单元

无钥匙进入系统控制单元主要包含智能钥匙、进入及启动系统接口、车载电网控制单元（BCM）、网关、电动尾门控制单元及脚踢便捷进入控制单元。以上无钥匙进入许可控制单元的主要作用是确认遥控钥匙的合法性以及控制车辆车门和后备箱等部件的锁止与开启。

| 智能钥匙 | 进入及启动系统接口 | 车载电网控制单元（BCM） | 网关 | 电动尾门控制单元及脚踢便捷进入控制单元 |

图 1-2-3　无钥匙进入系统组件 2

（三）无钥匙进入许可系统执行元件

其主要包含四个车门控制单元、四个车门闭锁器，以及主驾车门上的防盗指示灯。

| 车门控制单元 | 车门闭锁器 | 防盗指示灯 |

图 1-2-4　无钥匙进入系统组件 3

后部无钥匙进入系统执行元件主要有电动尾门控制单元及脚踢便捷进入控制单元、行李箱盖开启装置、行李箱盖闭锁器电机，以及充电盖板锁电机，以上部件主要用于控制后备箱的开启和关闭。

| 电动尾门控制单元及脚踢便捷进入控制单元 | 行李箱盖开启装置 | 行李箱盖闭锁器电机 | 充电盖板锁电机 |

图 1-2-5　行李箱进入系统组件

三、无钥匙进入系统工作原理

无钥匙进入车辆自动解锁的有效范围，如识别到接近范围内的有效车辆钥匙将解锁车辆，所有转向信号灯闪烁两次。

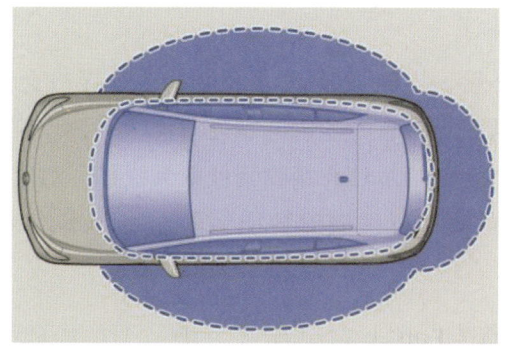

图 1-2-6 车辆钥匙识别范围

（一）无钥匙进入系统检测汽车钥匙的方法

（1）触摸门把手上的解锁传感器，通过集成在门把手上的低频天线来寻找钥匙。

（2）带着钥匙靠近车辆的有效识别范围，车辆的低频天线主动进行识别应答。

（3）触发后备箱的便捷开启功能，车辆通过后部保险杠附近的低频天线来寻找车辆合法钥匙。

触摸门把手上的解锁传感器

钥匙靠近车辆的反应

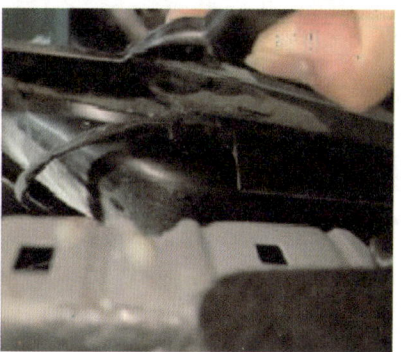
后保险杠附近的便捷开启天线

图 1-2-7 无钥匙进入系统检测汽车钥匙的方法

车辆高频天线与 J519 车载电网控制单元集成在一起，在 MEB 平台的车型上防盗系统的主控模块集成在 J533 网关内部，遥控钥匙发射的应答请求信号为高频信号，由车辆的高频天线接收模块进行接收。

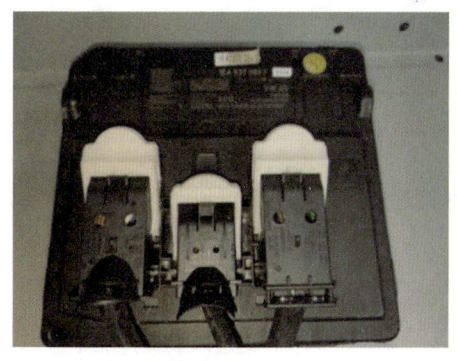
高频天线集成于J519内

防盗主控功能集成于J533内

图 1-2-8 高频天线接收模块

(二) 无钥匙进入信息验证

当车辆锁车进入防盗状态后，车辆 J965 进入及启动系统接口会通过车外低频天线发射低频电信号来寻找智能钥匙，当驾驶员带着智能钥匙靠近车辆的有效识别范围，钥匙接收并能够识别低频信号数据信息时智能钥匙上的指示灯在接收到低频天线信号后会闪烁，钥匙与车辆信息识别并匹配后，当靠近车辆到达开锁位置区域时智能钥匙会将开车门请求信息通过高频信号进行发送。

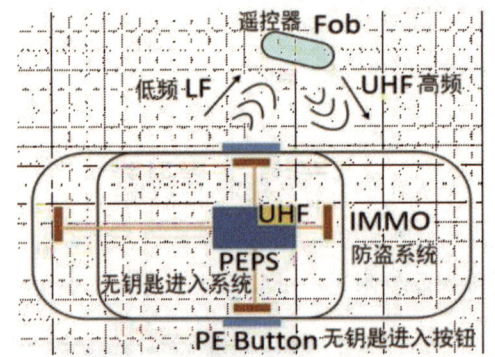

图 1-2-9　无钥匙进入信息验证

钥匙发送的高频信号通过车载电网控制单元内的高频天线进行接收，并通过 CAN 总线发送给网关，由网关进行钥匙信号确认，如果钥匙信息的编码信息合法性得到确认，网关 J533 通过 CAN 总线把解锁信息发送给 J519 车载电网控制单元，由 J519 将车辆解锁信息通过总线发送给各车门控制单元，由各车门控制单元分别控制车门上的闭锁器进行解锁，同时转向灯闪烁提示驾驶人员车辆已解锁。

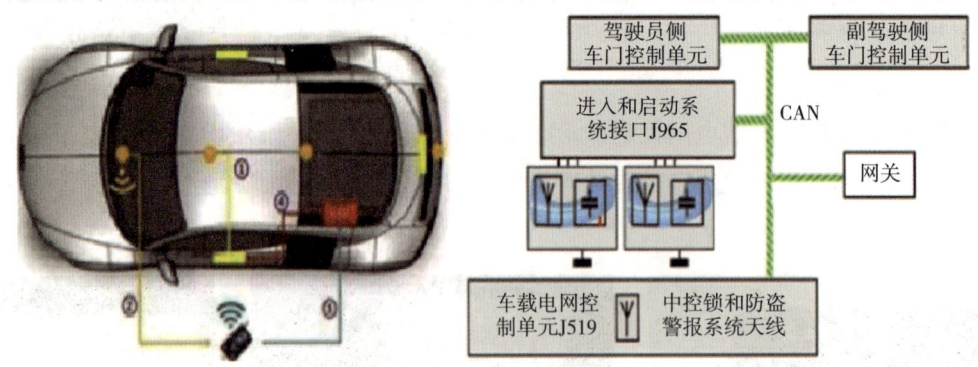

图 1-2-10　无钥匙进入控制原理 1

当驾驶人员触摸主驾驶员侧门把手内的电容传感器，电容传感器内部电容将发生变化，从而向进入及启动系统接口控制单元 J965 发送一个变化的波形信号，收到此信号后 J965 会激活门把手内的低频天线，2 个低频天线会将低频信号发送给车钥匙，钥匙收到 2 个低频信号后，会将钥匙自身 ID 信号以高频形式发送给集成在 J519 车载电网内的高频天线，高频天线接收到此信息后通过车身电脑 J519 发送给网关 J533，验证信息合法后，由 J519 通过总线车门解锁信息发送给车门控制单元，实现车门解锁。

项目一
汽车防盗系统故障诊断与维修 | 01

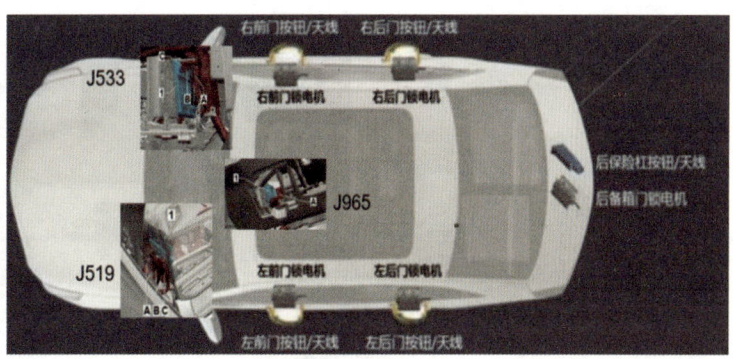

图 1-2-11 无钥匙进入系统组件分布

技能演练：无钥匙进入系统故障诊断与维修

学习目标

1. 学会检测设备的使用；
2. 能够排除无钥匙进入系统常见故障。

一、维修准备

维修操作人员应按规定穿工装，进入车间前应摘掉全部配饰；在操作过程中，防止车辆处于防盗状态时打开车门触发车辆警报装置；同时，还应做到现场"6S"管理。

二、工具准备

解码器、示波器。

三、工作流程

上车验证故障现象，根据故障现象进行解码器诊断，根据故障码及故障现象进行相关检测，故障修复后，对维修结果进行检验。

（一）验证故障现象

携带合法钥匙靠近驾驶员侧车门，触摸车门拉手内侧，车辆解锁异常，遥控解锁车辆后，轻按驾驶员侧车门外拉手内的解锁开关，可正常开启车门；触摸驾驶员侧锁车区域，车辆上锁异常，使用副驾驶员侧车门外拉手执行无钥匙进入功能闭锁正常，解锁异常。

（二）故障分析

副驾驶员侧无钥匙进入可以正常执行闭锁，加之遥控器上锁、解锁正常，说明遥控钥匙合法，车辆防盗系统工作正常，遥控解锁车辆后，轻按驾驶员侧车门外拉手内的解锁开关可正常开启车门，同时也可说明驾驶员侧车门控制单元及闭锁器工作状态正常。

综上所述，驾驶员侧车门外拉手存在故障概率较高，此时应重点排查驾驶员侧车门外拉手。

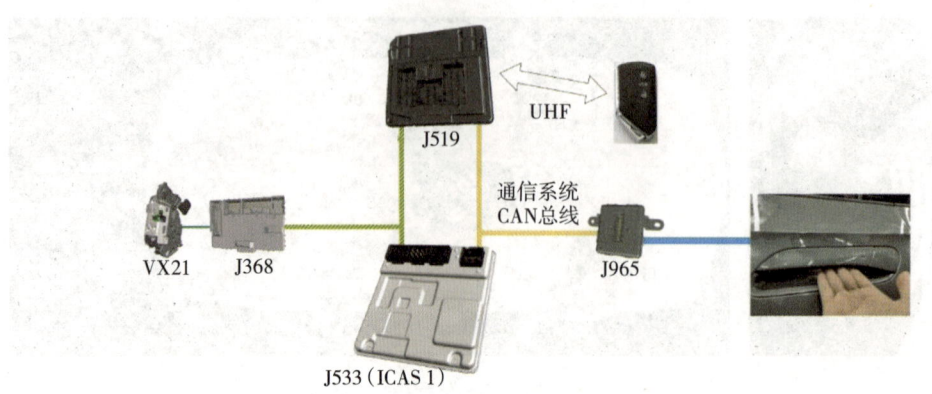

图 1-2-12　无钥匙进入控制原理 2

(三) 诊断流程

(1) 连接解码器读取故障码；

(2) 读取数据流，操作驾驶员侧车门外把手接触传感器（操作驾驶员侧车门外把手接触传感器数据流——状态显示未激活，正常为激活）；

(3) 查找驾驶员侧车门无钥匙进入系统相关电路图。

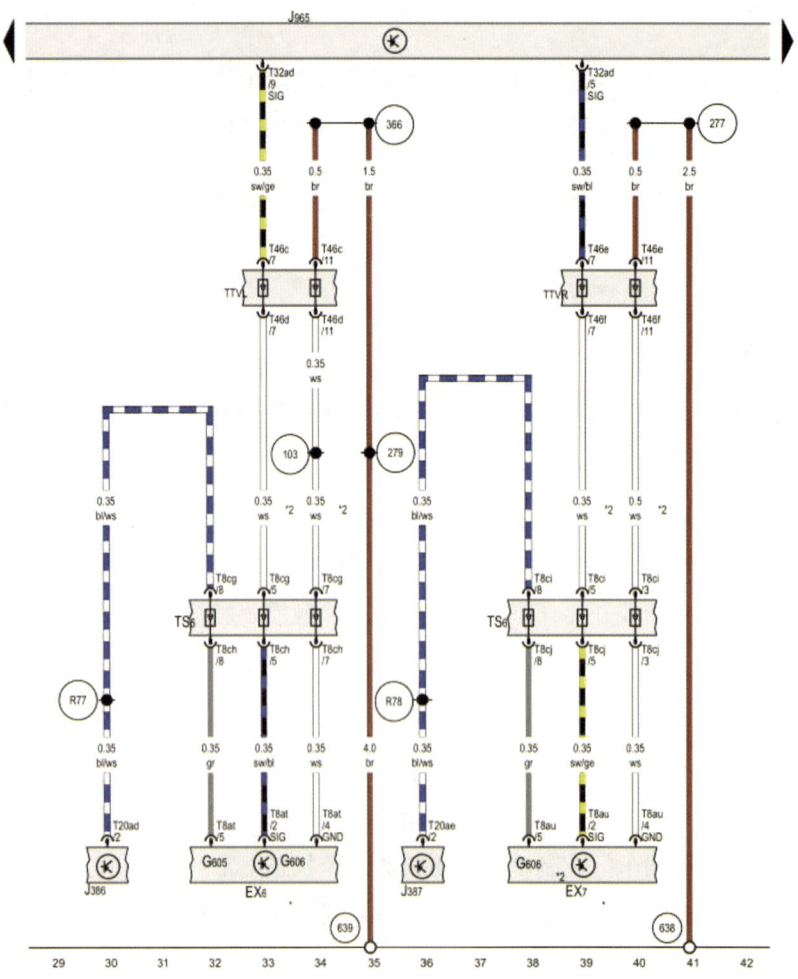

图 1-2-13　无钥匙进入天线电路

通过故障码和数据流可以确定驾驶员侧车门外拉手存在故障,从电路图可以看出,车门外拉手内侧电容传感器通过单线将车辆解锁信号传递给 J965,根据故障码加之数据流说明 J965 进入及启动系统接口未接收到来自驾驶员侧车门的上锁解锁信号,可能是左前门拉手总成自身故障、驾驶员侧车门拉手与进入及启动系统接口之间线路故障、进入及启动系统接口局部故障。

(四) 车上检测

测量驾驶员侧车门外把手电容传感器信号输出波形,实测上锁解锁,波形信号无变化。

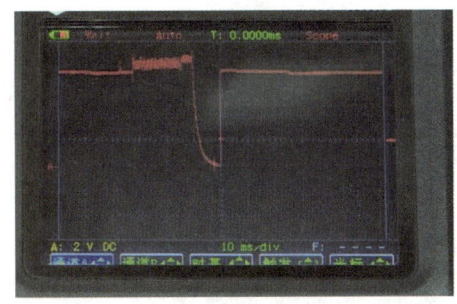 

图 1-2-14　正常解锁上锁存在波形变化　　　图 1-2-15　实测波形没有变化

波形为不操作驾驶员侧车门外把手电容传感器的悬空波形,说明进入及启动系统接口控制单元已经正常发出控制信号,操作驾驶员侧车门外把手电容传感器开关信号波形无变化,说明驾驶员侧车门把手自身存在故障。

(五) 故障维修

更换左前门拉手总成。

(六) 验证故障是否排除

(1) 测量驾驶员侧车门外把手电容传感器输出信号,解锁波形正常,上锁波形正常。

(2) 读取进入及启动系统接口数据流,车门把手数据流恢复正常。

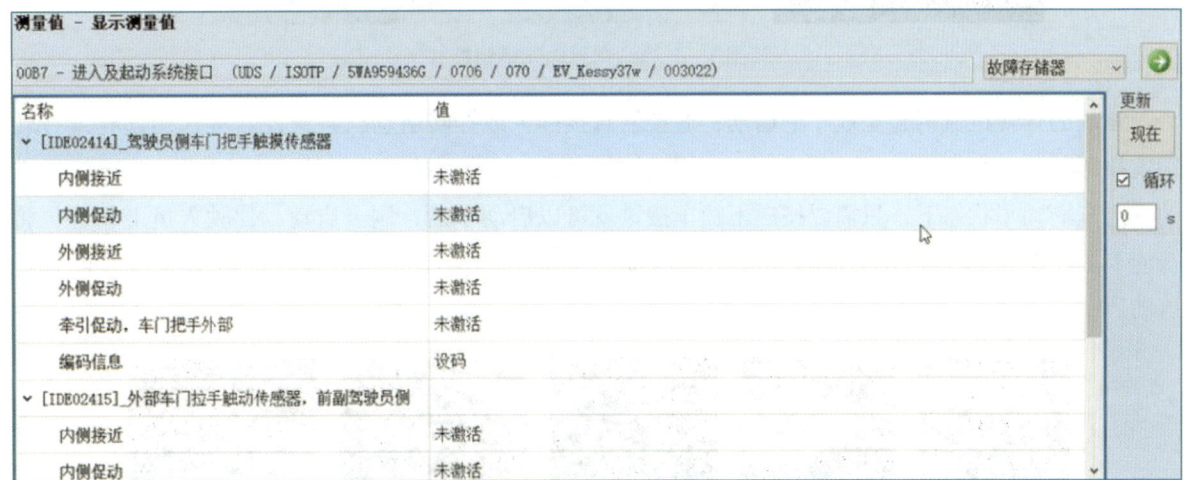

图 1-2-16　数据流

数据流显示激活或未激活,不再显示故障。

(3) 使用驾驶员侧车门外把手执行无钥匙进入,功能恢复正常。

（七）场地整理

将解码器、示波器、拆装工具整理并复位，撤去车辆安全防护用品，清洁并打扫场地卫生。

任务3　一键启动系统故障诊断与维修

知识学习：一键启动系统

学习目标

1. 掌握一键启动系统组成；
2. 明确一键启动系统工作原理。

一、车辆启动方式

早期汽车启动是通过机械钥匙直接启动，为了进一步提升车辆安全便有了简单的汽车防盗验证的机械钥匙，老式桑塔纳便是这种启动方式，为了提升车辆的便捷性和安全线，遥控钥匙便产生了，通过遥控芯片，钥匙配合机械锁完成车辆启动，随着车辆的发展智能钥匙也变得更加普及。

图1-3-1　常见的车辆钥匙

常规的拧转机械钥匙完成车辆启动；遥控器直接插入或拧转启动，将遥控器推入钥匙孔或拧转钥匙扣即可完成车辆启动；一键启动，只需要携带合法钥匙，按下一键启动按键即可；遥控器启动，在车辆锁车状态下，只需要按三下锁车按键就可以启动车辆；刷卡启动，驾驶人员上车后，将智能卡放在中控台上刷一下即可完成车辆启动；携带合法钥匙进入车内，踩刹车挂挡即可直接启动。

机械钥匙启动　　遥控器插入启动　　一键启动　　遥控器启动　　智能卡启动

图1-3-2　常见的车辆启动方式

二、一键启动系统结构组成

(一) 一键启动控制信号输入组件

一键启动按键、制动踏板、占座识别传感器、挡位传感器、驾驶员点火开关打开请求、智能钥匙为15上电提供合法钥匙信息。

一键启动按键　　　　制动踏板　　　　占座识别传感器　　　智能钥匙　　　点火开关打开请求　　挡位传感器

图1-3-3　一键启动系统组件

(二) 一键启动系统相关控制单元

J519车载电网控制单元（内置有高频接收天线）负责接收钥匙高频信息，J965进入及启动系统接口负责唤醒J519高频接收，同时通过低频天线查找钥匙，J533数据总线诊断接口即防盗系统的主控单元负责验证钥匙合法性，J764电动转向柱锁止装置控制单元负责开启转向柱锁，除此之外还有J623发动机控制单元、J841电驱动装置控制单元、EBKV NX6制动助力器、J979暖风装置和空调器的控制单元在接收到15电唤醒后为下一步行驶状态做好准备。

J519车载电网控制单元　　J965进入及启动系统接口　　J533数据总线诊断接口　　J764电动转向柱锁止装置控制单元

J623发动机控制单元　　J841电驱动装置控制单元　　EBKV NX6制动助力器　　J979暖风装置和空调器的控制单元

图1-3-4　一键启动系统相关控制单元

(三) 一键启动系统相关执行元件

主要由N360电子转向柱锁、D2应急启动识读线圈、J1254驾驶员信息系统控制及显示单元（组合仪表）、车内低频天线等部件参与。

  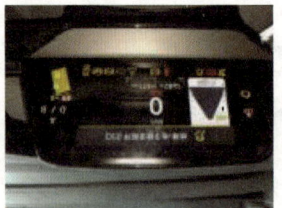 

N360 电子转向柱锁　　　D2 应急启动识读线圈　　　J1254 组合仪表　　　车内低频天线

图 1-3-5　一键启动系统相关执行元件

三、一键启动系统工作原理

（一）车辆上电操作方法

当驾驶员打开车门，进入车内坐在座椅上，整车即可接通高压电，进入舒适上电状态，此时点火开关关闭，空调、信息娱乐系统处于激活状态。当驾驶人员携带合法钥匙坐在座椅上，此时只需要驾驶人员按下一键启动按键或者踩下制动踏板即可打开点火开关，激活仪表显示。如需启动车辆，此时只需驾驶人员保持制动踏板踩下，将挡位挂入 D 或 R 挡，车辆行驶准备就绪进入 READY 状态，同时车辆自动解除电子驻车制动，松开制动踏板车辆即可行驶。

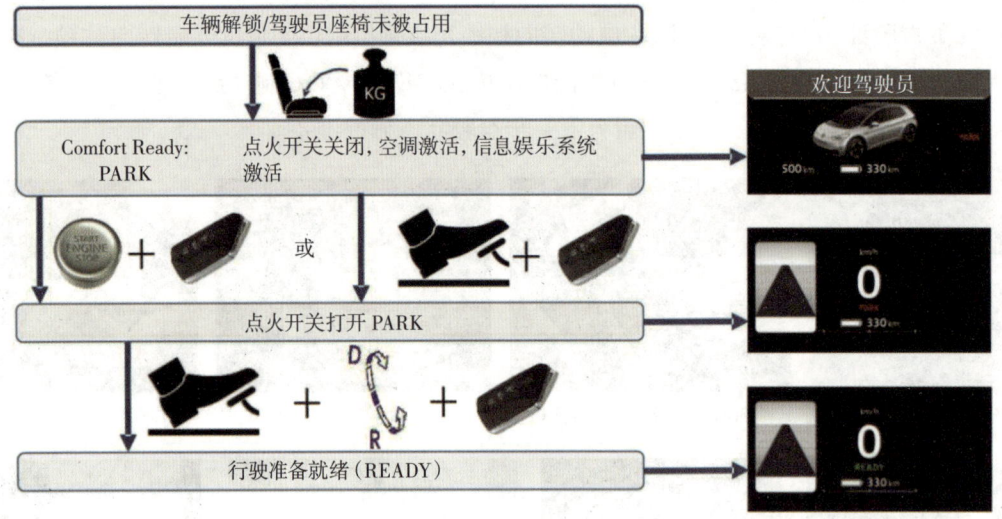

图 1-3-6　车辆上电操作方法

（二）舒适上电工作原理

车门开启信号由车门闭锁器 VX21 发送给车门控制单元 J386 后并通过舒适便捷系统 CAN 总线发送给网关 J533，驾驶员侧座椅占用传感器 G1067 检测到驾驶员座椅被占用，将占座信号发送给安全气囊控制单元 J234，由安全气囊控制单元通过驱动 CAN 总线将占座识别信号发送给网关 J533，网关将舒适上电信息发布到高压蓄电池 CAN 总线上，高压蓄电池调节控制单元 J840 在收到舒适上电信息后即控制高压电池包内部接触器吸合，整车上高压。此时空调控制单元 J979 信息娱乐系统 J794 接收到舒适上电信号后被激活。

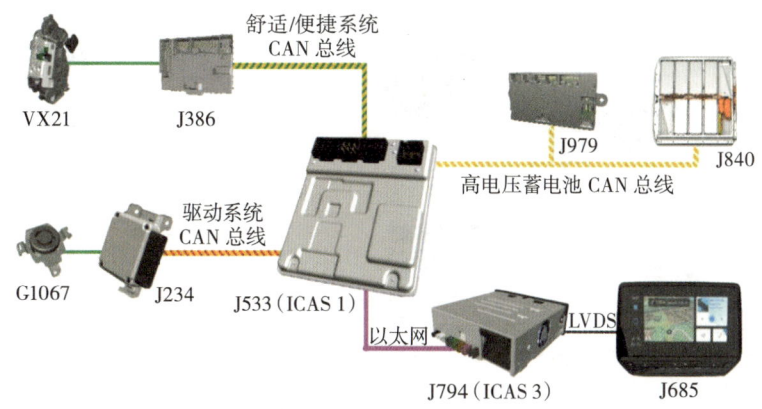

图1-3-7 舒适系统上电

(三) 车辆15号电接通流程

当驾驶员踩下制动踏板，EBKV制动助力器NX6内部G100制动踏板位置传感器将检测到的信号通过底盘CAN发送给网关J533，或者驾驶人员按下一键启动按键E378将启动请求转化为电信号发送给J519，由J519通过通信系统CAN总线发送给网关J533，当网关接收到一键启动开关信号后或者接收到制动踏板被踩下信号后，由网关发送指令给进入及启动系统接口J965，进入及启动系统接口J965通过车内低频天线寻找钥匙，同时进入及启动系统接口J965通过唤醒线唤醒J519车载电网控制单元高频接收模块，钥匙接收到低频天线信号后会将钥匙信息通过高频信号进行发送，由J519车载电网控制单元内部高频天线接收并通过CAN总线发送给网关，由网关进行钥匙信息验证，如果钥匙合法，网关通过舒适便捷CAN总线控制转向柱电机N360解锁，转向管柱解锁信息通过总线发送给网关，由网关通过总线发布15上电信号给J519，J519接收到15上电信号后，控制15电继电器J329吸合，同时通过单独导线发送15电信号给J623发动机控制单元（整车控制器），整车进入15上电状态。

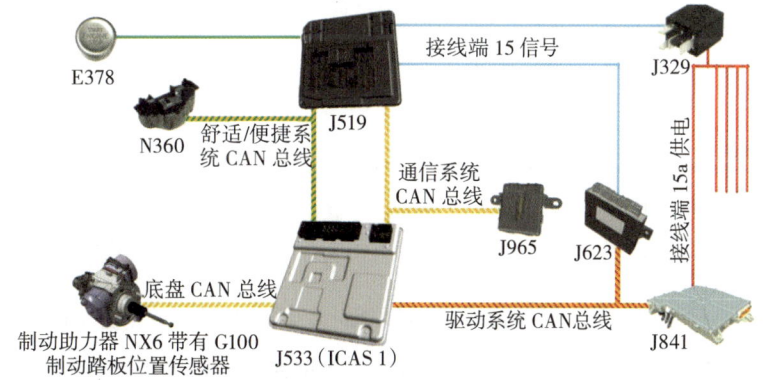

图1-3-8 15号电接通流程

(四) 行驶准备就绪信号流程

整车上15电后，驾驶人员踩下制动踏板，同时挂挡，挡位开关将信号发送给J527转向管柱控制单元，J527通过CAN总线将单位信号发送给网关，网关将行驶请求发布到驱动CAN上，此时J623、J841电机控制器等高压系统控制单元在接收到行驶请求后进行自检，自检无异常后，将信息发送给网关，由网关将行驶准备就绪信息发送给仪表，仪表点亮READY指示灯，挡位切换指示灯，整车即可正常行驶。

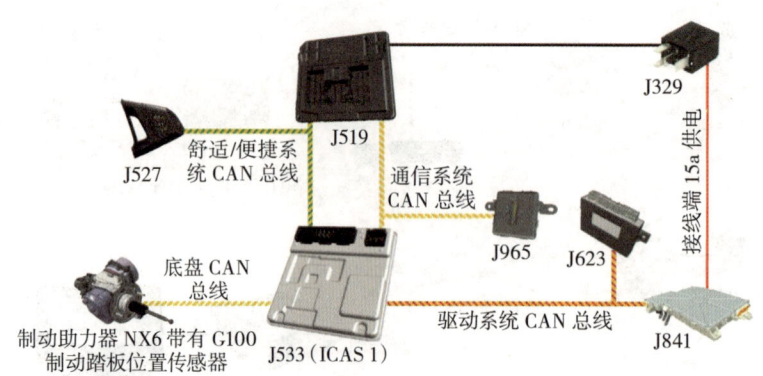

图 1-3-9 行驶准备就绪信号流程

技能演练：一键启动故障诊断与维修

学习目标

1. 学会检测设备的使用；
2. 能够排除无钥匙进入系统常见故障。

一、维修准备

维修操作人员应按规定穿工装，进入车间前应摘掉全部配饰，在操作过程中，防止车辆处于防盗状态时打开车门触发车辆报警装置，并做到现场"6S"管理。

二、工具准备

解码器、示波器。

三、工作流程

上车验证故障现象，根据故障现象进行解码器诊断，根据故障码及故障现象进行相关检测，故障修复后，对维修结果进行检验。

（一）验证故障现象

使用无钥匙进入，打开车门进入车内，仪表正常显示车门状态，一键启动按键背景灯正常点亮，按压一键启动按键，遥控钥匙指示灯不闪烁，转向管柱解锁异常，仪表未正常点亮，仪表无任何提示，使用应急启动，遥控钥匙指示灯不闪烁，转向管柱解锁异常，仪表不能正常点亮，仪表无任何提示。

仪表正常显示车门状态，按压一键启动或使用应急启动转向管柱均无法正常解锁，遥控钥匙指示灯不闪烁，仪表无法上电激活且无任何故障提示信息。

（二）读取故障码和数据流

（1）打开危险警报灯使舒适 CAN 总线一直处于激活状态，连接解码器读取网关和 J965 故障码，显示无故障码。

由于一键启动和应急启动遥控钥匙指示灯均不闪烁，说明遥控钥匙未接收到寻找钥匙的车门低频天线信号，加之按压一键启动按钮仪表并未有未检测到钥匙在车内的提示，说明一键启动按键存在故障概率较高。

（2）读取 J965 数据流，按压一键启动按键，正常为点火开关状态激活，此时显示未激活。

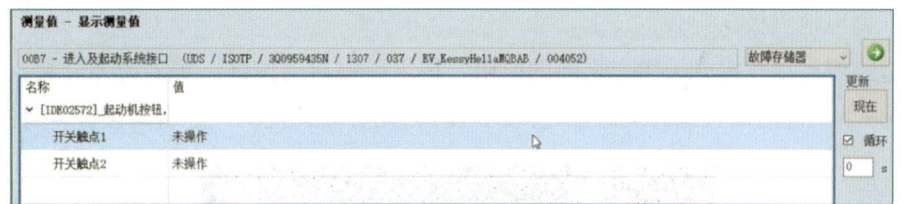

图 1-3-10　J965 数据流

（三）查找相关电路图进行分析

根据图 1-3-11 及上述诊断，说明 J965 未接收到一键启动开关信号的概率较大，加之一键启动按键背景灯正常点亮，说明一键启动开关背景灯负极回路工作正常。

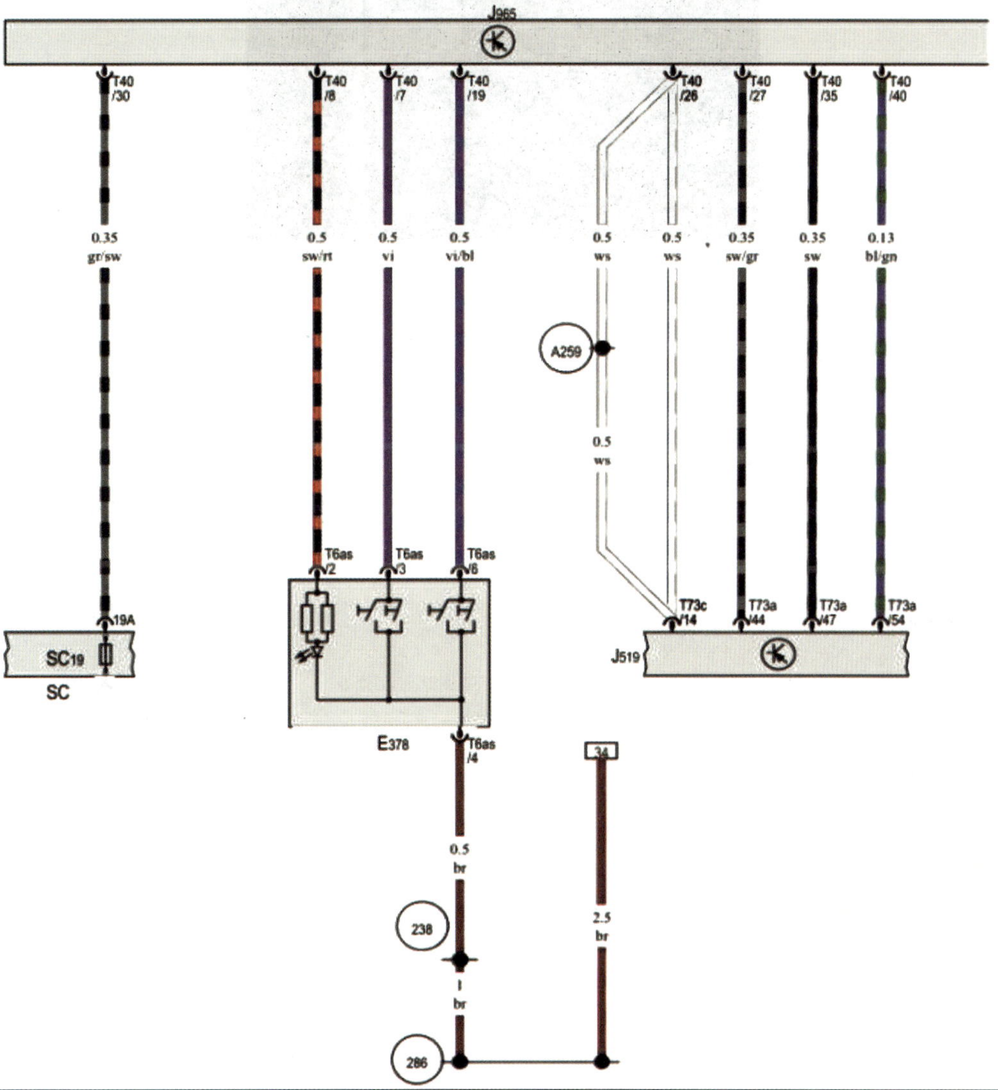

图 1-3-11　迈腾 B8 一键启动开关电路

(四) 故障检测

(1) 测量一键启动按键信号输出,按下一键启动,实测为 12 伏不变,标准为 12~0 伏,测量结果异常,说明一键启动按钮没有输出启动信号。

(2) 断开蓄电池负极。

(3) 测量一键启动按键开关触点之间的电阻,按下一键启动按键,实测为无穷大,标准为接近 0 欧姆。由于按下一键启动按键开关触点之间的电阻为无穷大,说明一键启动按键自身损坏。

图 1-3-12 实际测量值

(五) 故障维修

更换新的一键启动开关。

(六) 验证故障是否消失

按压一键启动开关,转向管柱解锁正常,仪表正常点亮;读取数据流,一键启动开关恢复正常状态。

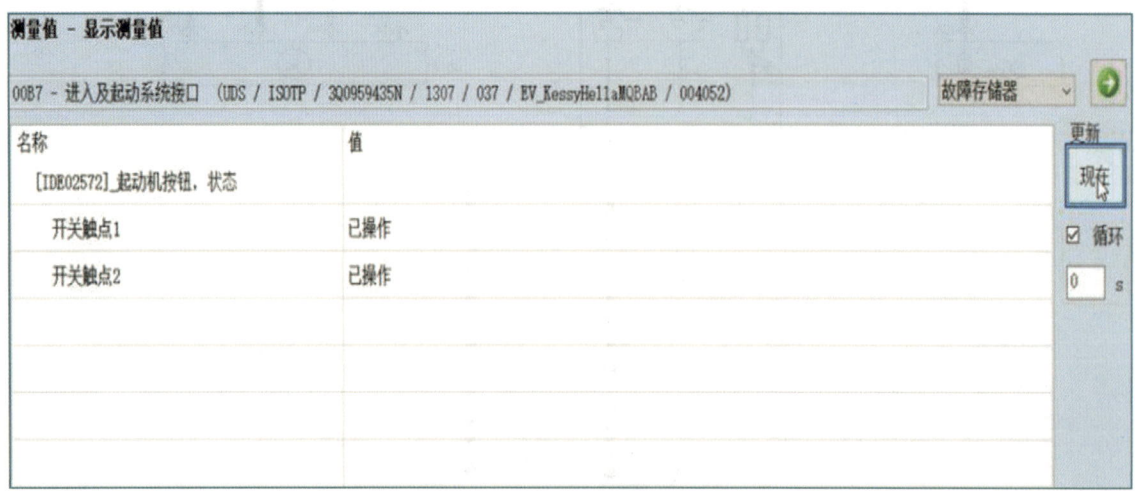

图 1-3-13 正常数据流

任务 4　中控门锁失效故障诊断与维修

知识学习：中控门锁控制系统

学习目标

1. 掌握中控门锁功能；
2. 掌握中控门锁组成；
3. 掌握中控门锁控制原理。

一、中控门锁系统

现代轿车已广泛采用中控门锁与防盗系统，技术越来越高，并向微机控制多功能方向发展。对于这些机电结合控制系统的维修，应首先了解其功能、组成等基础知识，才能掌握其原理，再结合其控制电路进行针对性的诊断。

（一）中控门锁系统功能

中控门锁系统功能包括遥控解锁闭锁、控制所有车门锁、控制充电口盖开启、控制后备箱、碰撞自动解锁等。

（二）中控门锁系统组成

中控门锁系统由控制模块 BCM、门锁总成和传感器/开关/钥匙三大部分组成。

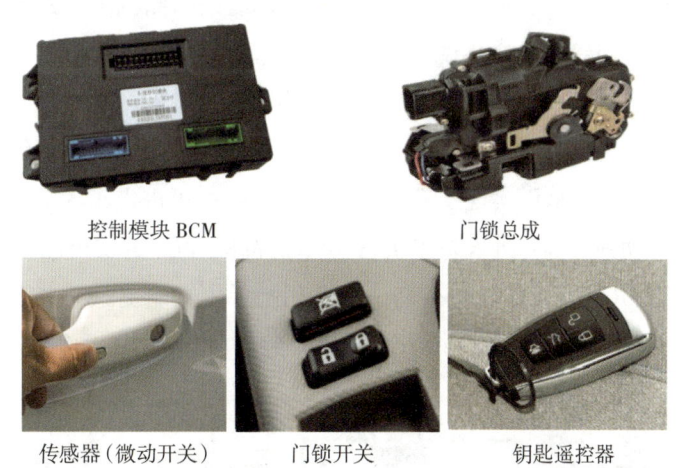

图 1-4-1　中控门锁系统组成

（三）中控门锁系统工作原理

1. 遥控解锁/闭锁

按压遥控器解锁/闭锁键，钥匙芯片发出信号，信号接收模块识别认证信号之后，把相应解锁/闭锁指令发给车门控制模块或门锁执行电机，进行解锁/闭锁。

如果编程为"打开一扇车门",那么当用钥匙或遥控装置发出中央集控门锁的"打开"命令时,仅解锁驾驶员侧车门。其他车门和尾门则从"SAFE"切换至锁止状态。

要解锁全部车门,必须用钥匙或遥控装置在5秒内发出第二个"打开"命令。如有必要,也可以用钥匙单独解锁前座乘客车门/尾门的操作点。当前座乘客的车门/尾门关闭时,汽车被自动锁止。

如果在用遥控装置发出一个解锁命令后的30秒内没有打开车门或尾门,则车辆自动恢复至中央集控门锁和防盗警报装置以前的状态。

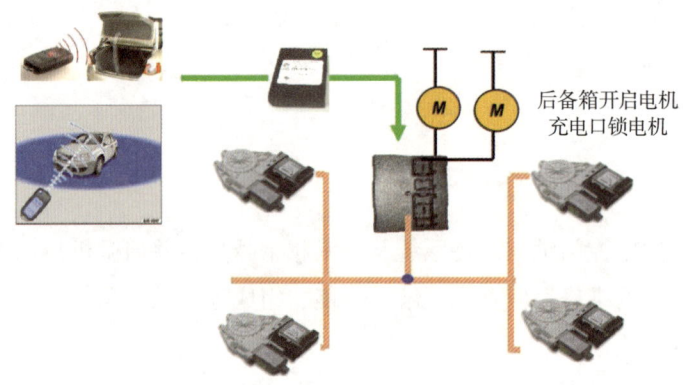

图 1-4-2 遥控解锁原理

2. 无钥匙解锁

携带合法钥匙,用手触摸门把手外侧微动开关或门把手内侧传感器,进入许可模块与车身模块通信,控制门锁解锁。

当车主携带智能卡或智能钥匙靠近车辆时,进入车辆的有效探测范围(通常是1.5米内)车辆会自动识别并匹配车主的身份编码。具体来说,智能钥匙或智能卡内部嵌有RFID芯片,该芯片与车辆内部的接收器进行无线通信。当车主携带智能钥匙或智能卡进入车辆的有效识别范围时,车辆内部的接收器会接收到来自智能钥匙或智能卡的信号,并通过解码器读取其中的身份编码信息,一旦确认车主身份,车门锁便会自动打开,从而实现了无须使用传统钥匙即可进入车辆的功能。同时,当车主离开车辆时,车门锁也会自动锁上,并进入防盗状态,从而提高了汽车的安全性。

此外,一般装备有无钥匙进入系统的车辆,其车门把手上还会有感应按钮,同时也有钥匙孔,以备智能卡损坏或没电时,车主仍可用传统方式开启车门。

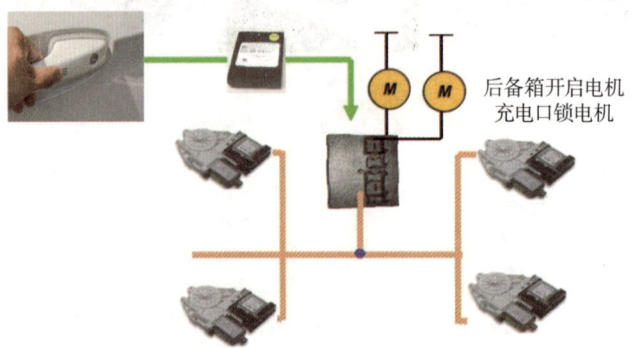

图 1-4-3 无钥匙解锁原理

总的来说，汽车无钥匙进入的原理是利用 RFID 无线射频识别技术，通过智能卡或智能钥匙与车辆之间的无线通信，实现了无须使用传统钥匙即可自动开关车门的功能，提高了汽车使用的便捷性和安全性。

3. 车内控制

在车内，可操作主驾总开关对所有门锁进行闭锁和解锁，也可以分别操作分开关，对单个车门进行闭锁和解锁。按压车内解锁/闭锁开关，信号传给控制模块，控制模块控制门锁电机动作完成解锁/闭锁。

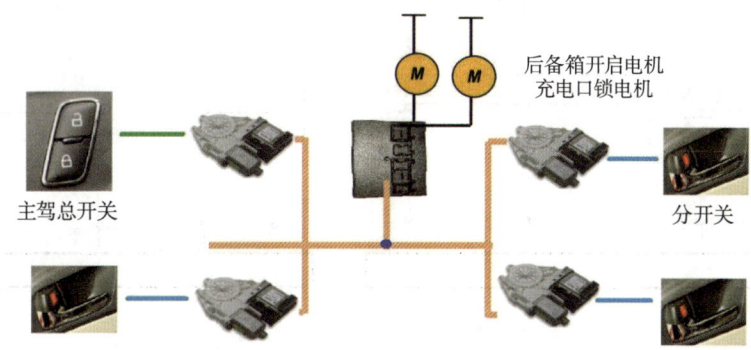

图 1-4-4 车内中控锁控制原理

4. 碰撞断锁/车速闭锁

当车速达到设定值（一般 20~40km/h）时，各个车门自动闭锁，防止误操作车门把手而导致车门打开。

当车辆发生碰撞后，安全气囊控制器检测到碰撞发生，当碰撞力度达到气囊爆破界点时，安全气囊控制器将碰撞信号发送给车身控制器，车身控制器打开所有的车门锁。为驾乘人员提供周到的安全保护。

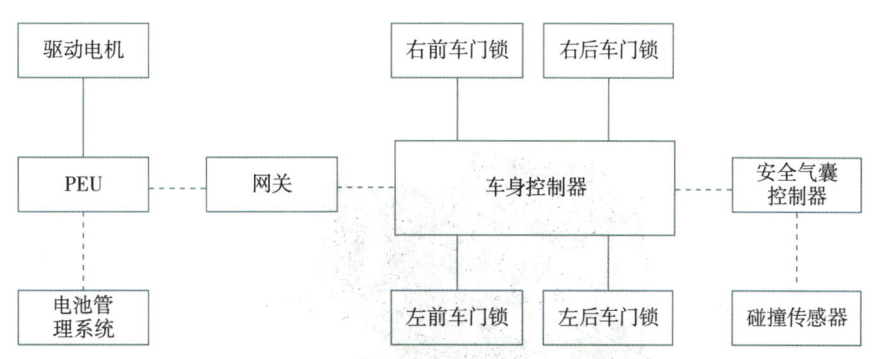

图 1-4-5 碰撞断锁/车速闭锁原理

5. 中控门锁电路控制

J386 是左前门控制单元，J387 是右前门控制单元，J388 是左后门控制单元，J389 是右后门控制单元。J386/J387 是两个主控制单元，通过舒适 CAN 与 J965 进入及启动控制单元、J519 车身控制器相连。J388 作为 J386 的子系统，通过 LIN 线与 J386 相连。J389 作为 J387 的子系统，通过 LIN 线与 J387 相连。J519（车身控制单元）寻找钥匙或接收钥匙的信号，并验证合法性，通过舒适

CAN 将解锁信号传递给 J386 与 J387，再通过 LIN 线传递给 J388 与 J389，然后门锁电机进行解锁。按启动开关，J965 接收启动信号，通过 CAN 线与 J519 通信，验证钥匙的合法性。

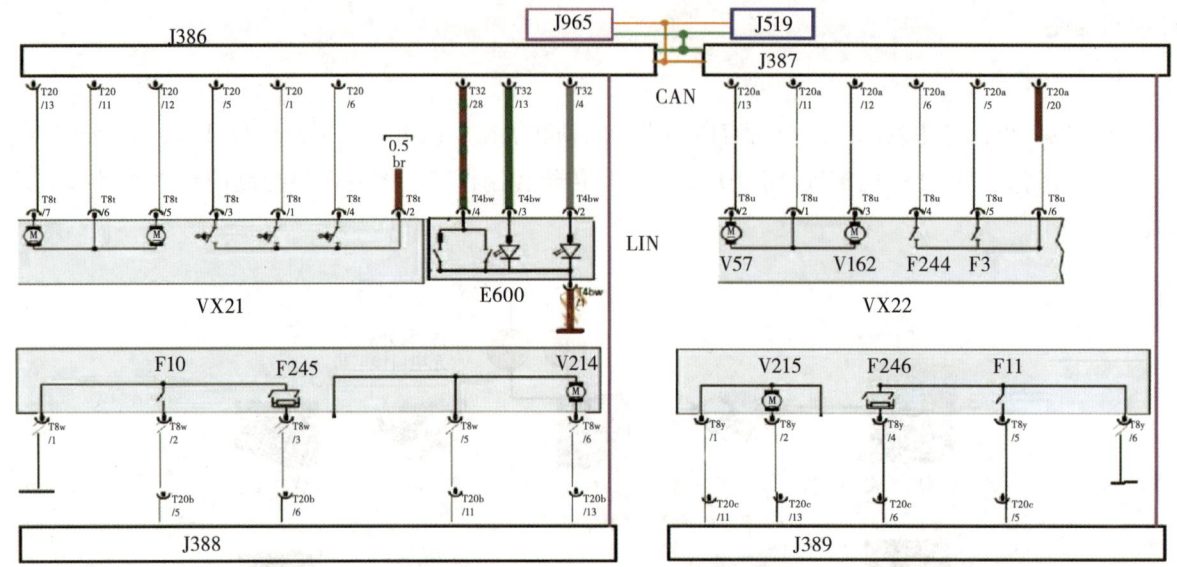

图 1-4-6　迈腾 B8L 中控门锁电路控制原理

二、中控门锁闭锁单元

中控门锁是为了使汽车在使用时方便和安全，对四个车门的锁闭和开启实行集中控制的装置，现代轿车多数都安装了中央门锁控制系统，中控门锁闭锁单元是中央门锁控制系统的重要部分。

（一）闭锁器结构

1. 主驾侧闭锁器

如图 1-4-7 所示，为 ID.4 驾驶员车门闭锁器、驾驶员车门门锁控制单元 VX21，其结构包括旋转锁销、驾驶员车门接触开关 F2、车内门把手微动开关、锁芯中的接触开关 F241、中控锁的微动开关、驾驶员车门中控锁电机 V56、车门内把手波顿拉线、安全锁电机 V161。

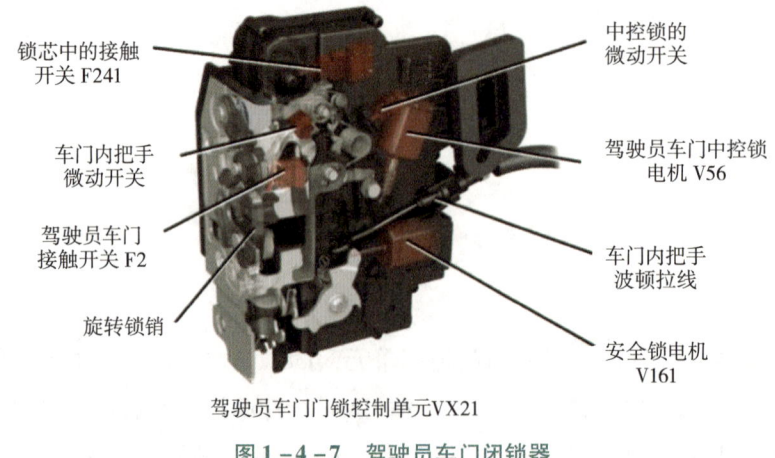

图 1-4-7　驾驶员车门闭锁器

2. 驾驶员侧后门闭锁器

如图 1-4-8 所示,为 ID.4 驾驶员侧后门闭锁器、驾驶员侧后门锁止单元 VX83,其结构包括旋转锁销、驾驶员侧后门接触开关 F505、车门内把手微动开关、用于机械解锁的微动开关、中控锁电机 V539、内把手拉索、安全锁电机 V537、左后儿童安全锁电机 V142。

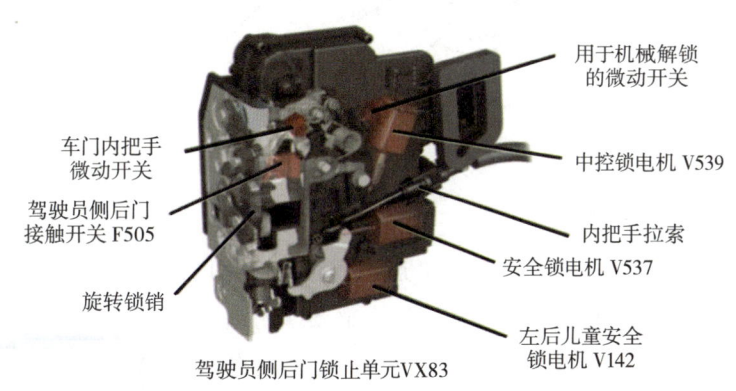

图 1-4-8 驾驶员侧后门闭锁器

(二) 门锁电机

1. 电磁式门锁电机

电磁式门锁电机主要由闭锁线圈、解锁线圈、门锁连杆和衔铁等组成。门锁连杆平时处于中间位置,当给闭锁线圈通正向电流时,衔铁带动连杆左移,锁止车门;当给解锁线圈通反向电流时,衔铁带动连杆右移,解锁车门。

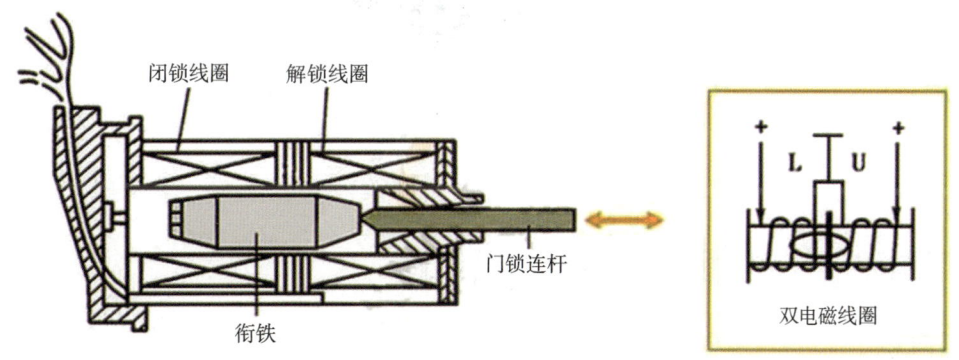

图 1-4-9 电磁式门锁电机

2. 直流式门锁电机

直流式门锁电机主要由电机、齿轮和齿条、门锁连杆等组成。当门锁电机运转时,电机的旋转方向由经过电机电枢的电流方向决定,通过电机转动,齿轮带动齿条转动,齿条推动门锁连杆使门锁锁扣移动,进行闭锁或解锁。锁门时,电机电枢流通的是正向电流,电机正向旋转;开锁时,电机电枢流通的则为反向电流,电机反向旋转。由于电机能双向转动,所以通过电机的正反转实现门锁的解锁或闭锁。

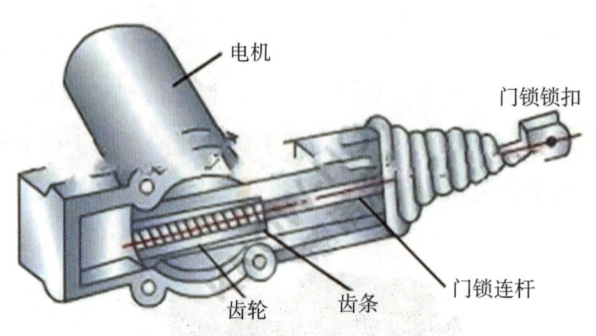

图 1-4-10 门锁直流电机

（三）中控门锁传动机构

门锁传动机构由机械解锁按钮、机械锁、连接杆组成，车内的机械解锁按钮及车外的机械锁，通过连接杆将动力传递给门锁执行机构，从而进行解锁或闭锁。

门锁位置开关位于门锁执行机构内，用来检测门锁执行电机的位置，由一个触点片和一个开关底座组成。当门锁连杆推向闭锁位置时，位置开关断开；推向解锁位置时，位置开关接通。

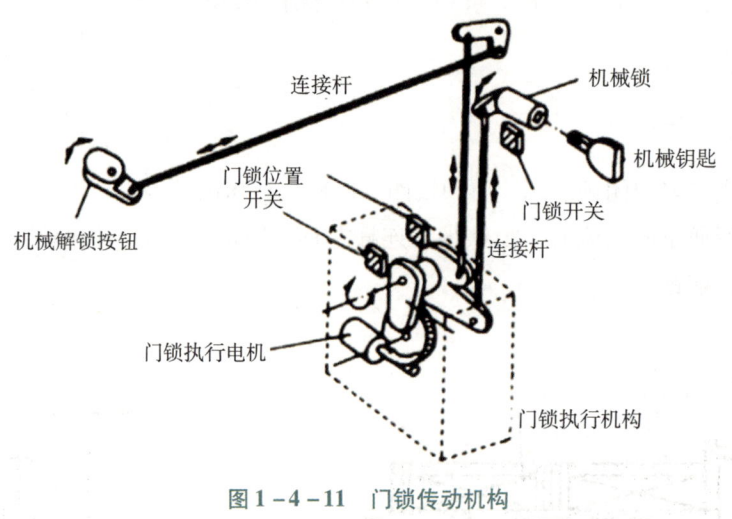

图 1-4-11 门锁传动机构

技能演练：中控门锁系统故障诊断维修

学习目标

1. 能够分析中控门锁常见故障；
2. 熟悉中控门锁常见故障诊断检修流程；
3. 掌握中控门锁故障常用测量方法。

一、中控门锁常见故障

（一）操作门锁控制开关，所有门锁均不动作

首先，应该检查各零部件和连接线的安装是否正确，然后，检查电源线（火线）和地线与蓄电池的连接是否牢靠。如无异常情况，则说明电子控制开关盒有故障，锁止开关损坏或电路有故障，

需要对各部分做细致的检查。

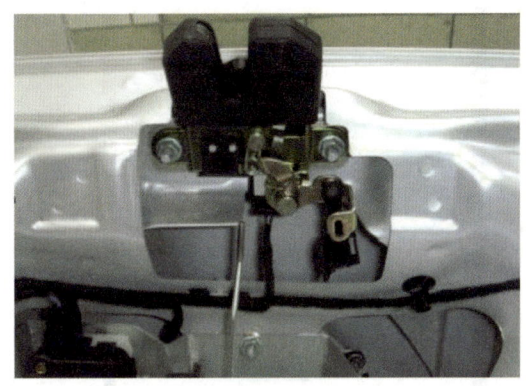
门锁结构

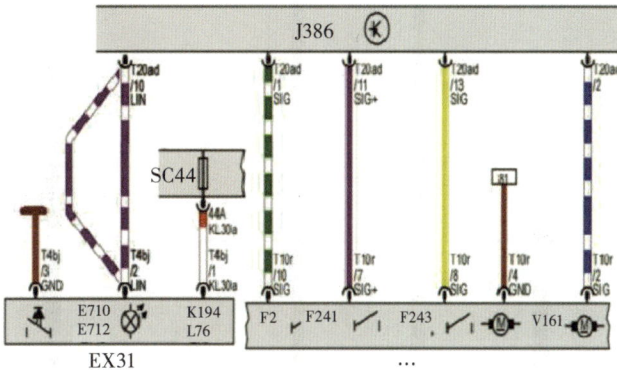
ID.4 左前门锁控制电路

图 1-4-12 门锁结构和控制电路

（二）操作门锁控制开关，个别车门锁不能动作

故障分析：造成这种故障的原因一般为，个别车门的门锁电机损坏或电线有断路故障，也有可能是机械传动装置有故障。

（三）车门锁装置只能开启或只能锁止

故障分析：造成这种故障的原因是门锁开关损坏或电子控制开关盒中的某组开关电路有故障。

（四）门锁在开启后锁止或锁止后开启

故障分析：发生这种故障的原因是门锁开关损坏或线路有故障。

二、中控门锁故障诊断检修

（一）故障现象

大众速腾轿车用遥控器锁车或开锁，左前门中控锁均没有反应，其他三个车门正常。

（二）故障诊断过程

1. 连接电脑检测

中央电器控制单元（车载电网控制单元 J519）09 里有故障存储"左前门锁电机电器电路故障"。

2. 分析可能原因

（1）左前门锁电机损坏；

（2）插头虚接；

（3）中央电器控制单元故障。

3. 故障检测

（1）首先拆开左前门里板，检查中控锁线束，插头正常连接牢固，不存在线束插头虚连。

（2）根据电路图测量线路。

拔下左前门锁电机 T8f 插头，按动遥控器按键测量 V56 供电，结果没有电压输出。正常中央电器控制单元 J519 输出（正或反）12V 电压，使 V56 电机形成正反转从而实现车门锁上和解锁。接

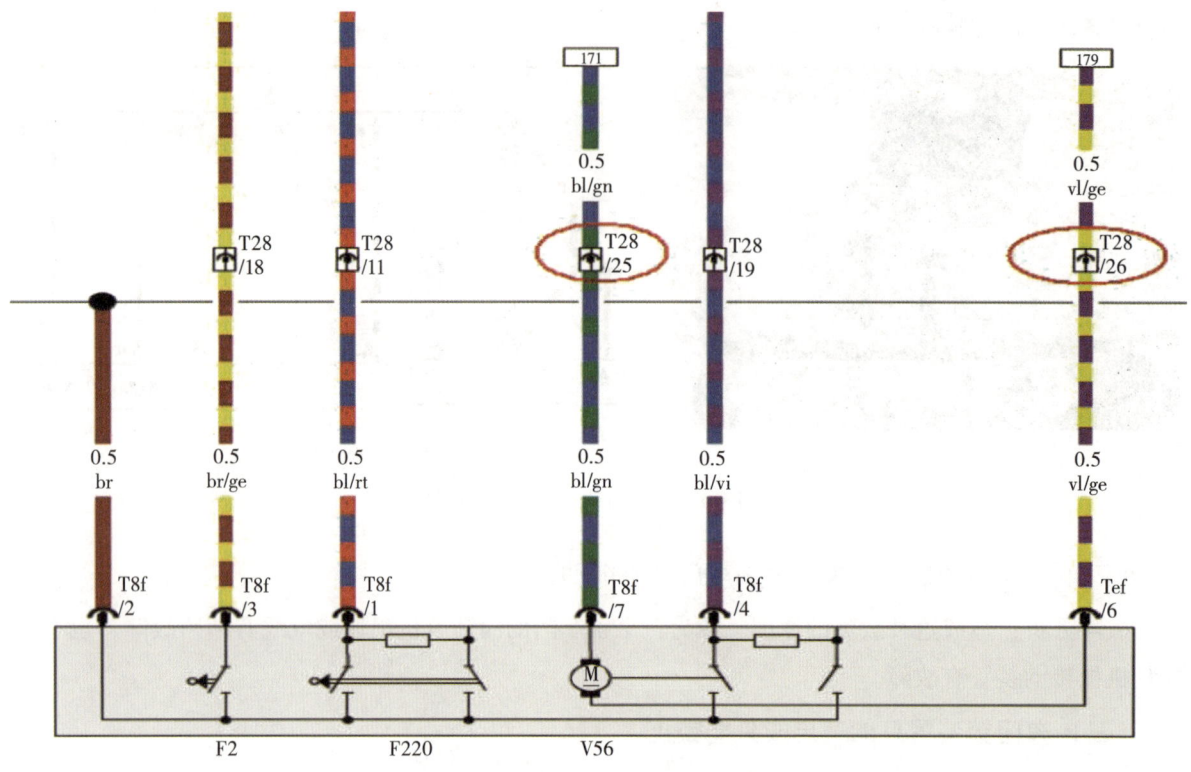

图 1-4-13 中控门锁相关电路

下来检查一下车门线束与车身线束插件 T28 中 25#线和 26#线，拆下 A 柱饰板及前机盖拉手检查线束，结果发现问题所在，T28 插件中连接了一组线束，线束正好缺少给 V56 供电的 25#和 26#电线。

（3）结果分析：该车购买后加装 DVD 导航，要在左前车门线束中取舒适总线信号，可加装的线束中缺少电机控制线。如图 1-4-14 所示。

图 1-4-14 左前车门线束

4. 故障处理方法

精品车间加装导航使用的线束存在问题，返厂更换线束，故障排除。

项目二

汽车舒适系统故障诊断与维修

任务1　电动车窗故障诊断与维修

知识学习：电动车窗控制系统

学习目标

1. 了解电动车窗的定义；
2. 熟悉电动车窗的功能和分类；
3. 掌握电动车窗的组成和原理。

一、电动车窗认知

为了方便驾驶员和乘客，减轻其劳动强度，许多轿车采用了电动车窗，电动车窗利用电机来驱动升降器使车窗上下移动。对于这些机电结合控制系统的维修，应首先了解其功能、组成等基础知识，才能掌握其原理，再结合其控制电路进行针对性的诊断。

（一）电动车窗的定义

电动车窗是指用伺服电机驱动玻璃升降的车窗，它取代了传统的转动摇柄升降玻璃，使得玻璃的升降轻便化、舒适化、自动化。

（二）电动车窗的功能

电动车窗可以使驾驶员或乘客坐在座位上，利用开关使车门玻璃自动升降，操作简单并有利于行车安全。电动车窗具有以下功能：手动升/降、自动升/降、后窗锁止、防夹功能保护、延时操作升降、门锁联动关闭。

（三）电动车窗的组成

电动车窗系统主要由车窗开关、控制单元、车窗电机、玻璃升降器等组成。其结构如图2-1-

1 所示。有些汽车上的电动车窗由电机直接作用于升降器，而有些则是通过驱动机构作用于升降器，从而把电动机的转动变成车窗的上下移动。

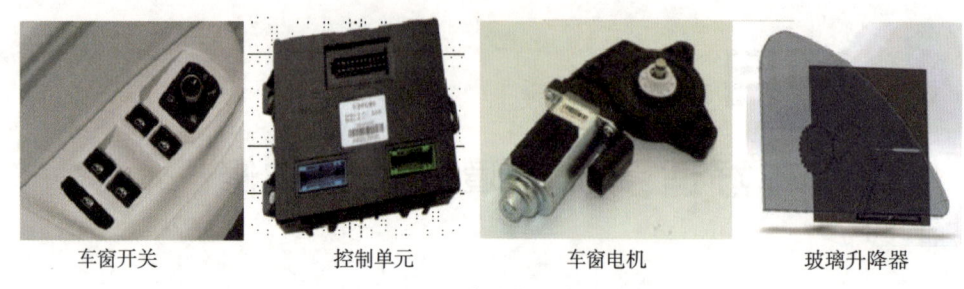

图 2-1-1 电动车窗系统组成

1. 车窗开关

一般的电动车窗系统都装有两套控制开关，一套装在仪表板或驾驶侧车门扶手上，为主开关，由驾驶员控制每个车窗的升降；另一套分别装在每一个乘客车门扶手上，为分开关，可由乘客进行操纵。主开关上一般还装有断路开关，如果其断开，分开关就不起作用。主开关、分开关可各自独立地对各个车窗进行升降控制。

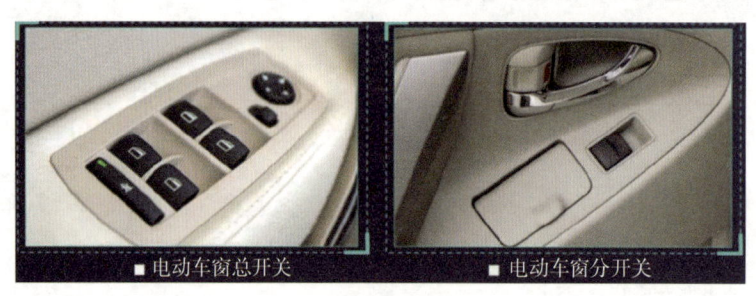

图 2-1-2 电动车窗开关

2. 车窗电机

一般车窗多使用双向永磁或绕线（绕组串联式）电机，每个车窗安装一只电机通过开关控制其电流方向，从而实现车窗的升降。

图 2-1-3 为电动玻璃升降器驱动电机的结构原理简图，该电机内有两组绕向不同的磁场线圈，分别和开关的升降接点相连，两个磁场线圈分别工作，使电动机能输出正、反两个方向的转动力矩，从而控制车窗玻璃的上升或下降。在电动机上还装有一个断路开关，控制电动机的搭铁线，当玻璃移动到极限位置或者有其他特殊情况时，断路开关把电路切断 40 秒左右，避免电机烧坏，然后恢复到接通状态。

3. 玻璃升降器

车窗玻璃升降器的功能是减速增扭、实现运动形式转换、传递动力。根据升降器的工作原理，玻璃升降器可分为绳轮式玻璃升降器、交叉臂式玻璃升降器、软轴式电动玻璃升降器。最常用的玻璃升降器是绳轮式和交叉臂式两种，设计中采用哪种机构是由

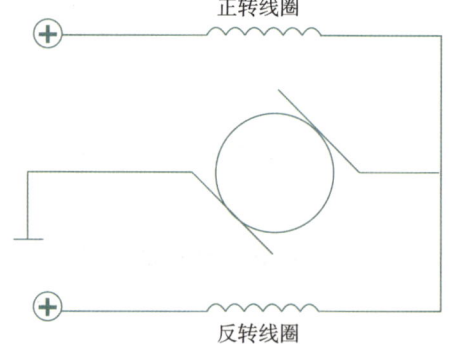

图 2-1-3 车窗电机结构原理

玻璃曲率、升降空间、制造精度及成本等因素决定的。

（1）绳轮式玻璃升降器：它主要由滑轮、钢丝绳、张力器和张力滑轮等组成，它通过驱动电机拉动钢丝绳来控制门窗玻璃的升降，可用于各种圆弧玻璃的车型中，但由于安装空间要求较大，主要用于玻璃圆弧较小的中高档轿车和高档面包车中。

（2）交叉臂式玻璃升降器：它主要由扇形齿板、玻璃导轨和调节器等组成，扇形齿板利用驱动电机的棘轮进行转动，使玻璃沿导轨做上下移动。由于其具有较好的稳定性和承载能力，交叉臂式玻璃开降器广泛应用于各类型的车辆。在一些对玻璃升降稳定性要求较高的车型中，交叉臂式玻璃升降器更是得到了普遍应用。

（3）软轴式电动玻璃升降器：它可用于各种玻璃圆弧的车型中，但运行噪声较大，主要用于玻璃圆弧适中的面包车和中低档轿车中。

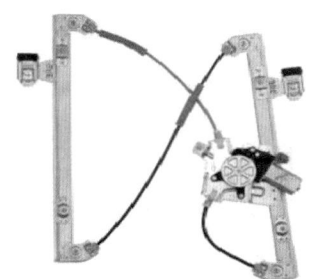
绳轮式玻璃升降器

交叉臂式玻璃升降器
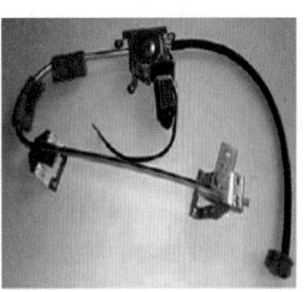
软轴式电动玻璃升降器

图 2-1-4 玻璃升降器

（四）电动车窗的分类

（1）按电机搭铁形式分类，可分为直接搭铁式和控制搭铁式两种。

（2）按玻璃升降器形式分类，可分为绳轮式、交叉臂式、软轴式三种。

二、电动车窗的工作原理

现在的汽车为了使驾驶员能够集中精力驾驶，增加乘客的舒适度，方便操作车窗升降，绝大多数采用了电动车窗。它只需操纵车窗升降开关，就可以使汽车门窗玻璃自动上升或下降。

（一）电动车窗的控制方式

目前，电动车窗开关主要有五挡式和三挡式，均能够实现自动升降和手动升降。

1. 五挡开关

手动上升挡、自动上升挡、空挡、手动下降挡和自动下降挡。

（1）手动上升挡：开关推上闭合后，玻璃上升；松开开关，玻璃立即停止上升。（手动升窗功能）

（2）自动上升挡：开关推上闭合后，玻璃上升；松开开关，玻璃继续上升，直到上升到顶，自动停止。（自动升窗功能）

（3）空挡：原始位置，车窗不工作。

（4）手动下降挡：开关按下闭合后，玻璃下降；松开开关，玻璃立即停止下降。（手动降窗功能）

（5）自动下降挡：开关按下闭合后，玻璃下降；松开开关，玻璃继续下降，直到下降到底，自动停止。（自动降窗功能）

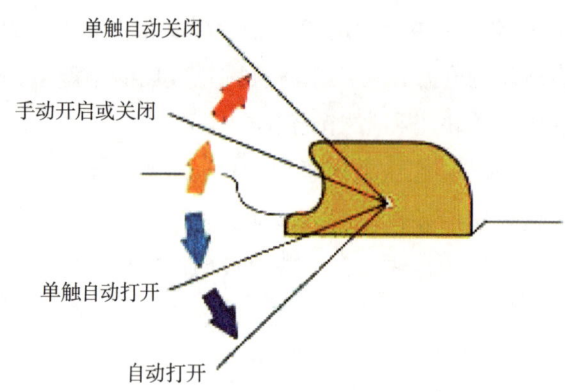

图 2-1-5 车窗开关的五个挡位

2. 三挡开关

升窗挡、空挡和降窗挡。

（1）升窗挡：开关推上闭合后，玻璃上升。当开关推上闭合时间大于某一个设定时间（如300毫秒），如果松开开关，玻璃立即停止上升；当开关推上闭合时间小于某一个设定时间（如300毫秒），如果此时松开开关，玻璃继续上升，直到上升到顶，自动停止。

（2）空挡：原始位置，车窗不工作。

（3）降窗挡：开关按下闭合后，玻璃下降。当开关按下闭合时间大于某一个设定时间（如300毫秒），如果此时松开开关，玻璃立即停止下降。当开关按下闭合时间小于某一个设定时间（如300毫秒），如果此时松开开关，玻璃继续下降，直到下降到底，自动停止。

（二）电动车窗的工作原理

驾驶员或乘客操作车窗开关按钮，开关信号发给车窗控制模块，控制模块根据收到的信号控制车窗电机正反转，驱动升降器带动车窗玻璃升降。

驾驶侧的开关除了可以控制自己的车窗升降，还可以控制其他三个车窗的升降，并可以锁定电动车窗的升降，这样设计便于驾驶员对车辆的整体控制。乘客侧车窗开关都只具有控制自身车窗玻璃升降的功能。

玻璃升降器的防夹功能是玻璃实现一键上升的法规要求项（国家标准 GB 11552—2009 的规范要求），即配备一键上升功能必须有防夹功能，防止夹伤人体，主要保护对象是儿童。防夹功能是在升降器的防夹区域探测到有物体阻碍了玻璃的上升运动时，升降器就会立即停止并反向下降一定距离。

1. 电动车窗防夹的工作原理

加装一组电流感应器，由霍尔传感器时刻检测电动机的转速。当电动车窗升起时，一旦电动马达转速减缓，霍尔传感器检测到转速有变化，就会向 ECU 模块报告信息，ECU 模块向继电器发出指令，电路会让电流反向，使电动机停转或反转（下降），于是车窗也就停止移动或下降，因此具有一定的防夹功能。

2. 电动车窗防夹组成

在电机轴上安装磁环，在磁环附近装有霍尔传感器和 ECU 模块，电机轴每转动一周，霍尔传

图 2-1-6 电动车窗防夹功能

感器将产生固定数量的方波,在车窗上升过程中遇到障碍物时,阻力增大,电机转速则变小,电流增大,而电动机转速变小会使霍尔信号方波的脉宽增大。

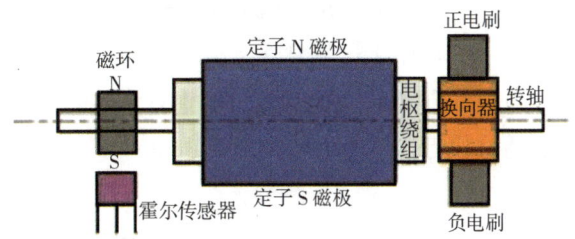

图 2-1-7 电动车窗防夹组成

电子模块可通过霍尔信号脉宽或电机电流的变化来判断车窗是否遇到障碍物以及夹物力的大小(一般超过 100 牛顿被认为遇到障碍物),计算每次上升过程中的累计脉冲数量,可判断电动车窗是否处于防夹区域(一般离车窗顶端 4~200 毫米的位置),最终确定是否需要产生防夹作用。如果模块判定需要防夹,则发出指令使电机反转,电机下降一段距离后(一般下降 120 毫米左右)停止。

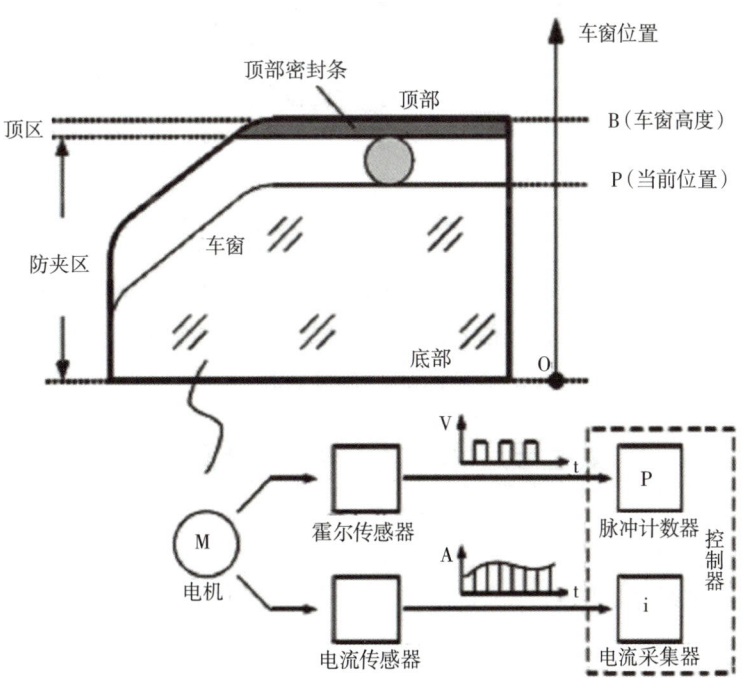

图 2-1-8 电动车窗防夹工作原理

车窗防夹技术是通过"触觉"和"视觉"来实现的，前面所述就是依靠"触觉"来实现的，当电动车窗结构感触到有异物在玻璃上，会自动停止玻璃上升工作。而"视觉"是更加智能化的车窗防夹，它实际上是一套光学控制系统，监测有无异物在电动车窗移动范围内，从而控制玻璃移动，无须异物接触到玻璃。

高科技虽好，但安全意识比智能配置更重要。许多车型只有主驾驶位置的车窗有防夹功能，副驾驶和后排车窗并没有该功能，而且防夹功能偶尔也会"失灵"。

虽然电动防夹车窗可以在遇到障碍物时下降，但是在遇到障碍物的一瞬间，电动车窗的挤压力度是很大的，所以千万不要以身试险。

（三）电动车窗的电路控制

电动车窗的电路控制如图2-1-9所示。左前门玻璃升降开关D07、右前门玻璃升降开关D16，左后门玻璃升降开关D20，右后门玻璃升降开关D25。左前门可实现集中控制，左前门有四个玻璃升降开关，可以控制四个车窗玻璃的升降：操作左前门处相应的玻璃升降开关，通过信号线，将信号传给车身控制器，车身控制器将执行信号输送给电机，电机可以正转和反转，实现电动车窗的上升或下降。

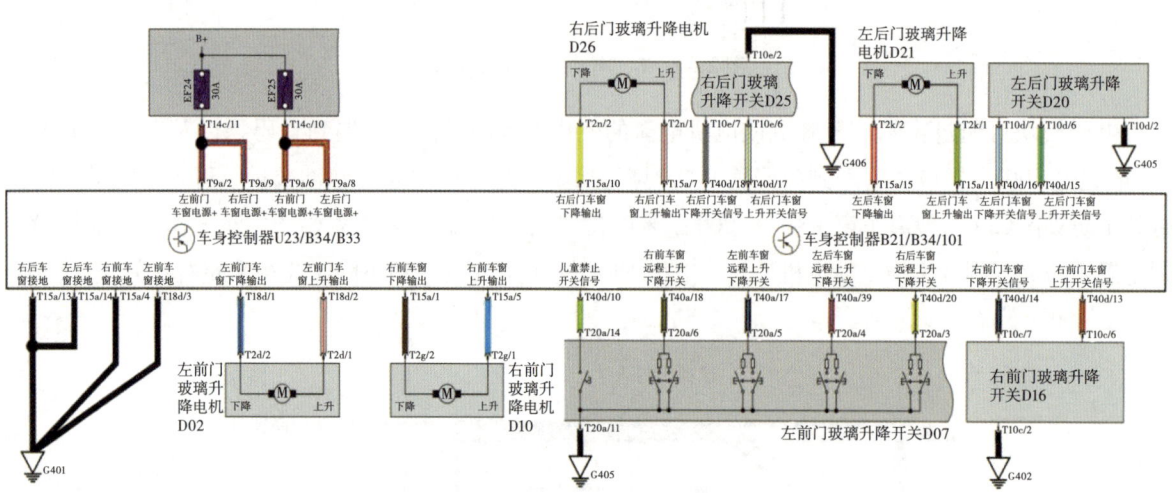

图2-1-9 新能源北汽EU5电动车窗电路

右前车门、左后车门、右后车门可实现单独控制，只能控制单个车门的车窗上升和下降。同样，操作车门上的玻璃升降开关，通过信号线将信号传给车身控制器，车身控制器将执行信号输送给电机，电机可以正转和反转，实现电动车窗的上升或下降。

技能演练：电动车窗无法升降故障诊断与维修

学习目标

1. 能够分析电动车窗常见故障；
2. 熟悉电动车窗常见故障诊断检修流程；
3. 掌握电动车窗故障常用测量方法。

一、电动车窗无法升降故障原因分析

(一) 电动车窗的组成

电动车窗可以通过控制车窗电机工作带动车窗玻璃上下运动,从而控制车窗的开闭。它替代了传统车窗的手动摇柄,使得玻璃的升降操作更加轻松。

电动车窗系统主要由车窗玻璃、车窗玻璃升降器、车窗电机、车窗保险丝、车窗开关和控制单元 ECU 等组成。具有防夹功能的电动车窗在原先电动车窗的基础上加装了一组霍尔传感器。

车窗玻璃是被托举而执行打开和关闭车窗的元件。

车窗玻璃升降器是车窗系统中实现车门玻璃升降运动的车门附件,用于调节车窗开度大小,并保证车窗玻璃平稳升降,从而控制车窗顺利开启和关闭。

车窗电机是带动车窗玻璃升降的执行装置,电机转动通过车窗玻璃升降器带动车窗玻璃进行升降,电动车窗采用的电机为双向电机,控制模块 ECU 控制电机电流方向,实现电机正反转,达到控制车窗升降的目的。

车窗保险丝是电动车窗控制模块的供电保护装置,串联在车窗系统供电电路中。

车窗开关有两套:一套为装在驾驶员侧车门上的电动车窗总开关,也称为主控开关,它由驾驶员控制每个车窗升降;另一套为车窗分控开关,分别装在其他车门扶手上,可由乘客进行操纵。

控制单元 ECU 用于监测接收车窗开关、霍尔传感器的信号,并根据信号判定需要给车窗电机提供相应方向的电流,从而控制车窗电机工作。

(二) 电动车窗的工作过程

按下或抬起电动车窗开关,控制单元 ECU 控制车窗电机正向或反向转动,通过传动机构将动力传给车窗升降器,带动车窗玻璃升降。

具有防夹功能的电动车窗升起时,一旦车窗电机感受到阻力则转速减缓,霍尔传感器就会检测到转速有变化,并向 ECU 报告信息,ECU 控制车窗电机停转或反转,车窗就会停止移动或下降,从而防止夹伤事故发生。

(三) 电动车窗的故障类型

1. 所有电动车窗都不能升降

主要原因有:

(1) 保险丝熔断:车辆电路中有专门负责给电动车窗控制模块供电的保险丝,如果保险丝熔断或损坏,就会导致所有电动车窗无法升降。

(2) 主控开关故障:车窗主控开关可以控制所有车窗工作,若主控开关损坏或故障,也会导致所有电动车窗无法升降。

(3) 电动车窗线路故障:当电动车窗供电线路和搭铁线路出现短路或断路故障时,所有车窗电机也无法工作,致使所有电动车窗无法升降。

2. 部分电动车窗不能升降

车辆部分电动车窗无法升降的原因主要有:

(1)车窗玻璃被异物卡住:在升降过程中,如果有异物进入窗槽或导轨中,可能导致玻璃卡住而无法正常升降。

(2)车窗电机损坏:电动车窗的升降功能由车窗电机驱动,如果电机损坏,则无法提供足够的动力来推动玻璃升降。

(3)车窗控制开关失效:车窗开关损坏或出现异常,导致无法正常控制车窗升降。

(4)线路断路或插接器接触不良:电动车窗的升降功能依赖于线路的连接,如果线路出现断路或插接器接触不良,会导致车窗无法正常升降。

(5)锁止开关接触不良:一些车型在车门关闭时会锁止窗户的升降功能,如果锁止开关接触不良,会导致电动车窗无法升降。

(6)控制单元 ECU:若车窗玻璃控制单元出现故障,则不能发出控制指令控制各个车窗电机工作,会导致电动车窗无法升降。

二、电动车窗无法升降故障诊断思路解析

(一)故障案例

一辆一汽大众迈腾 B7L 轿车被送至 4S 店进行维修,车主反映打开点火开关,操作电动车窗时,发现驾驶员侧后部电动车窗玻璃无法正常升降,电动车窗系统无法正常工作。经维修技师初步判断,车窗电机不工作造成此故障,现需要检修。

(二)电动车窗不能升降的诊断思路

对于不同的故障现象采取不同的诊断思路,这里分别介绍所有电动车窗不能升降和部分电动车窗不能升降的诊断思路。

1. 所有电动车窗不能升降

(1)观察所有车窗的情况,确定所有车窗都无法升降。

(2)检查车窗开关:检查车窗开关是否正常工作,检查开关信号线路是否有电压信号变化。

(3)检查车窗控制单元供电保险丝是否正常,如果保险丝损坏或熔断,需要更换匹配新的保险丝。

(4)检查与车窗控制相关的电路连接和线束是否完好。查看电路插接器是否稳固,线束是否损坏或破损。如发现问题,需修复或更换损坏的线束。

(5)检测控制单元能否正常工作,能否正常发出控制指令,若不能应及时检修。

2. 部分电动车窗无法升降

(1)检查故障车窗工况,观察车窗玻璃是否有异物卡住,是否能够自由移动。

(2)检查故障车窗的电机是否工作正常,检查车窗控制单元是否正常给电机提供工作电压,否则,更换电机或相关线路。

(3)检查车窗控制开关是否有电压信号变化,否则检查开关及其连接线路是否损坏。

(4)检查车窗升降器,包括支架、拉索等是否完好,并修复或更换损坏的部分。

(5)检查锁止开关的接触情况,清洁或更换锁止开关以确保正常接触。

(6)检查车身控制模块是否给电机提供正常工作电压,否则需要进行维修或更换。

三、电动车窗无法升降故障检修

通过学习电动车窗无法升降故障的诊断思路可知，当汽车出现电动车窗无法升降故障时，我们需要进行电动车窗保险丝检测、车窗电机及电路检测、车窗开关及电路检测和车身控制模块检测，下面依次介绍其检修方法。

（一）保险丝检测

电动车窗保险丝检测包括电压检测和电阻检测，检测时，保险丝电源线供电电压异常或保险丝熔断需要及时检修。

（二）车窗电机及电路检测

1. 车窗电机检测

检查车窗电机本身有无损伤变形，给电机两端连接电源，如果电机正常运转，说明电机正常。

2. 车窗电机电路信号检测

分别操作升降开关，如果电机两端针脚轮流出现 +B 和 0 伏电压变换时，说明电机电路信号正常。

（三）车窗开关及电路检测

车窗开关检测包括车窗开关电阻检测和电压检测。如果在断电情况下测得开关电阻参数不符合要求，说明开关损坏。如果开关正常，测得开关电压异常，说明开关相关线路存在故障。

（四）车身控制模块检测

由于控制模块功能很多，车窗控制功能只是其一，可以通过验证模块其他功能是否正常来判断是否模块本身出现故障。如果其他功能正常，还可以通过检查模块给电机供电端子是否有正常工作波形输出来判断模块是否出现局部功能失效。

在车窗出现故障时，作为专业的汽修人员要养成良好的职业习惯，做好故障原因分析，判断故障类别，针对某些复杂故障，可以查阅已有案例信息或寻求团队帮助，才能更快、更准确地解决故障。

任务2　电动后视镜故障诊断与维修

知识学习：电动后视镜认知

学习目标

1. 了解电动后视镜的功能；
2. 掌握电动后视镜的调节方法；
3. 掌握电动后视镜的定义和组成；
4. 明确电动后视镜的工作原理。

一、电动后视镜的功能和使用

(一) 电动后视镜的功能

电动后视镜是指具有电动调节功能的车外两侧的后视镜,在需要调节视角时驾驶员不必下车,可以在车内通过操作电动按钮进行调节,使驾驶员更好地观察汽车左右两侧的行人、车辆以及其他障碍物,确保行车或倒车安全。其后视镜操作按钮一般设计在主驾车门上。在狭窄的路段行车时,可以操作后视镜进行折叠收缩,以提高汽车的通过性。因此后视镜的主要功能可分为以下几种。

1. 角度调节功能

驾驶员在车内通过电动后视镜调节开关就能对左右两侧后视镜的角度进行调节,从而获得更好的车辆后方视野,也解决了右侧后视镜调节不便问题。

后视镜镜片固定在调节单元之上,调节单元上安装有两个正反旋转电机,分别控制调节单元的垂直及水平方向倾斜运动,调节单元带动镜片做上下或左右运动。电动后视镜调节开关由选择开关和调整开关组成,选择开关用于选择要调节的后视镜(L为左侧后视镜,R为右侧后视镜)。

图 2-2-1 后视镜开关

图 2-2-2 后视镜

2. 折叠功能

后视镜折叠功能是指通过双向旋转电机将车辆两侧的后视镜折叠收缩起来,减小车辆宽度、减少剐蹭。后视镜折叠功能的实现有两种方式,一是通过电动后视镜调节开关控制后视镜折叠,二是在车辆防盗闭锁后控制单元自动进行折叠,且在车辆防盗解锁时自动打开。

图 2-2-3 后视镜折叠功能

3. 倒车下翻功能

驾驶员在倒车时,通过调节功能让电动后视镜向下翻(前进挡时电动后视镜会自动回位),便于观察车辆与路边的距离，避免剐蹭。

图 2-2-4　后视镜倒车下翻功能

4. 加热功能

后视镜加热功能是指当雨、雪、雾等天气时，后视镜可以通过镶嵌于镜片背面的加热膜通电加热，确保镜片表面清晰。镜片背面安装了一个加热膜，当开启后视镜加热功能时，加热膜会在几分钟内迅速升温至一个固定的温度，一般在35℃~60℃，从而起到对镜片加热、除雾、除霜的效果。

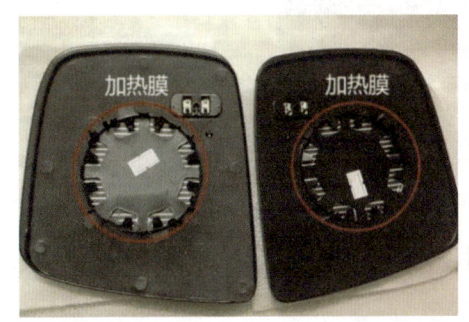

图 2-2-5　后视镜加热开关和加热膜

5. 其他功能

后视镜还有记忆功能，每个驾驶员可根据个人身高与驾驶习惯的不同来调节后视镜的最好视野，有些车型甚至可以联动调节座椅及方向盘位置，随后进行记忆存储。

另外，有些车型还配有后视镜自动防眩目功能，自动防眩目外后视镜和内后视镜的原理是一样的，夜间行车，当探测到后方有远光照射时，镜片会从普通的白镜快速变成蓝色，从而过滤掉强光，当远光消失时，镜子会渐渐恢复成普通白镜。

图 2-2-6　后视镜其他功能

（二）电动后视镜的使用

1. 角度调节方法

首先我们学习后视镜角度的调节方法，以大众 ID.4 为例。

（1）打开点火开关。将驾驶员车门上的旋钮旋转到 L 或 R，旋钮位于位置 L 时，可调节驾驶员侧车外后视镜。旋钮位于位置 R 时，可调节副驾驶侧车外后视镜。

（2）沿箭头方向将旋钮向前后或左右推动，可调节车外后视镜的角度。

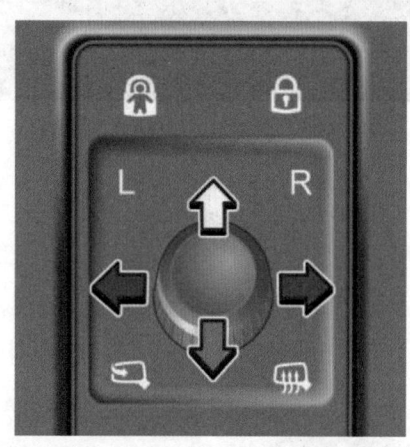

图 2-2-7 ID.4 车外后视镜旋钮

2. 后视镜折叠设置

对于 ID.4 车辆来说，从外部闭锁或解锁车辆时，车外后视镜自动折叠或展开。但旋钮不得位于后视镜折叠按钮位置。如电动车外后视镜的旋钮位于后视镜折叠按钮位置，则车外后视镜保持在折叠位置。

3. 倒车下翻设置

（1）用一把需储存该设置的车辆钥匙解锁车辆；

（2）将挡位选择开关切换至倒车挡位置；

（3）调节副驾驶侧车外后视镜，使之能清晰反映车后路缘景象；

（4）切换空挡位置；

（5）关闭点火开关；

（6）调节好的后视镜位置随即存储并分配到该车辆钥匙。

需要注意的是，前行车速超过 15km/h（有些车型为 20km/h）或将车外后视镜调整旋钮自位置 R 转到另一位置时，前排乘员侧车外后视镜将恢复到正常行驶位置。

4. 加热功能使用方法

对于后视镜加热，则需要按下后视镜加热按钮打开车外后视镜加热器。环境温度低于 35℃ 时加热器方可起作用，且最初以最高功率加热。约 2 分钟后，根据车外温度状况进行加热。

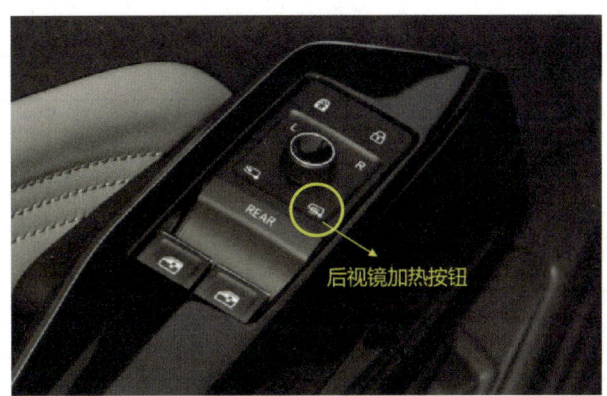

图 2-2-8 后视镜加热按钮

二、电动后视镜的结构原理

(一) 电动后视镜组成

电动后视镜系统主要由控制开关、控制模块、旋转电机、镜片等部件组成。

图 2-2-9 电动后视镜组成

(二) 电动后视镜的控制原理

当驾驶员操作车内后视镜调节开关时,开关向控制模块发送电信号,控制模块根据收到的信号分配电流至对应电机。每个电机通过蜗轮蜗杆或齿轮机构控制镜片在水平或垂直方向的转动,水平电机驱动镜片左右摆动,垂直电机调节俯仰角度。

部分高端车型集成位置传感器和记忆芯片,可存储多组预设角度并自动复位。整个系统通过车载电源供电,由保险装置保护电路安全,实现精准、稳定的后视镜角度调节。

三、电动后视镜技术

(一) 防眩目电动后视镜

防眩目电动后视镜由1个特殊的电化层镜面、2个光电传感器以及电子控制器组成。电子控制器接收光敏二极管传送的灯光照射强度信号,如果后车灯光强于前车灯光,电子控制器将输出一个电压到镜面,改变镜面电化层的颜色。这个电压越高,电化层颜色的改变越大。电化层的颜色改变后,经过电动后视镜反射到驾驶员眼睛的光线就显著减弱,不但不影响驾驶员的视力,反而提高了驾乘车辆的舒适性和安全性。

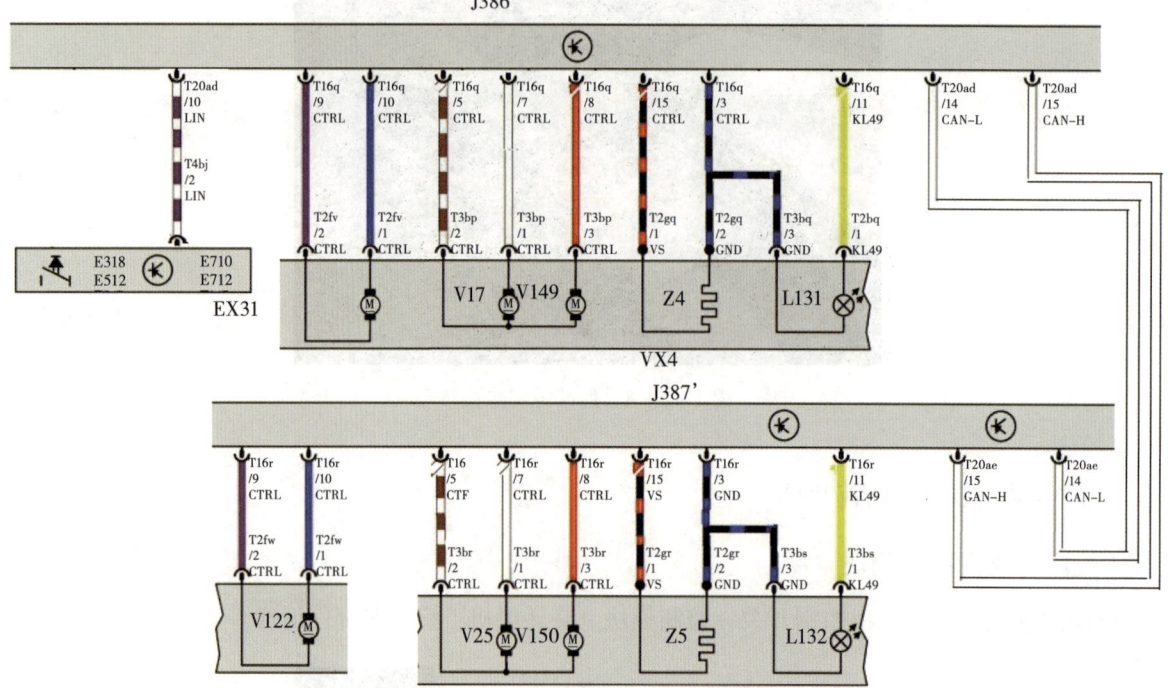

图 2-2-10　ID4.CROZZ 电动后视镜的控制原理

（二）双曲率镜面后视镜

电动后视镜还用到双曲率镜面技术，双曲率镜面后视镜，中间 2/3 的面积采用平面镜，靠外 1/3 的面积采用大弧度的凸面镜，这样驾驶者就能看到车后的全景，消除转弯时的盲点，视野扩大了两倍。一方面，较好地弥补了平面镜后视范围过小的缺点，另一方面，由于其凸面部分曲率半径较大（SR2000 左右），所以基本上解决了失真问题。这在汽车后视镜技术中是当之无愧的无冕之王。

技能演练：电动后视镜失灵故障诊断与排除

学习目标

1. 能够分析电动后视镜调节失灵故障原因；
2. 掌握电动后视镜故障诊断思路；
3. 能够检修电动后视镜常见故障。

一、电动后视镜失灵故障原因分析

（一）后视镜概述

后视镜是汽车必备的安全装置之一。驾驶员在行车过程中，通过后视镜获取汽车后方和侧面等外部信息。

汽车的电动后视镜一般由镜片、调节电机、控制模块及操纵开关等组成。现代汽车配置带有折叠和加热功能的电动后视镜，这种后视镜是在原先基础上增加了折叠电机和加热元件，这种功能可以控制两个后视镜整体回转展开、折叠和加热，可以使汽车通过狭小的路段，也可以防止后视镜镜面在寒冷天气结冰或起雾，确保驾驶者的视野清晰。

调节电机是电动后视镜调节的动力，每个后视镜镜片的背后有 2~3 个双向调节电机，可操纵其上下、左右及折叠运动。通常上下、左右和折叠运动都有一个永磁电机控制。改变电机的电流方向，即可完成后视镜的位置调整。

控制后视镜的电动调节和加热功能，通常与车辆的电气系统相连。

（二）电动后视镜失灵故障原因分析

电动后视镜失灵分为两侧电动后视镜均失灵、一侧电动后视镜失灵、一侧电动后视镜上下或左右方向移动或折叠等局部功能失灵，下面分别进行分析。

1. 两侧电动后视镜均失灵

引起两侧电动后视镜均失灵的故障原因如下：

（1）保险丝熔断。

若电动后视镜电路中的保险丝损坏或烧断，电动后视镜线路断路，无法给调节电机供电，两侧电动后视镜会调节失灵。

（2）电动后视镜控制开关损坏。

若电动后视镜电路中控制开关损坏，控制单元无法接收到控制开关操作指令，控制单元则不给调节电机供电，导致两侧电动后视镜调节失灵。

（3）电动后视镜线路接插器连接异常。

若电动后视镜线路接插器松动、脱落，控制单元或蓄电池的电无法供给相应调节电机，则两侧电动后视镜调节失灵。

（4）控制单元局部功能异常。

若电动后视镜电路中控制单元局部损坏，不能根据电动后视镜控制开关给调节电机供电，则会导致两侧电动后视镜调节失灵。

2. 一侧电动后视镜失灵

引起一侧电动后视镜失灵的故障原因如下：

（1）电动后视镜开关局部损坏。

若电动后视镜控制开关总成中的调节转换开关，即开关内部转换左边 L 或右边 R 的控制电路局部损坏，控制单元不能接收到这侧控制开关操作指令，控制单元不能给调节电机供电，这侧电动后视镜失灵。

（2）后视镜线路接插器。

若一侧电动后视镜线路接插器松动、脱落，控制单元或蓄电池的电无法供给相应调节电机，这侧电动后视镜失灵。

（3）一侧电机线路故障。

若一侧电动后视镜调节电机线路断路或短路，无法给调节电机供电，这侧电动后视镜失灵。

（4）控制单元局部功能异常。

若电动后视镜电路中控制单元局部损坏，不能根据某一侧电动后视镜控制开关指令给调节电机供电，这侧电动后视镜失灵。

3. 一侧电动后视镜上下或左右方向移动或折叠等局部功能失灵

引起一侧电动后视镜局部功能失灵的故障原因如下：

（1）一侧后视镜上下/左右/折叠调节电机损坏。

若一侧电动后视镜上下/左右/折叠调节电机烧坏或卡滞无法工作，这侧电动后视镜上下/左右/折叠调节局部失灵。

（2）一侧后视镜上下/左右/折叠调节电机线路故障。

若一侧电动后视镜调节电机线路接插器松动或线路断路或短路，导致控制单元或蓄电池的电无法供给相应调节电机，则这侧电动后视镜上下/左右/折叠调节功能会出现局部失灵。

二、电动后视镜失灵故障诊断思路解析

电动后视镜失灵分为两侧电动后视镜均失灵、一侧电动后视镜失灵、一侧电动后视镜上下或左右方向移动或折叠等局部功能失灵，下面我们分别学习电动后视镜这三类失灵故障的诊断思路。

（一）两侧电动后视镜均失灵

（1）检查电动后视镜的保险丝是否熔断：是，则更换保险丝；否，则进行下一步。

（2）检查后视镜开关电源电压是否正常：否，则检查保险丝盒到后视镜控制开关之间的线束连接情况；若正常，则进行下一步。

（3）检查电动后视镜线路接插器连接情况是否正常：若存在松动、脱落或断路等情况需要及时维修线路；若正常则进行下一步。

（4）检查控制单元局部功能是否正常：可以替换新的控制单元观察后视镜是否能正常工作，若恢复正常，说明控制单元发生故障，替换新的控制单元。

（二）一侧电动后视镜失灵

（1）检查操作后视镜调节转换开关时信号线输出电压是否正常，如不正常，说明是调节转换开关发生故障，如正常则进行下一步。

（2）检查这侧电动后视镜线路接插器连接情况，若存在松动、脱落等情况则需要及时维修线路；若无，则进行下一步。

（3）检测这侧电动后视镜线路是否存在断路或短路等情况，若有，则需要及时维修线路；若无，则进行下一步。

（4）检查控制单元局部功能是否正常，可以替换新的控制单元观察后视镜是否能正常工作，若能说明控制单元发生故障，则替换新的控制单元。

（三）一侧电动后视镜上下或左右方向移动或折叠等局部功能失灵

（1）检测电动后视镜失灵挡位调节电机，若电机电阻过大或存在烧蚀故障，则更换对应后视镜电机；若正常，则进行下一步。

（2）检测这侧电动后视镜存在失灵故障线路是否存在断路或短路等情况，若有需要及时维修线路。

三、电动后视镜失灵故障检修

通过学习电动后视镜失灵故障的诊断思路可知，当汽车出现电动后视镜调节失灵故障时，需要

进行保险丝检修、电动后视镜控制开关检修、调节电机及相关线路检修和后视镜控制单元检修，下面依次介绍其检修方法。

（一）保险丝检修

电动后视镜保险丝检测包括保险丝供电电压检测和保险丝检测。若检测时，保险丝电源线供电电压异常或保险丝熔断，则需要及时维修或更换。

（二）电动后视镜控制开关检修

电动后视镜控制开关检修需要检修后视镜相关线路，并拆下后视镜开关进行电阻检测维修，若后视镜开关相关线路或开关故障，则需要更换或维修。

（三）调节电机及相关线路检修

检测电动后视镜调节电机通过检测电压和电阻进行，检测后视镜电机需要拔下线束接插器检测电机电阻，若检测到调节电机或相关线路故障，则应及时更换或维修。

（四）后视镜控制单元检修

后视镜控制单元可以采用替换法，也可以根据在打开后视镜开关时检测控制单元发出的信号波形是否正常进行判断。

目前，电动后视镜已逐步取代了传统后视镜，这也意味着相应的后视镜维修技术必须随之变化。因此，作为汽修人员，在维修技术上不能故步自封、一成不变，需要不断学习新知识，持续提升维修技术。

任务3　电动天窗系统故障诊断与维修

知识学习：电动天窗认知

学习目标

1. 了解电动天窗系统的功能；
2. 掌握电动天窗系统的结构；
3. 掌握电动天窗系统的使用方法；
4. 理解电动天窗系统的控制原理。

一、电动天窗的功能和结构

（一）电动天窗系统的功能

电动天窗能够利用汽车行驶时气流在车顶快速流动造成的车内负压，将车内污浊的空气从天窗抽出，新鲜空气从进气口补充，从而保证车内良好的通风换气，此外还具备降温节能、消除雾气、开阔视野的功能。

（二）电动天窗系统的组成和工作原理

电动天窗系统包括天窗开关、控制模块、驱动机构、滑动机构以及排水总成。操作天窗开关，

- 通风换气
- 降温节能
- 消除雾气
- 开阔视野

图2-3-1 电动天窗

开关信号发给天窗控制模块，模块控制天窗电机旋转，驱动传动机构带动玻璃开启或关闭。

1. 天窗开关

电动天窗的开关由控制开关和限位开关组成，一般集成在前排顶灯总成内。操作电动天窗开关可实现天窗的打开、关闭与起翘，操作遮阳帘开关可实现遮阳帘的打开与关闭。

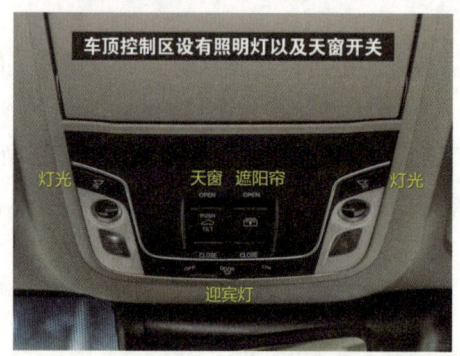

图2-3-2 电动天窗开关

2. 控制模块

控制模块是一个数字控制电路，并设有定时器、蜂鸣器和继电器等，其作用是接收开关输入的信息，通过数字电路进行逻辑运算，确定动作，控制电动天窗开闭。

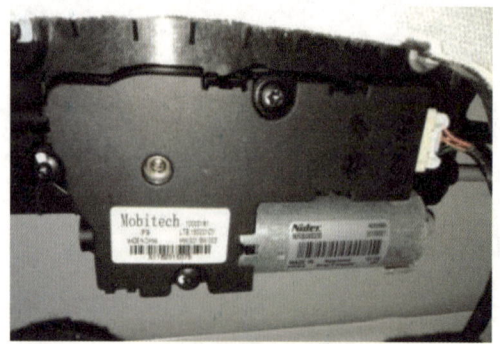

图2-3-3 电动天窗模块

3. 驱动机构

电动天窗驱动机构主要由天窗电机、遮阳帘电机组成，天窗电机一般与天窗控制单元集成一体。

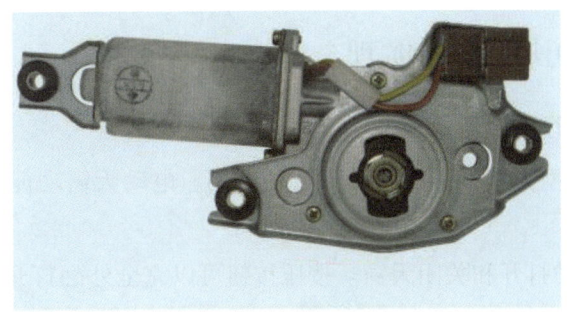

图 2-3-4 天窗电机

4. 滑动机构

电动天窗滑动机构主要由天窗本体总成、天窗玻璃总成、遮阳板总成及滑动轨道等构成。

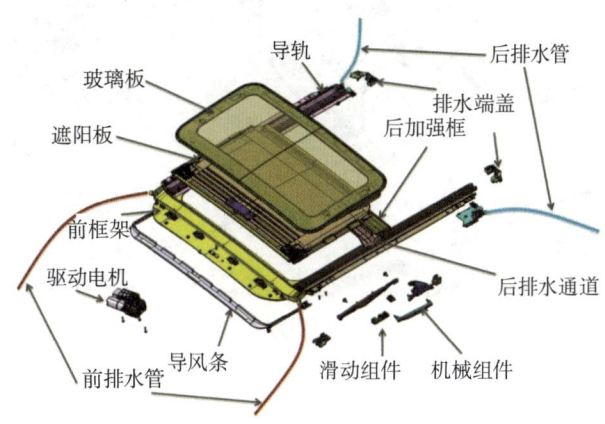

图 2-3-5 电动天窗滑动机构

5. 排水总成

排水总成由框架组件中的排水槽、排水口组成，用于排出由天窗玻璃组件与车顶之间的缝隙流入天窗排水槽内的水。

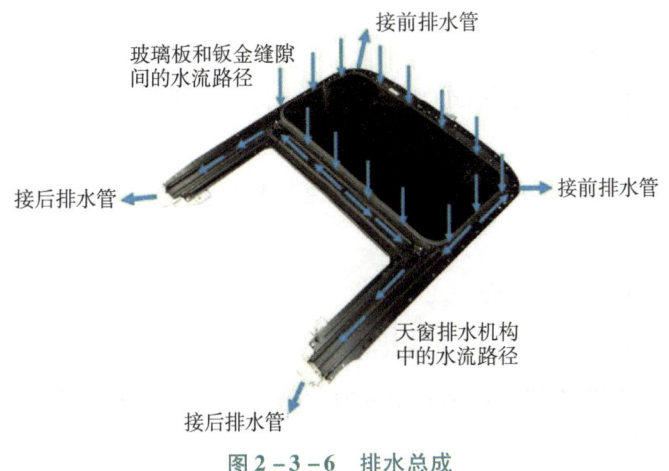

图 2-3-6 排水总成

二、电动天窗系统的使用和控制原理

(一) 电动天窗系统的使用方法

以大众 ID.4 高配版车型为例,讲解电动天窗的使用。电动天窗功能按键有两种操作方法:滑动和按压。

滑动按钮可以完全滑动打开和关闭天窗。按压按钮可以完全外翻打开或关闭天窗。再次按压即可停止自动运行过程。

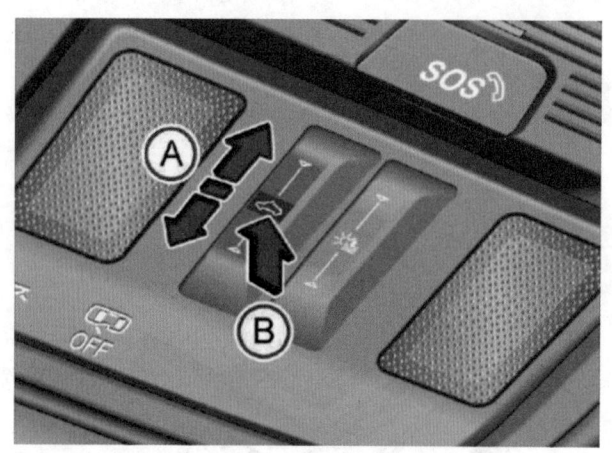

图 2-3-7 ID.4 CROZZ 天窗滑动按钮

1. 滑动开/关天窗操作方法

天窗的滑动打开有两种操作模式,即自动模式和手动模式。自动模式:手指在功能按键凹槽内快速向后滑动一下,天窗会自动打开。当天窗自动运行至所需位置后,在功能按键凹槽内快速按压一下,会停止滑动。手动模式:手指在功能按键凹槽内沿向后滑动约 2 厘米并保持住,天窗运行至所需位置后抬离手指。滑动关闭天窗方法与打开类似,只是需要将按键滑动方向改为向前滑动。

2. 外翻开/关天窗操作方法

天窗的另外一种打开方式为外翻形式。外翻打开天窗可以快速按压凹槽中间的功能按键,即图 2-3-7 中 B 的位置。

关闭外翻天窗可通过手指在功能按键凹槽内快速向前滑动一下;或者快速按压凹槽中间的功能按键来实现。

(二) 电动天窗系统的控制原理

以迈腾 B8 为例,我们来学习电动天窗的控制原理。天窗自身开启或关闭功能是通过操作天窗按钮和天窗调节器在不同挡位发出不同信号给天窗控制单元,天窗控制单元控制天窗电动机动作完成相关指令。天窗卷帘也是同样的控制原理。

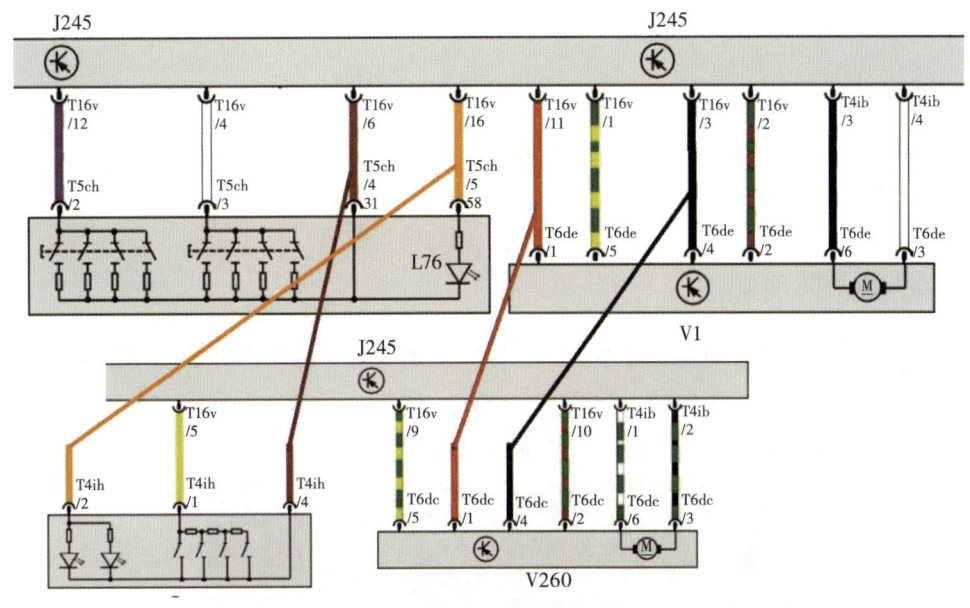

图 2-3-8 迈腾电动天窗电路

技能演练 1：汽车天窗维护

学习目标

1. 掌握汽车天窗维护内容；
2. 能够维护汽车天窗。

一、天窗防水性

天窗是靠天窗玻璃周围的橡胶密封圈密封，在使用过程中要注意密封圈的防尘，尤其是在冬季或长途行驶后，要除尘并进行清洁。

二、天窗密封性

在清洗过程中，避免用高压水枪的水柱直接对准天窗玻璃周围的密封圈冲洗，以防止密封圈在高压水柱的冲击下变形，从而导致车内进水。

三、天窗润滑防腐蚀保养

车辆日常使用，要定期清洁天窗轨道及密封圈，如果开天窗时听到"吱吱啦啦"的杂音，可能是滑轨缺少润滑剂，可在滑轨上涂抹天窗轨道润滑脂。

另外也可以买一罐橡胶保护剂，喷到橡胶条上，或者喷到毛巾上，在橡胶条上擦一擦，可以防止被腐蚀。

四、使用中性清洁剂

开启天窗前应注意车顶是否有阻碍天窗玻璃运行的障碍物，若有，则用软布和中性清洁剂清洗，切勿用黏性清洗剂清洗。

五、清理异物、保持清洁

雨水多的夏天，要经常检查天窗前侧导水槽中是否有沙土、树叶等异物，用干净的湿毛巾定期擦拭导水槽，可以防止天窗排水孔被堵塞。

六、天窗漏水故障现象

（1）排水管堵塞或断裂，后果就是水会从天窗缝中渗出来，滴到内饰中。如果断裂，也会造成汽车A柱、C柱渗水。如果发现车辆A柱或C柱渗水，大概率是因为天窗出水孔或接头处断裂。这种情况比较复杂，可能需要拆掉内饰换一根新的排水软管。

图 2-3-9　天窗漏水

（2）天窗的密封胶条老化，造成天窗渗水。除了排水管的问题，天窗边缘橡胶密封胶条也非常容易老化或开裂，引起天窗密封不严渗水。如果橡胶条损坏漏水，则需要及时更换。一个原厂胶条的市场价格一般在100～300元。

技能演练2：汽车天窗故障检修

学习目标

1. 掌握汽车天窗常见故障检修方法；
2. 能够检修汽车天窗常见故障。

一、故障现象

一辆2020年产北汽EU5纯电动轿车，行驶里程2.2万千米。用户因天窗无法正常打开而来店检修。

二、检查分析

维修人员与用户沟通得知，其每天都会正常使用天窗为车内换气，结果最近一次使用时发现无法正常开启。维修人员打开点火开关，上电后按压天窗开启按钮，天窗无任何反应，不能正常开启与关闭。

根据故障现象，维修人员初步判断故障原因可能为：天窗供电熔丝出现问题；天窗开关问题；天窗电机问题；相关线路故障。

查看电路图（图2-3-10）得知，天窗R02为一体化电机模块。该模块由常电、IG供电，顶灯—天窗开关R03为其提供2路控制信号，从而实现天窗的开启与关闭。天窗和顶灯—天窗开关共用搭铁点G308。

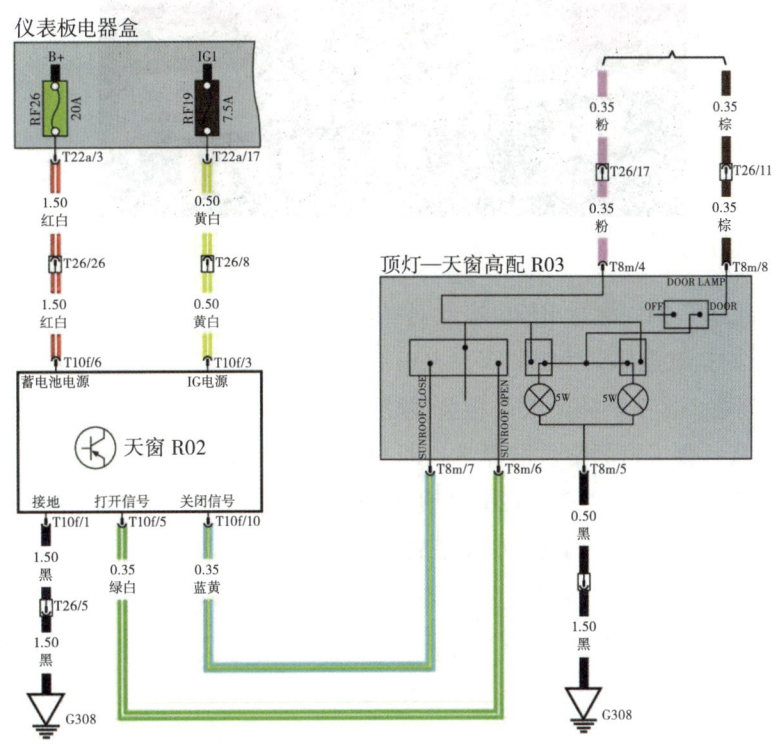

图2-3-10　天窗相关电路

2路开关信号为正触发，正电源来源于顶灯电源，由T8m/8端子输入，为12V常电。门控信号由T8m/4端子输入，经验证，关闭车门无电，打开车门后有12V电压，并有延迟功能。

当打开点火开关时，按压天窗开关到打开位置，顶灯电源通过T8m/8端子输入常电，经过开关后从T8m/6端子输出到天窗的T10f/5端子，此时天窗打开。按压天窗开关到关闭位置，常电经过开关后从T8m/7端子输出到天窗的T10f/10端子，此时天窗关闭。

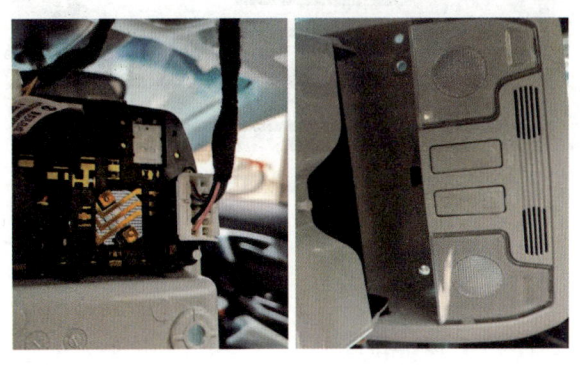

图2-3-11　天窗开关及线束

本着由简到繁的原则，先对天窗的供电进行检查。分别拔下 RF26 熔丝和 RF19 熔丝，测量熔丝的电阻，分别为 0.3Ω 和 0.2Ω，均小于 1Ω，则正常。

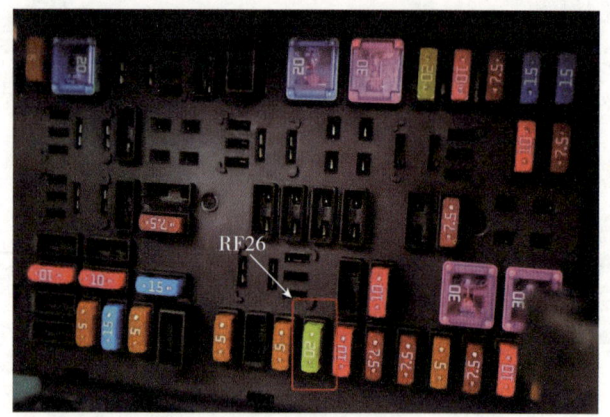

图 2-3-12　仪表板电器盒中的天窗供电熔丝 RF26（20A）

关闭点火开关至 OFF 挡，测量 RF26 熔丝对搭铁电压，为 13.8V，正常；打开点火开关至 ON 挡，测量 RF19 熔丝对搭铁电压，为 13.8V，也正常。

天窗供电没有问题，接下来测量天窗相关线路。关闭点火开关至 OFF 挡，测量 T10f/6 端子对搭铁电压，结果为 0V，则天窗的常供电异常。断开蓄电池负极，找到插接器 T26 并拔下，再拔下天窗插接器 T10f，测量 T10f/6 端子至 T26/26 端子间电阻，为 0.1Ω，则正常。拔下仪表板电器盒 T22a 插接器，测量 T22a/3 端子至 T26/26 端子间电阻，为 0.1Ω，也正常。

根据测量结果，天窗开关的常电供电线路都没有问题，供电熔丝的上下游都有电，为何线路上没电？经过分析，熔丝下游电路到 T22a/3 端子之前，还经过了仪表板电器盒内部的线排，会不会是电器盒内部有问题？

拆下仪表板电器盒，用万用表测量 IP-F 区域插接器 T22a/3 端子至 RF26 熔丝下游端电阻（此时已经拔下 RF26 熔丝），结果为无穷大。至此找到故障点，仪表板电器盒内部出现断路。

图 2-3-13　测量仪表板 IP-F 区域插接器

三、故障排除

更换新的仪表板电器盒后试车，故障排除。

任务 4　电动座椅系统故障诊断与维修

知识学习：电动座椅认知

学习目标

1. 明确电动座椅的功能；
2. 掌握电动座椅的使用方法；
3. 掌握电动座椅的组成和控制及原理。

一、电动座椅的分类和功能

电动座椅是指以电动机为动力，通过传动装置和执行机构来调节座椅的各种位置，使驾驶员或乘客乘坐舒适的座椅。

（一）电动座椅的分类

按照座椅电机的数目和调节方式数目的不同，电动座椅一般有四向、六向、八向和多向调节等。

按照控制方式，电动座椅可分为开关控制和电脑控制。

（二）电动座椅系统的功能

电动座椅系统包括位置调节、位置记忆、座椅加热和座椅通风功能。

1. 位置调节

位置调节功能包括前后位置调节、高度调节、靠背角度调节和腰部支撑调节。

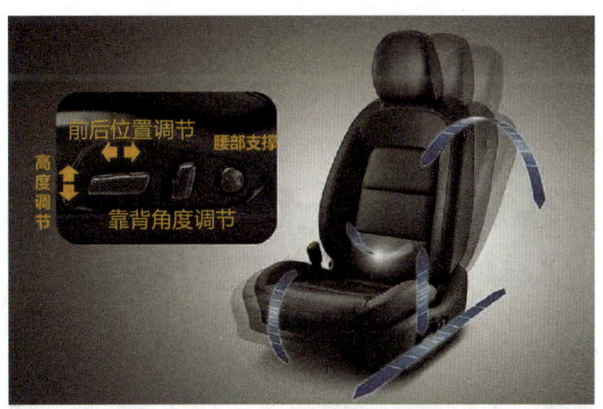

图 2-4-1　电动座椅位置调节功能

2. 位置记忆

如图 2-4-2 所示，按钮 1、2、3 可以记忆三种不同的座椅位置数据，当更换驾驶人时，按下相应的按键，座椅将自动移动到相应位置上。

图 2-4-2 电动座椅位置记忆功能

3. 座椅加热

座椅加热是利用座椅内的电加热丝对座椅内部加热,并通过热传递将热量传递给乘坐者,改善冬天因长时间停放后座椅过凉造成的乘坐不舒适感。

图 2-4-3 电动座椅加热功能

4. 座椅通风

座椅通风系统会使冷气从座椅坐垫与靠背上的小孔流出,防止臀部与后背积汗,提供舒适的乘坐环境,一般有送风式和吸风式两种。

图 2-4-4 电动座椅通风功能

二、电动座椅系统的结构

（一）开关控制的电动座椅系统结构

由开关控制的电动座椅系统主要由若干个双向电动机、传动机构和控制开关等组成。双向电动机产生动力，传动装置可以把动力传至座椅，通过控制开关实现座椅不同位置的调节。

1. 电动座椅传动机构

电动座椅的传动机构主要作用为前后行程调节和上下升降行程调节。

前后行程调节为涡轮丝杆机构：丝杆固定在下滑轨上，涡轮固定在上滑轨，电机通过软管传动带动涡轮或丝杆旋转运动转化为上滑轨沿着丝杆前后移动。

上下升降行程调节：座椅的升降分为整体式升降和前后单独升降，其实原理都是一样的。主流的上下调节原理有两种。

（1）涡轮丝杆。

丝杆在电机上，电机和涡轮分别与四连杆的两端旋转连接。通过涡轮在丝杆上的直线运动转化为四连杆的整体运动，带动座椅上下运动。

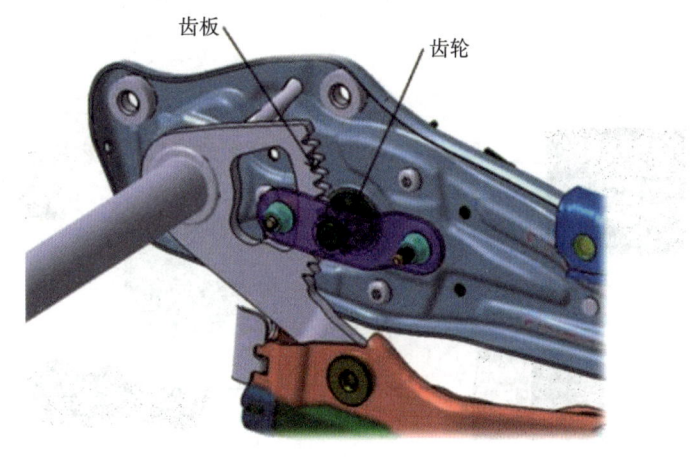

图 2-4-5　电动座椅传动机构

（2）齿轮传动。

扇形齿板作为四连杆的驱动端与后横梁连接，通过电机上的齿轮带动扇形齿板旋转，从而带动四连杆运动，实现座椅升降。

2. 电动座椅电机

对于电动座椅电机，共设置了滑动电机、前垂直电机、倾斜电机、后垂直电机和腰垫电机，分别对座椅的前后滑动、前部上下移动、靠背前后倾斜、后部上下移动及腰垫前后移动等多个方向进行调节。

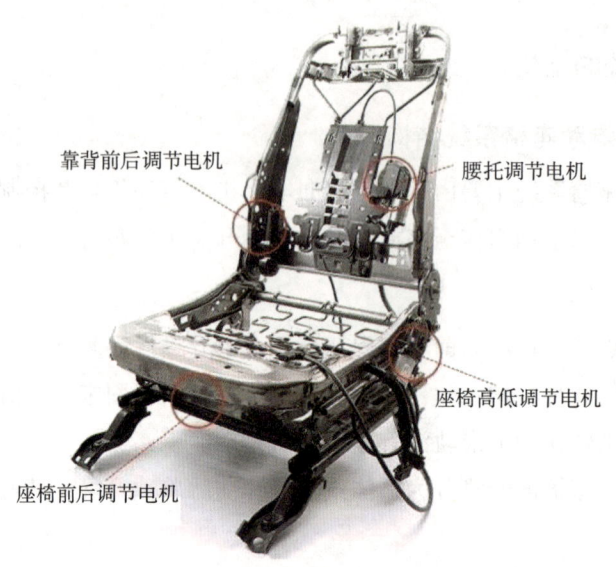

图 2-4-6　电动座椅电机

（二）电脑控制的电动座椅系统结构

与开关控制的电动座椅系统相比，由电脑控制的电动座椅系统还包括 ECU。

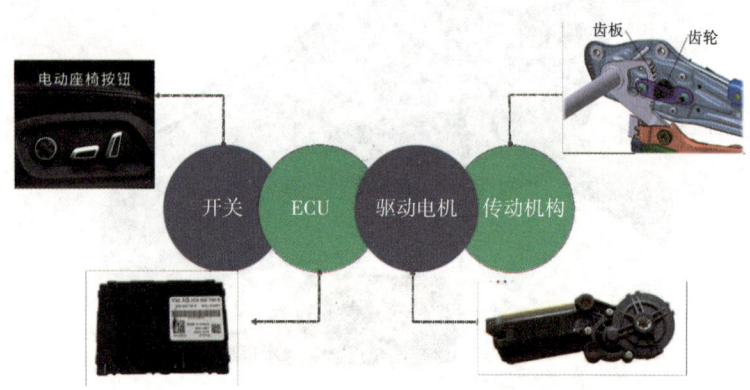

图 2-4-7　电动座椅系统结构

三、电动座椅控制原理

（一）开关控制式电动座椅控制原理

电动座椅中通过开关来控制通过电动机的电流方向，使电动机按不同的电流方向进行正转或反转，从而达到调节座椅的目的。

开关有一个共同特点：均为常搭铁型结构，即电动机没有动作时，电动机两端通过开关搭铁；当开关打向其一侧时，动作侧开关接通电源，每个电动机中均设有断路器，当座椅位置调整到极限时，流过电动机的电流增加，断路器断开，切开电动机电流，保护电动机不被烧损；松开开关，冷却后，断路器又重新复位。

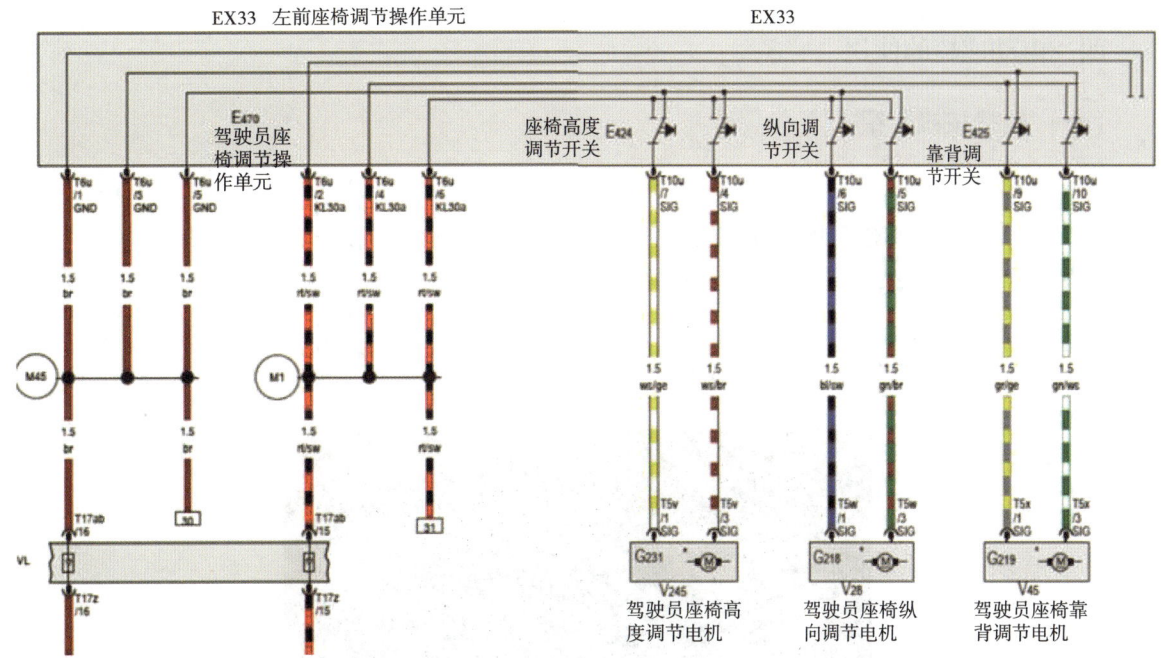

图 2-4-8 迈腾开关控制式电动座椅

(二) 电脑控制式电动座椅控制原理

操作座椅开关，将信号发送给座椅控制单元 J810，控制单元接收到开关信号之后控制电机实现相应方向的旋转，通过传动机构实现座椅位置变化。

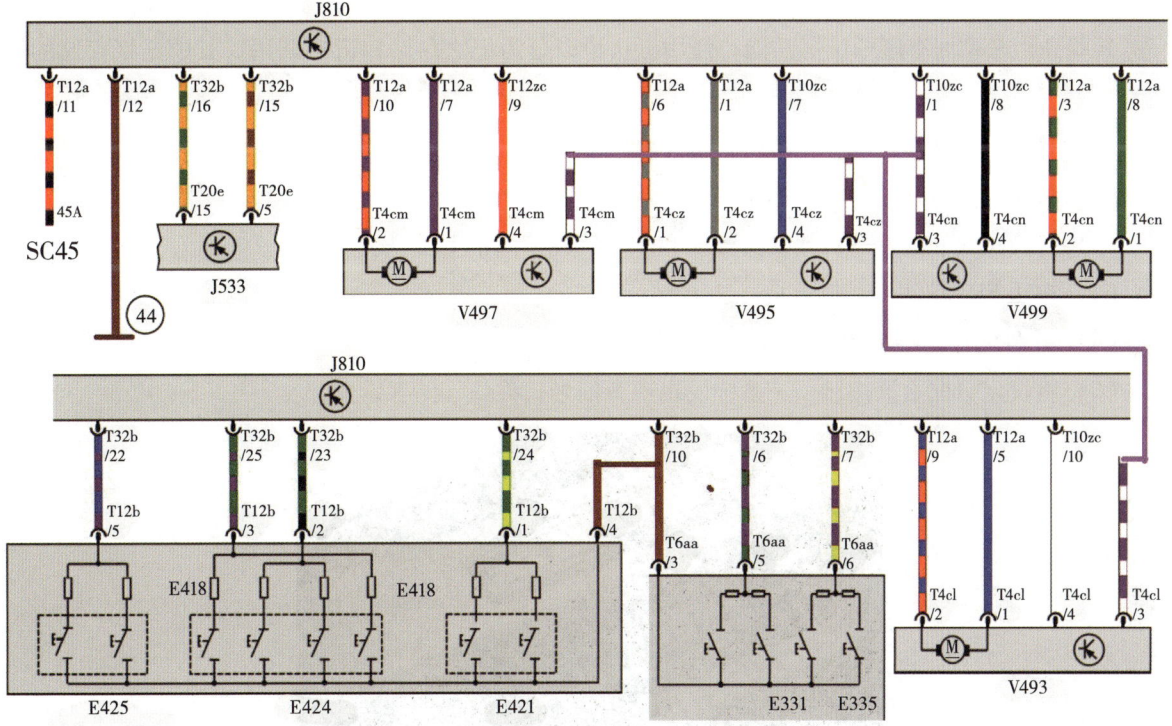

图 2-4-9 迈腾电脑控制式电动座椅

四、电动座椅的使用

(一) 座椅按钮介绍

1. 位置调节按钮

图 2-4-10 中,我们可以看到座椅位置调节的按钮布局,其中,向前或向后拨动按钮 1,座椅则相应地向前或向后移动。向上或向下拨动按钮 2,可以实现座椅的高低调节。向前或向后拨动按钮 3,可以实现靠背倾斜角度的调节。持续按压按钮 4 则腰部支撑向外凸起,持续按压按钮 5,腰部支撑会向内凹陷。不同的车型,座椅调节按钮布局会略有不同。

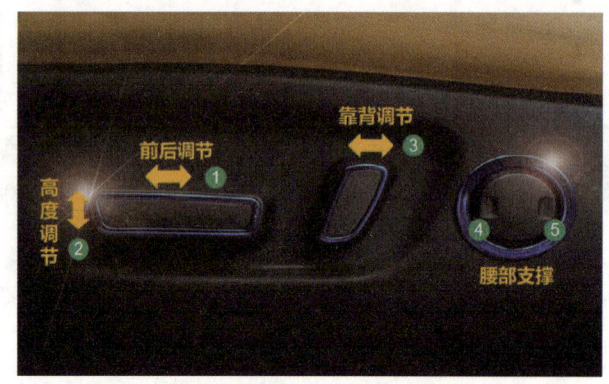

图 2-4-10 位置调节按钮

2. 位置记忆按钮

某些高档车型配有座椅记忆功能,使用方法可以分为记忆存储和记忆调用。其中记忆存储的方法为:

(1) 打开电子驻车制动器;

(2) 将挡位选择开关置于空挡位置;

(3) 打开点火开关——将驾驶员座椅和车外后视镜调整至所需位置;

(4) 按压 SET 按钮 1 秒以上;

(5) 10 秒内按压某个想要使用的记忆按钮;

(6) 将设定分配给该按钮——系统发出声音信号,确认已储存设置。

图 2-4-11 位置记忆按钮

3. 座椅加热和通风开关

座椅加热开关有滑轮式和按键式。对于轮滑式开关，如果想要座椅加热的功率变大，直接将滑轮向上滑动就可以。

对于按键式开关，一般有三个挡位，对应低温、中温和高温，开到高温挡位之后再按一次，就可以关闭座椅加热开关。关闭点火开关时，座椅加热装置同时关闭。

对于座椅通风操作也是类似的，不同的是，一般情况下，座椅通风的一挡和二挡为送风模式，三挡为吸风模式。

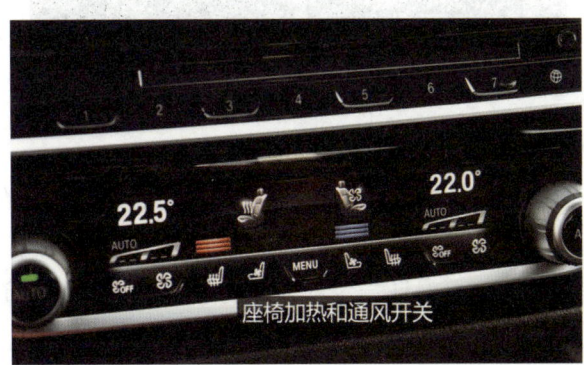

图 2-4-12 座椅加热及通风按钮

（二）驾驶位置的正确调整

通常汽车座椅调节开关都是位于座椅侧面，根据调节方向，可以分为高低调节、靠背调节、前后调节、腰托调节、头枕调节等。

在进行座椅调节之前，首先需要将身体紧紧挤压到座椅上，保证臀部以及背部紧贴在座椅上，身体与座椅之间尽量不要出现空隙。

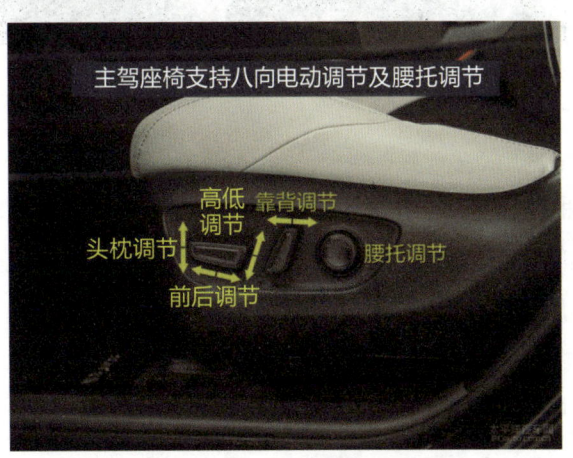

图 2-4-13 汽车座椅调节开关

1. 座椅高低调节

座椅高度的调节主要是为了调节视线高度，由此调节对车辆前方范围的可见度。保证眼睛的水平视线位于挡风玻璃中间位置偏上一点的位置；保证在打开遮阳板后，水平向下方向的视线不受遮阳板影响；确保在头部正常抬起时，头部与车顶间留有至少 2 指距离。

图 2-4-14 座椅高低调节

2. 座椅靠背调节

座椅靠背的调节并没有明确的调节依据，主要以舒适为主，根据自己的开车喜好，靠背角度不能半躺，也不能太竖直。

靠背角度在 100~120 度为宜，要保证与背部之间有尽可能大的接触面积，可以在长时间的驾驶下，偶尔切换靠背角度来缓解腰部压力。

图 2-4-15 座椅靠背调节

3. 座椅前后调节

座椅的前后调节主要根据车辆踏板位置进行。如果座椅与踏板的距离较大，司机伸腿就会比较舒服，但用脚踩踏板时的准确度与力度都会比较差。反之，则腿脚容易疲劳。

首先，用右脚完全踩下制动踏板，左脚完全踩下离合器踏板（手动挡车型）或放置于左脚休息踏板上（自动挡车型）。此时，进行座椅前后距离的调整，在完全踩踏踏板的情况下，驾驶员的膝盖应有一定的弯曲，大约 120 度为宜。

4. 座椅腰托调节

按下腰托调节按钮，根据按钮的标识方向进行调节。如果是向上或向前的箭头标识，通常是增加腰托的支撑力度和突出程度，使腰托向前突出，更好地贴合腰部；如果是向下或向后的箭头标识，则是减小腰托的支撑力度和突出程度，让腰托逐渐恢复到初始位置或更平缓的状态。调节时可以根据自己的感受和需求，逐步调整到合适的位置，调整好后，可稍微活动一下身体，检查座椅腰托是否能够在驾驶过程中为腰部提供稳定、舒适的支撑，确保达到最佳的舒适状态。

5. 座椅头枕调节

座椅头枕调节应和头部平齐或头枕中间柔软部位与耳朵上沿平行。头枕的调节同样重要，如果头枕高度过高，导致后脑勺只能接触头枕下沿部位，头枕的缓冲作用也几乎不起作用了。如果头枕高度过低，带来的后果更严重，当车辆受到撞击时，头部会因惯性瞬间反向冲击头枕，由于头枕高度过低，颈部便会以鞭打状态撞击头枕，造成颈椎折断的致命伤。

头枕与头部的接触位置应该在相对于眼部高度偏上一些的位置，头枕与头部之间的距离要尽可能贴近，最远不要超过7厘米（三指宽左右）。大致高度应该是在和头部平齐或者头枕中间柔软部位与耳朵上沿平行，因为头枕最柔软且保护程度最高的部位是在头枕中部，当车辆受到剧烈撞击的时候，头枕才能有效保护头部和颈椎。

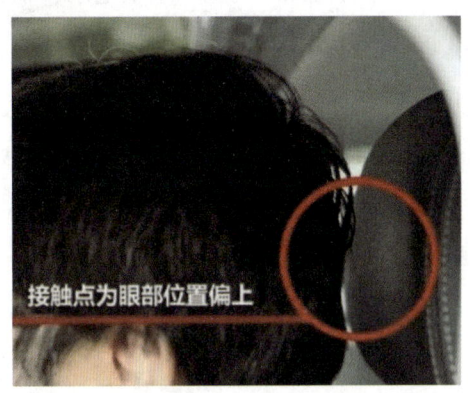

图 2-4-16　座椅头枕调节

技能演练：电动座椅无法调节故障诊断与维修

学习目标

1. 能够分析电动座椅调节失灵故障的原因；
2. 掌握电动座椅故障诊断思路；
3. 能够检修电动座椅常见故障。

一、电动座椅无法调节故障原因分析

（一）电动座椅认识

电动座椅是一种可以通过电动调节位置的座椅，既方便驾驶员获得最佳视野和操作角度，也能使乘客通过调整座椅姿势来获得更舒适的乘坐体验。

电动座椅主要由座椅调节电机、传动机构和控制开关等组成。座椅调节电机采用的是双向电机，它是电动座椅调节机构的动力来源，通过控制开关改变电流方向，从而实现座椅不同位置的调节。

传动机构将电机的动力传递给座椅调节机构，完成座椅的调整，它将电机的旋转运动转化为座椅的上下、前后移动或靠背的倾斜摆动。

控制开关也称为座椅调节操作单元，通过接收操作者的输入命令，控制执行机构完成电动座椅的调整。电动座椅组合开关一般包括前倾开关、后倾开关和四向开关。这些组合控制开关安装在车门上或者安装在座椅侧面，以方便驾驶员或乘客操作。

具备记忆功能的电动座椅是在普通电动座椅的基础上增加了一套具有存储记忆功能的电子控制系统。它可以存储不同驾驶员或乘客的座椅位置，使用者可以通过按钮调出自己的座椅位置，使座椅的调节更加方便快捷。

具备座椅加热和通风功能的电动座椅有一套座椅加热和通风系统，可以对驾驶员和乘客的座椅进行加热和通风，使乘坐更加舒适。

（二）电动座椅无法调节故障原因分析

电动座椅无法调节分为所有电动座椅均无法调节、单个电动座椅无法调节、电动座椅无法垂直升降、电动座椅无法前后移动，下面分别进行分析。

1. 所有电动座椅均无法调节

这一点需从所有座椅的电路共用部分来分析，引起车辆所有电动座椅均无法调节的原因主要有：

（1）保险丝熔断：车辆电路中有专门负责电动座椅开关的保险丝，如果保险丝熔断或损坏，就会导致座椅无法调节。

（2）座椅开关故障：座椅调节功能通过开关控制，如果开关损坏或出现故障，会导致无法进行座椅调节。

（3）座椅电机故障：座椅调节功能依赖于电动座椅电机的运转，如果电动座椅电机损坏或出现故障，会导致座椅无法调节。

（4）电路连接问题：座椅调节功能的正常运作依赖于电路连接的稳定性，如果存在线束断路、插接器接触不良等问题，会导致座椅无法调节。

（5）车辆电池电压不足：如果车辆电池电压不足，会导致座椅无法调节。

（6）座椅继电器损坏：若座椅电路中继电器损坏，就会导致所有座椅电机电路断路，致使所有电动座椅无法升降。

2. 单个电动座椅无法调节

引起车辆单个电动座椅无法调节的原因如下：

（1）单个电动座椅开关故障：如果座椅开关损坏或出现故障，会导致无法对座椅进行调节。

（2）单个电动座椅电机故障：电动座椅的调节功能依赖于电动座椅电机的运转，如果电机损坏或出现故障，会导致座椅无法调节。

3. 电动座椅无法垂直升降

引起车辆电动座椅无法垂直升降的原因如下：

（1）升降调节电机故障：电动座椅的升降调节功能由垂直调节电机控制，如果该电机损坏或出现故障，会导致座椅无法进行垂直升降调节。

（2）升降调节开关故障：升降调节功能通过开关控制，如果开关损坏或出现故障，会导致无法进行升降调节。

4. 电动座椅无法前后移动

引起车辆电动座椅无法前后移动的原因如下：

（1）前后调节电机故障：电动座椅的前后移动由前后调节电机提供动力，如果该电机损坏或出现故障，会导致座椅无法前后移动。

（2）前后调节开关故障：前后调节功能通过开关控制，如果开关损坏或出现故障，会导致无法进行前后调节。

二、电动座椅无法调节故障诊断思路解析

针对不同故障现象采用不同的诊断思路，这里主要介绍所有电动座椅均无法调节、单个电动座椅无法调节、电动座椅无法垂直升降和电动座椅无法前后移动的诊断思路。

（一）所有电动座椅均无法调节

（1）观察所有座椅的情况，确定所有座椅都无法调节。

（2）检查保险丝是否正常，如果保险丝损坏或熔断，则需要更换匹配新保险丝。

（3）检查电动座椅开关是否正常工作，观察是否有电流通过开关。

（4）检查电动座椅的电路系统线路和电源蓄电池。若蓄电池电压偏低，则需要更换蓄电池；若线路故障，则需要维修线路。

（二）单个电动座椅无法调节

（1）检查该电动座椅的控制开关，观察是否有电流通过开关，无电流需检修电动座椅电路，有电流需要检测电动座椅开关是否正常，开关异常，需更换新的电动座椅开关。

（2）检查该电动座椅电机的线路连接情况，包括线束、插接器等是否完好，并修复或更换损坏的部分。

（3）检查该电动座椅电机是否正常运转，利用万用表检查电压是否到达电动座椅电机，若不能送到，则需要检修座椅电路；若电机通电后仍不运转或运转不正常，则说明该电机有故障，应更换新件。

（三）电动座椅无法垂直升降

（1）检查升降调节电机的线路连接情况，包括线束、插接器等是否完好，并修复或更换损坏的部分。

（2）检查升降调节电机是否正常运转，若升降调节电机损坏或出现故障，则需要进行检修或更换。

（3）检查升降调节开关是否失效，若失效，则需更换控制开关。

（四）电动座椅无法前后移动

（1）检查前后调节电机的线路连接情况，包括线束、插接器等是否完好，并修复或更换损坏的部分。

（2）检查前后调节电机是否正常运转，若前后调节电机损坏或出现故障，则需要进行检修或更换。

（3）检查前后调节开关是否失效，若失效，则需更换控制开关。

三、电动座椅无法调节故障检修

通过学习电动座椅无法调节故障的诊断思路可知,当车辆出现电动座椅无法调节故障时,我们需要进行电动座椅保险丝检测、座椅电机和电路检测、座椅调节开关检测和座椅控制模块检测,下面依次介绍其检修方法。

(一) 保险丝检测

电动座椅保险丝检测包括保险丝供电电压检测和保险丝检测。若检测时发现保险丝电源线供电电压异常或保险丝熔断,则需要及时检修。

(二) 座椅电机和电路检测

车辆电动座椅有多个电机,所有座椅电机电路的检测同车窗电机电路检测一样。

座椅电机本体检测主要通过检测电机电阻判断电机是否正常,如果电机电阻不符合要求,则说明电机损坏。

(三) 座椅调节开关检测

座椅调节开关检测主要包括座椅调节开关电阻检测和电压信号检测。

(四) 座椅控制模块检测

座椅控制模块检测采用替换法解决,若更换新的座椅控制模块,座椅调节功能正常,则说明模块损坏,故障解决。

在电动座椅出现故障时,作为专业的汽修人员要养成良好的职业习惯,做好故障原因分析,判断故障类别,针对某些复杂故障,可以查阅已有案例信息或寻求团队帮助,才能更快、更准确地解决故障。

项目三
汽车安全系统故障诊断与维修

任务 1　安全气囊系统故障诊断与维修

知识学习：汽车安全气囊系统

学习目标

1. 了解安全气囊系统的功能；
2. 掌握安全气囊系统的组成和工作原理；
3. 能够检修安全气囊系统常见故障。

一、安全气囊系统功能

安全气囊系统又称辅助约束系统（Supplemental Restraint System，SRS），包括安全气囊和安全带控制系统。其主要是为了防止汽车碰撞时车内乘员和车内部件发生碰撞而造成伤害，它通常是作为安全带的辅助安全装置出现，二者共同作用，以减轻车内人员身体所受冲击力，最终达到减轻乘员伤害的效果。

图 3-1-1　安全气囊示意

二、安装位置

（1）前方安全气囊（Driver Front Airbag）：驾驶员前气囊安装在方向盘中央，为了避免不必要地引爆安全气囊，所以不要重击方向盘中央位置。

（2）乘客安全气囊（Passenger Front Airbag）：前排乘客气囊安装在前方的仪表板内，不要在此位置放置物品，以免带来危险。

（3）侧边安全气囊（Side Tubular or Side Curtain Airbag）：侧边气囊一般安装在座椅的外侧，或者安装在侧门的上框中，也有的车型安装在A柱上。

（4）膝部安全气囊（Knee Airbag）：膝部气囊安装在仪表板的下方。

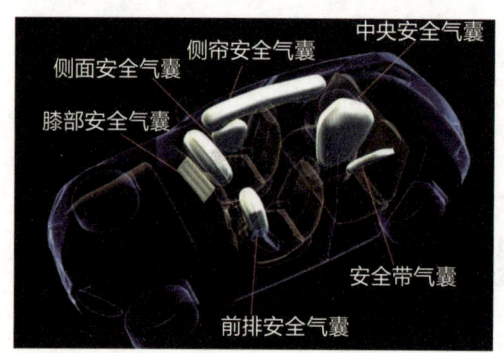

图3-1-2 安全气囊位置

图3-1-3 不同安全气囊的位置

三、电控安全气囊系统组成和工作原理

常用的汽车安全气囊系统由碰撞传感器、控制模块（ECU）、气体发生器及气囊等组成。发生碰撞时，传感器感受汽车碰撞强度，并将感受到的信号传送到控制模块，控制模块接收传感器的信

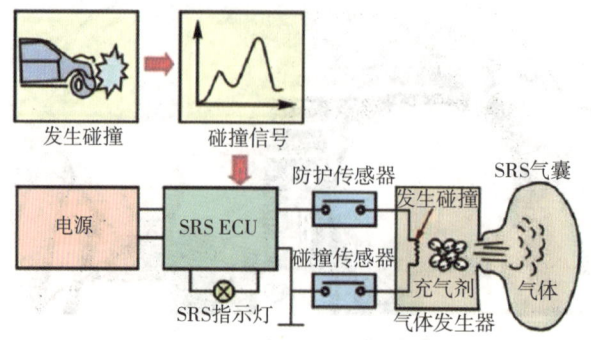

图3-1-4 安全气囊控制原理

号并进行处理,当它判断有必要打开气囊时,立即发出点火信号以触发气体发生器,气体发生器接收到点火信号后,迅速点火并产生大量气体给气囊充气。

(一)传感器

安全气囊传感器一般也称碰撞传感器。

1. 安装位置

一般来说,安全气囊的碰撞传感器被安置在车头保险杠、翼子板或车身内,它们就像哨兵,时刻检测着车辆是否发生碰撞,然后将信号传递给气囊控制模块 ECU。

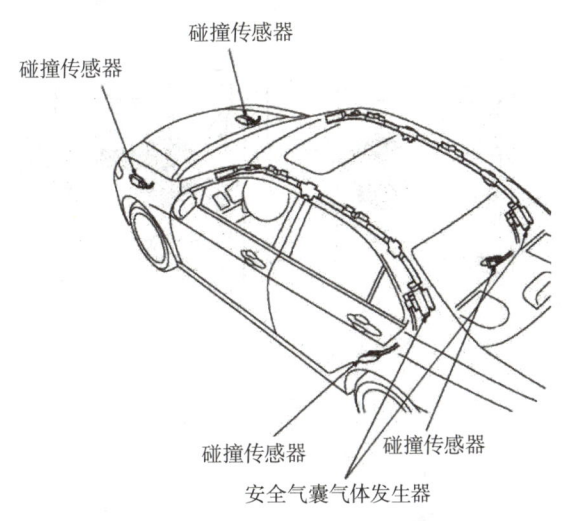

图 3-1-5 碰撞传感器位置

2. 工作原理

触发碰撞传感器也称为碰撞强度传感器,用于检测碰撞时的加速度变化,并将碰撞信号传给气囊电脑,作为气囊电脑的触发信号,一般采用机电结合式结构或机械式结构;防护碰撞传感器也称为安全碰撞传感器,它与触发碰撞传感器串联,用于防止气囊误爆,一般采用电子式结构。

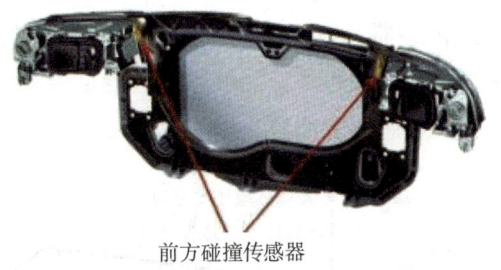

图 3-1-6 前方碰撞传感器安装位置

3. 分类

(1)按照用途的不同,碰撞传感器分为触发碰撞传感器和防护碰撞传感器。

(2)按照结构的不同,碰撞传感器可分为机电结合式碰撞传感器、水银开关式碰撞传感器、电子式碰撞传感器。

  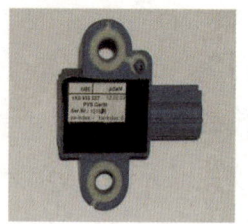

图 3-1-7 碰撞传感器实物

1）机电结合式碰撞传感器：利用机械的运动（滚动或转动）来控制电气触点动作，再由触点断开和闭合来控制气囊电路的接通和切断，常见的有滚球式碰撞传感器和偏心锤式碰撞传感器。

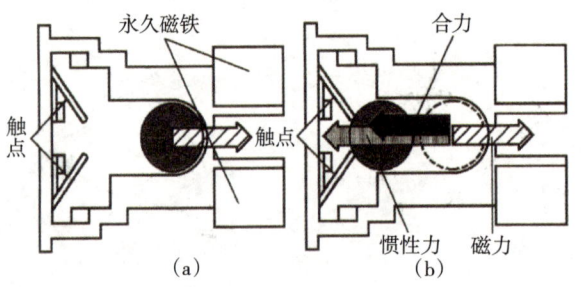

图 3-1-8 机电结合式碰撞传感器工作原理

2）水银开关式碰撞传感器：利用水银导电的特性来控制气囊电路的接通和切断。

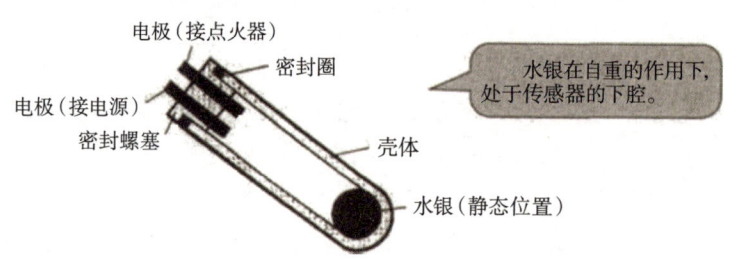

图 3-1-9 水银开关式碰撞传感器工作原理

3）电子式碰撞传感器：目前常用的有电阻应变式和压电效应式两种。

①电阻应变式：电子式碰撞传感器对汽车正向加速度进行连续测量，并将结果输送给微处理器，微处理器内有一套复杂碰撞信号处理程序，能够判定气囊是否需要打开。如需要，微处理器便会接通点火电路，如果机电式保险传感器也闭合，则引发器接通，气囊打开。

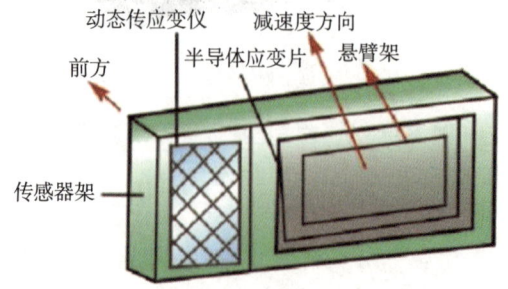

图 3-1-10 电阻应变式碰撞传感器结构

②压电效应式：由一块固定的电容器板和一块可移动的电容器板组成，在发生碰撞时，两块电容器板在减速度的作用下会发生位移，使得电容器内的电容发生变化，当电子装置识别到这一状态时立刻把相关数据信息传送给气囊电脑做进一步运算，以确定是否发出气囊触发信号。

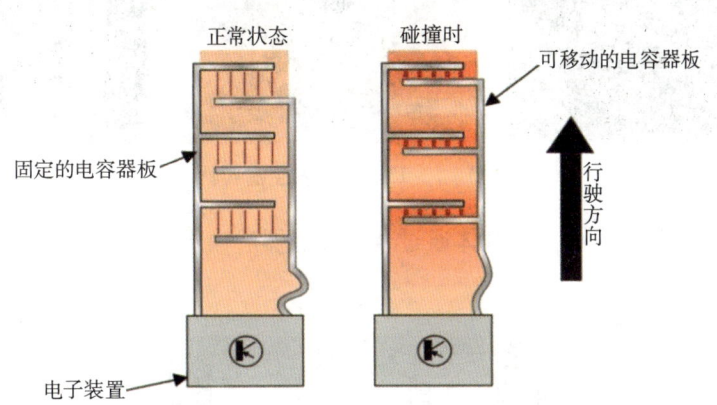

图 3-1-11　压电效应式碰撞传感器结构

（二）安全气囊系统 ECU

防护碰撞传感器一般与安全气囊系统 ECU 组装在一起，多数安装在驾驶舱内中央控制台下面。ECU 是安全气囊系统的控制中心，根据碰撞传感器的信号判断汽车是否发生了碰撞及碰撞程度，并确定是否输出点火信号引爆点火剂给气囊充气。

对控制组件中关键部件的电路不断进行诊断测试，并通过 SRS 指示灯和存储在存储器中的故障代码来显示测试结果。

图 3-1-12　气囊 ECU 外观

ECU 内部组成：专用中央处理器 CPU、信号处理电路、备用电源电路、稳压保护电路。

安全气囊系统有两个电源，一个是汽车电源，另一个是备用电源。备用电源又称为后备电源或紧急备用电源，由电源控制电路和若干个电容器组成，其功能是，当电路切断后，在一定时间（一般为 6 秒）内维持 SRS 供电，保证 SRS-ECU 测出碰撞、发出点火指令等正常功能；点火备用电源能在 6 秒内向点火器供给足够的点火能量引爆点火剂。时间超过 6 秒，则备用电源供电能力降低。

（三）气体发生器

气体发生器主要由气囊、气体发生器和安装在气体发生器内部的点火器组成。

当气囊电脑决定要将气囊弹出时，它会将点火器激活，于是引火药被点燃，引火药的燃烧使得密封壳内的压力升高，最终导致密封壳破裂，这也就接通了引火药室和固体燃料室之间的喷管，进

图 3-1-13 气体发生器实物

而固体燃料被点燃，燃烧产生的大量气体通过金属过滤器后输送到气囊，使气囊瞬间展开。

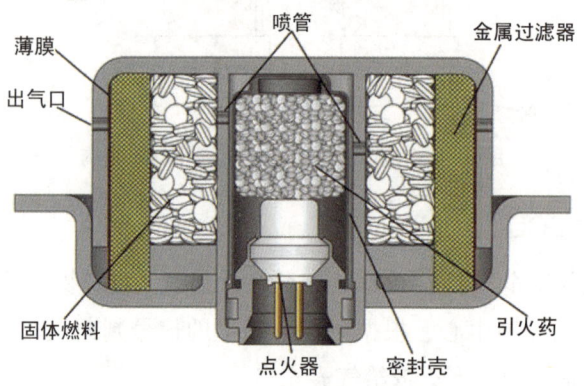

图 3-1-14 气体发生器内部结构

气囊的气体发生器内装有叠氮化钠（NaN_3）或硝酸铵（NH_4NO_3）等"炸药"，当接收到引爆信号时，这些物质会迅速发生分解反应，产生大量气体，充满气囊。叠氮化钠分解产生氮气和固态钠；硝酸铵分解产生大量的一氧化二氮（N_2O）气体和水蒸气。

由于撞击过程时间非常短，一般气囊由触发至完成充气用时 25~35 毫秒。

（四）气囊

气囊用尼龙制成，内层涂有聚氯丁二烯，用以密闭气体。橡胶涂层起密封和引燃作用；气囊背面有两个泄气孔；乘客侧气囊没有涂层，靠尼龙布本身的孔隙泄气。

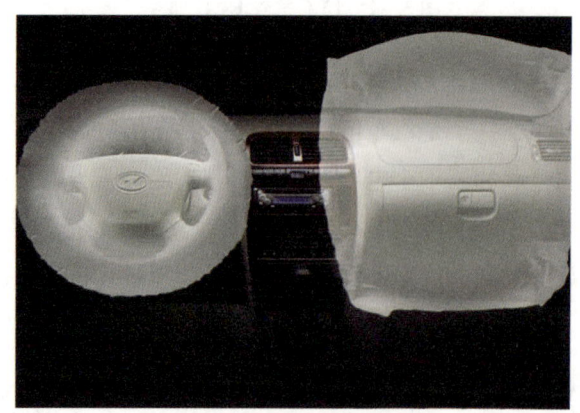

图 3-1-15 气囊外观

（五）指示灯

当汽车点火开关接通后，SRS 指示灯闪亮 6 秒后熄灭，说明安全气囊系统自检通过，SRS 无异常。如汽车点火开关接通后 SRS 指示灯常亮，或在汽车行驶中点亮或闪烁，则说明 SRS 有故障。维修时用测试仪调出故障代码，对照故障提示进行检查维修。

图 3-1-16　安全气囊指示灯

（六）安全气囊系统保险装置

安全气囊系统线束和连接器大多数采用黄色。

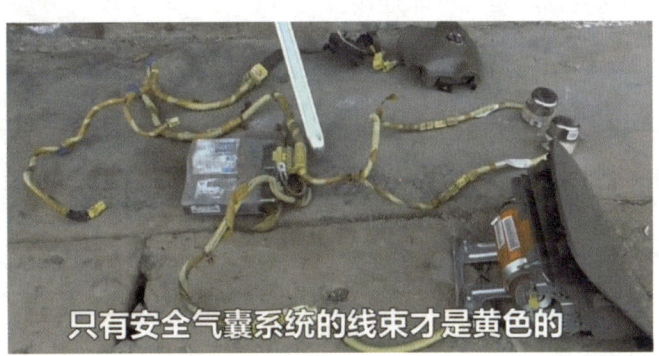

图 3-1-17　安全气囊系统线束

线束连接器采用镀金接线端子，并设计有防止气囊误爆机构、电路连接诊断机构、连接器双重锁定机构、螺旋线束。

1. 防止气囊误爆机构

连接器中有一块铜质弹簧片，称为短路片。

作用：防止静电或误通电将点火器电路接通而造成气囊误膨开。

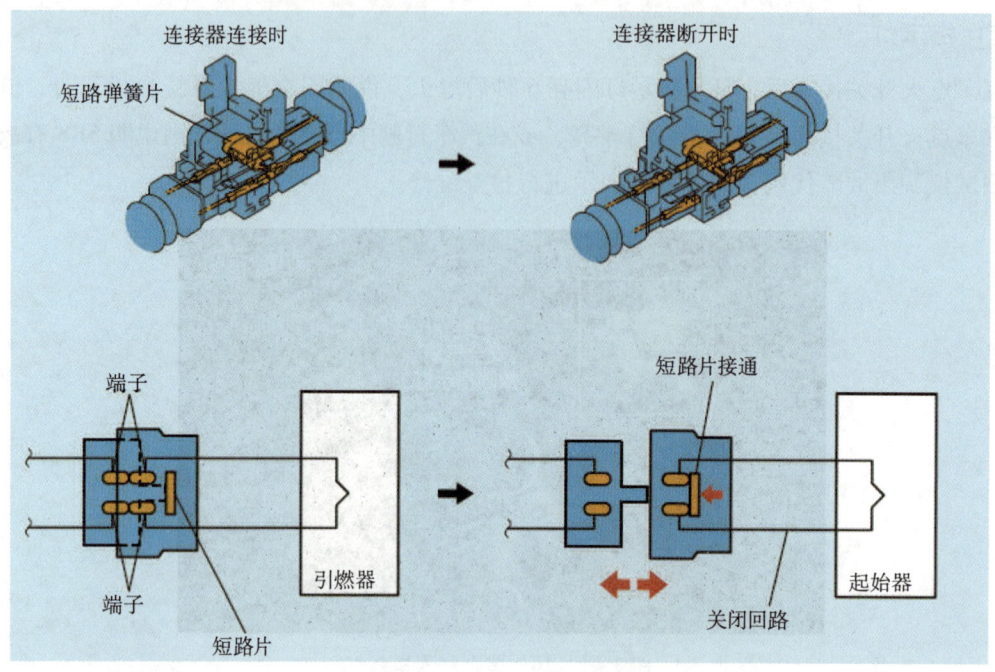

图 3-1-18　安全气囊系统短路片工作原理

2. 电路连接诊断机构

作用：监测连接器插头与插座是否可靠连接。

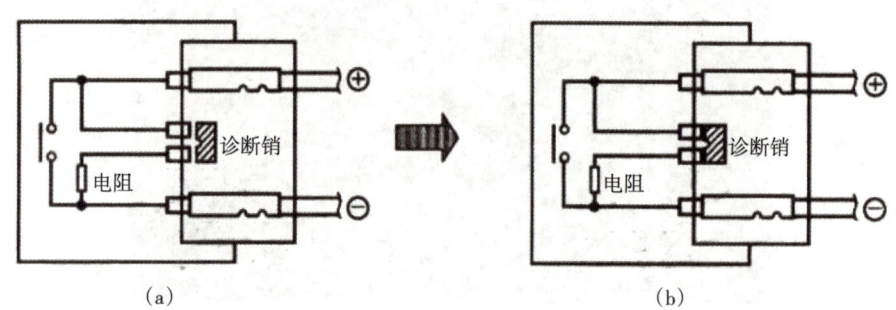

图 3-1-19　安全气囊系统连接器诊断销

当未可靠连接时，诊断端子与诊断销尚未接触，连接器引线"+"与"-"之间的电阻为无穷大。ECU 监测到碰撞传感器的电阻为无穷大时，即判定连接器连接不可靠。可靠连接时，诊断端子与诊断销可靠接触，有一定电阻。

3. 连接器双重锁定机构

每一个连接器接线端子都设置双重锁定机构。

作用：防止连接器脱开；防止接线端子产生滑动。

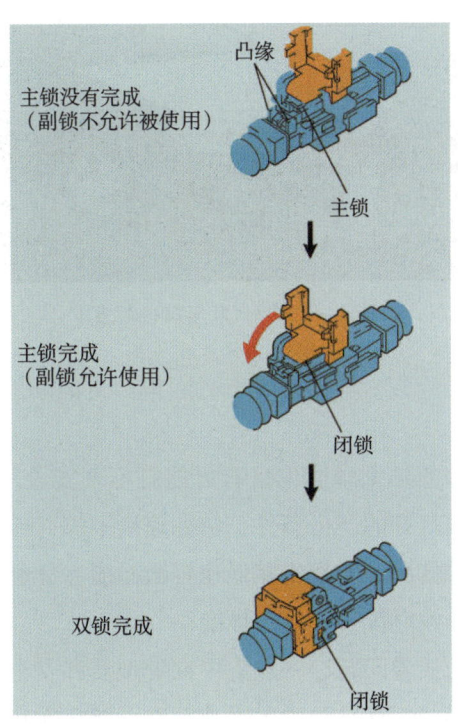

图 3-1-20 连接器双重锁定机构

4. 螺旋线束

因为主安全气囊需要随方向盘一起旋转，接的线束是螺旋电缆，是一个环状零件，可保证方向盘旋转时仍可传输电流和信号，而里面的电线不会因频繁地旋转而折断线束，确保在任何时刻各功能都可靠地工作。

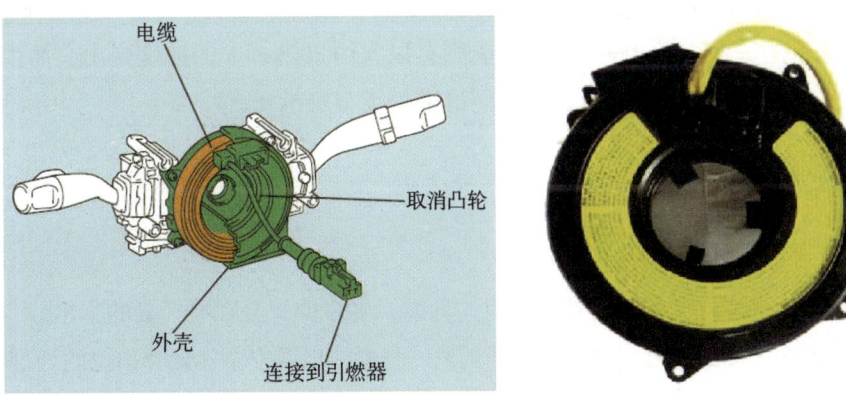

图 3-1-21 螺旋线束示意

四、安全气囊起爆条件

（1）车速一般在 30km/h 以上，但关键因素是碰撞发生时的加速度，碰撞瞬时的加速度约为 40m/s²。

（2）车辆的正前方大约 60°位置撞击在固定的物体上。

（3）碰撞物体：刚性的墙壁或障碍物。

图 3-1-22　汽车碰柱示意

五、安全气囊系统缺陷

许多安全事故表明，车辆即便发生碰撞也是有可能打不开安全气囊的，这主要涉及两种情形，一种是碰撞反馈没达到安全气囊打开的严格条件，例如速度不够，或者碰撞角度不对，处理器都会自动认为不需要引爆气囊，这种情况一般发生在低速轻微碰撞。气囊是否弹开与车企的设置参数有关，而这些参数是不会公开的，没有统一的制定标准。

还有一种是安全气囊本身的质量问题，一般集中在处理器和安全气囊上。供应商提供的某些零件质量不过关，撞击时损坏了相关部件导致失灵。甚至有可能存在车型与气囊的技术缺陷，而这些安全隐患均会带来不可预估的后果，致使无法第一时间安全有效地弹开气囊。

安全气囊打不开可能会造成人员伤亡，但是打开气囊也不一定能救命。安全气囊始终是一种被动安全装置，只能把伤亡率降低，而不是百分之百安全。毕竟安全气囊爆开的同时会产生极大的冲击力，尤其是坐姿不正确、气囊周边放置杂物等不良习惯，一不小心就容易造成伤害。

气囊的启动会对乘员造成伤害。安全气囊系统启动时将冲开气囊盖板，并且在瞬间展开充气，很可能对乘员造成冲击；产生的灼热气体也会灼伤乘员。据计算，若汽车以 60 千米的时速行驶，突然的撞击会令车辆在 0.2 秒之内停下，而气囊则会以大约 300km/h 的速度弹出，而由此所产生的撞击力约有 180 公斤，头部、颈部等人体较脆弱的部位就很难承受。

六、安全气囊系统维护

（一）汽车座椅套使用注意事项

普通座椅套，安全气囊标记处的缝制没有用气囊线，多多少少会影响气囊的弹出。也就是说，汽车座套是否会引起安全气囊的弹出，主要与缝制工艺、气囊线以及安全气囊弹出位的处理有关。

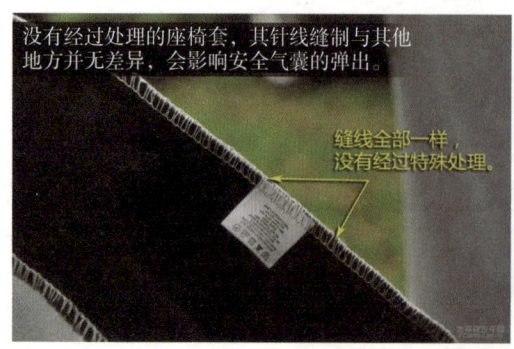

图 3-1-23　普通座椅套

图 3-1-24　安全气囊适用座椅套

为何一定要用气囊线？如果线的组合拉力大于气囊爆破冲击力，则气囊不会正常爆破，所以气囊部位的缝线需要特制，当超过一定的爆破冲击力时必须断开。

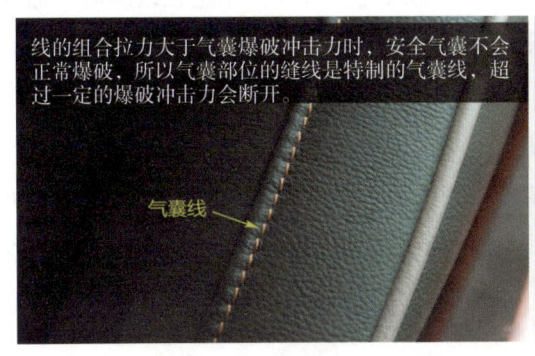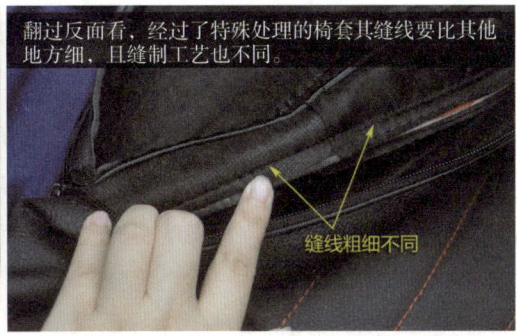

图 3-1-25　气囊线示意

如果从椅套表面无法判断缝线工艺是否经过特殊处理，我们需要把椅套翻过来看背面的缝制工艺。如果是经过特殊处理了的，则针脚的粗细会有明显不同，采用的缝线会有明显差异，而没有经过处理的缝线是与其他地方一致的。

（二）小物件不要随便摆放

很多车主喜欢在车上摆设各类小物件。当气囊在瞬时冲破塑料面板时，如果面板上放有物品，就算是粘在中控台的物品，由于惯性原理物品也会一起向前弹出，会对人身安全造成二次伤害。

安全气囊的位置附近不能放置任何物品。而一些车载电子设备，如电子狗、胎压监测屏幕等，车主可放置于中控台中间和左右两边，尽量离安全气囊远一点，特别是离副驾远点。

图 3-1-26　仪表台物件错误摆放示意

（三）座椅不能调得太靠前

有些副驾位的乘客为了照顾后排的货物或后排乘客，通常会把座椅调得很靠前。万一出了事故，副驾位的乘客很容易挤到腿，如果膝部气囊弹出，很可能还会造成二次伤害。所以，副驾的乘客需注意，调座椅时不要过于靠前。

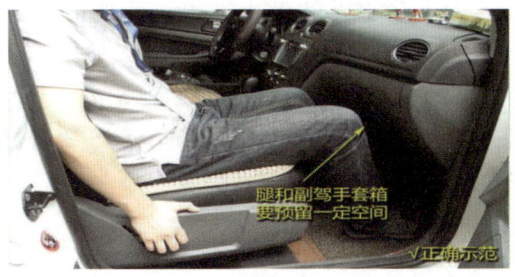

图 3-1-27　座椅调节示意

（四）不要随意修改安全气囊的零件和线路

改装都会涉及原车线路，线路改装不当会影响安全气囊系统。所以，车主在改装时，需问清楚线路是否会影响安全气囊系统。若是改装的线路阻挡了安全气囊的弹出，建议车主要以安全为重，毕竟人身安全才是最重要的。

（五）儿童乘车尽量远离安全气囊安装的位置

普通安全气囊的设计没有考虑儿童乘车时的情况，而很少有车辆安装智能安全气囊。针对成年人设计的安全气囊引爆时的位置高度、充气量等都不能对不同身材的儿童进行完全的保护，反而有可能给儿童造成伤害。

（六）安全气囊指示灯亮要立即检修

在仪表盘上有安全气囊的指示灯，启动后安全气囊指示灯会被点亮，这表明正在进行几秒的自检，自检成功后指示灯会熄灭。如果车辆行驶过程中安全气囊警告灯一直点亮，则表明安全气囊系统发生了故障，必须及时到4S店检查、处理。

（七）不应去敲打或撞击安全气囊所在的部位

要避免重力磕碰、震动气囊传感器，以免造成安全气囊突然打开。

（八）定期检查安全气囊系统

车辆超过10年需进行一次安全气囊的彻底检查，有条件需及时更换。

（九）不能用水直接冲洗安全气囊位置或冒险涉水

车辆遭遇严重水浸，需更换整个安全气囊的主板和传感器，以免影响安全气囊的弹出。

（十）避免长时间暴晒

高温使得安全气囊包老化，损坏内部元件。气囊包老化后，不仅弹出来时会不顺畅，其表面也会失去弹性甚至裂开，从而达不到保护效果。

安全气囊和传感器处于高温和静电环境下，易引发安全气囊错误打开。

技能演练：安全气囊系统故障诊断与维修

学习目标

1. 能够正确使用检修工具和设备；
2. 掌握安全气囊诊断流程。

一、安全气囊系统警告灯不灭的检修

（一）故障现象

打开点火开关至 Acc 或 ON 挡时，SRS 警告灯经自检后不熄灭或在汽车行驶中 SRS 警告灯点亮，则表明 SRS－ECU 中已存储故障码。

（二）原因分析

故障原因有三种：一是拆过 SRS 的电路，装复后没有清除故障码；二是曾经发生碰撞事故，

SRS – ECU 自诊断系统存储有故障码，修复后没有清除故障码；三是 SRS 中确实存在故障，如传感器故障、线路故障或 SRS – ECU 故障。

(三) 故障检修

前两种情况（记忆故障码或历史故障码）可以通过清除故障码来排除；第三种情况（当前故障码）较多的是由螺旋电缆断开、电源和搭铁不良、连接器接触不良等原因引起，SRS – ECU 通常来说很少损坏。

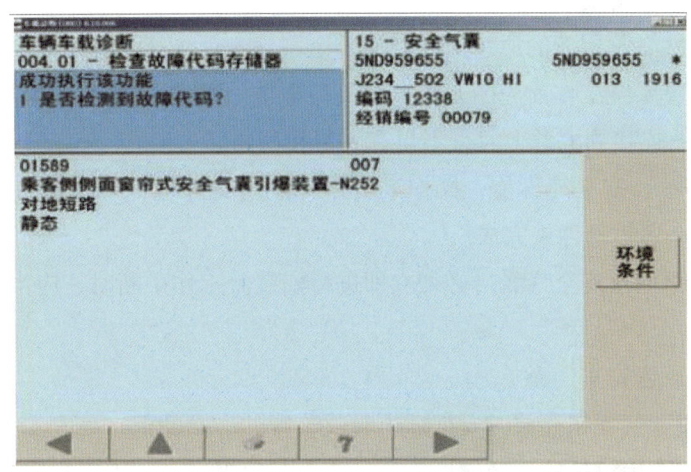

图 3 – 1 – 28　诊断仪故障代码

清除记忆故障码后，如果仍有故障码并且显示为"驾驶员安全气囊点火器电路断路或点火器电路电阻增大"，则应检查主线束的连接器；若连接器良好，可代换一个好的 SRS – ECU 重新检查；如果故障依然存在，则更换 SRS 主线束。

(四) 更换安全气囊组件

更换 SRS 气囊组件之前，首先以 4~5Ω 的电阻代替 SRS 气囊组件接入电路，然后采用与"更换碰撞传感器、SRS 主线束和 SRS – ECU"一样的方法进行解码诊断和电压、电流检测，确认 SRS 正常后方可安装新的 SRS 气囊组件。

尤其是在更换 SRS 组成部件时，必须严格按照规定的方向、部位、方式等进行安装，否则会导致 SRS 无法正常工作。

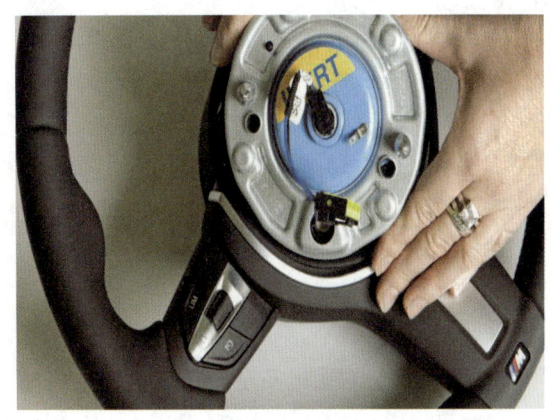

图 3 – 1 – 29　安全气囊总成更换示意

二、安全气囊检修注意事项

（1）安全气囊的燃爆式填料包含有毒物质。如果处理不当，会有危险。

（2）所有检查、拆卸、安装和维修工作只允许由受过培训的人员进行。

（3）必须用提供的检测和测量设备对安全气囊进行检测，否则有安全气囊自行触发的危险。仅允许使用维修手册描述的操作方法。

（4）禁止拆卸分解安全气囊。

（5）有问题的部件必须用新的原装配件替换。

（6）在对安全气囊系统工作前先断开蓄电池负极电缆。断开蓄电池的负极电缆后，必须等待1分钟。当安全气囊系统连接到电源上时，不得有人留在车内。

（7）在提取（接触）安全气囊前，操作人员需释放自身静电，可以通过接触水管、暖气管或金属支架之类接地的金属零部件来完成。

（8）从运输容器中取出安全气囊后必须立即进行安装。工作中断时，应当把安全气囊重新放回运输容器中。

（9）不允许随意放置安全气囊。

（10）拆下来的安全气囊在存放时要把撞击吸收装置的一面朝上。

（11）安全气囊如发生过掉落到硬的地板上，或有其他损坏，则不得再安装。

（12）储存和运输应符合相关爆炸物和危险品的法规。

（13）如果安装了侧面安全气囊的车型，禁止使用普通的座椅保护套，因为这会影响侧面安全气囊的功能。

（14）用新的原装配件更换所有固定夹。

（15）若侧面安全气囊工作范围内座椅套受损，如裂缝、焦痕或孔洞等，为安全起见，必须更换新的座椅套。

任务2　安全带控制系统故障诊断与维修

知识学习：安全带系统组成与原理

学习目标

1. 掌握安全带系统组成；
2. 掌握安全带系统工作原理；
3. 能够正确使用安全带。

一、安全带的作用

顾名思义，安全带的作用就是确保我们的乘车安全。在车辆发生碰撞或使用紧急制动时，安全带预紧装置就会瞬间收束，绷紧佩戴时松弛的安全带，将乘员牢牢地拴在座椅上，防止发生二次碰撞。

一旦安全带的收束力度超过一定限度,限力装置就会适当放松安全带,保持胸部受力稳定。因此,汽车安全带起着约束位移和缓冲作用,吸收撞击能量,化解惯性力,避免或减轻驾乘人员受伤的程度。汽车事故调查表明,在发生正面撞车时,如果系了安全带,可使死亡率减少57%,侧面撞车时可减少44%,翻车时可减少80%。

二、安全带的分类

安全带主要按照固定方式、智能程度和卷收器功能等分类。

按固定方式分为两点式腰带,两点式肩带,三点式安全带,全背式安全带,五、六、七点式安全带等;

按智能程度分为主动式安全带(如 RGS 安全带)和被动式安全带;

按卷收器功能分为无锁式安全带、自锁式安全带和紧急锁止式安全带等。

图 3-2-1 两点式与三点式安全带

图 3-2-2 四点式与五点式安全带

三、安全带系统组成

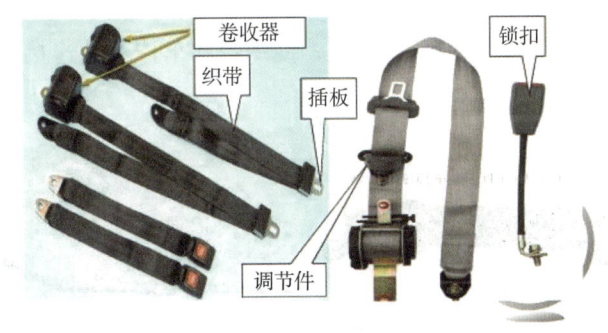

图 3-2-3 安全带系统组成

(一)织带

安全带织带是指用于固定身体的编织带,主要材质有尼龙、涤纶、丙纶等合成纤维。这三种材质混纺而成的安全带织带既能保证强度,也在耐久性方面有着不错的表现。宽度不低于46mm,厚度不低于1.2mm,通过编织方法及热处理来达到安全带所要求的强度、伸长率等特性,它也是吸收冲突能量的部分;腰肩连续带要求的抗拉强度不低于22300N,伸长率不高于30%,能量吸收性每米不低于784J;要求极冷极热环境下不低于常温环境强度60%,抗老化、抗水浸等。

图 3-2-4 安全带织带

(二) 锁舌

三点式安全带的织带锁定机构一般由金属构成,外面浇筑塑料,与织带按照织带穿过锁扣头的滑动连接方式连接,锁扣头的抗拉强度要求高于织带的强度。

图 3-2-5 安全带锁舌

(三) 座椅锁扣座

座椅锁扣座也称安全带固定座,由两部分组成:一部分在座椅的右边,一端用螺栓与座椅或车体固定,另一端是一个带有开关结构的锁扣座与安全带锁扣头连接,可以方便地扣紧和打开。国标对锁扣座的锁定力量要求为施加超过织带的力量,锁扣不能解锁,寿命为 5000 次解锁后仍可保持初始强度。

另一部分在座椅的左边,用螺栓和车体固定,使织带和车体刚性连接,国标要求强度不低于织带强度。

图 3-2-6 安全带座椅扣

(四) 安全带肩带固定销

固定销和锁扣头结构相似,也是金属材质,织带穿过固定销一端,滑动连接,另一端用螺栓刚性固定在车体侧面 B 柱上,用于固定三点式安全带的肩带,国标要求它的强度不低于织带强度,它构成了三点式安全带的上面一个点。

(五) 安全带卷收器

不使用安全带时,将织带收回,必要时可以锁紧;织带拉出的速度达到一定程度时,卷收器锁紧安全带,起到保护作用。

图3-2-7 安全带卷收器

在典型的安全带系统中,安全带与一个卷收器相连,卷收器中的核心元件是卷轴,它与安全带的一端相连。在卷收器内部,一个弹簧为卷轴提供旋转作用力。它会旋转卷轴,以便卷起任何松弛的安全带。当拉出安全带时,卷轴将逆时针旋转,并使相连的弹簧也沿相同方向旋转。这样,旋转的卷轴就反扭了弹簧。因为弹簧想要恢复到原状,因此它会抗拒这一扭转运动。

如果松开安全带,弹簧将收紧,并顺时针旋转卷轴,直至使安全带张紧。

图3-2-8 安全带卷收器内部结构示意

(六) 安全带卷收器锁止机构

带锁止机构的卷收器,在快速拉动安全带时锁止卷收器,使安全带不能拉出,提高安全带的安全性,在缓慢拉动安全带的时候,又可以顺畅地拉动安全带,方便乘员活动。

卷收器中钢球的作用很巧妙,只有在中间小凹槽内,它不影响安全带工作,颠簸、撞击或任何不平稳的状态,都会让钢球离开凹槽并顶起卡块,卡块会顶住转盘,同样会让安全带临时限位。所以即使在激烈的驾驶状态,这副安全带都是通过多种措施让安全带紧紧拉住乘员的。

图3-2-9 安全带卷收器锁止机构

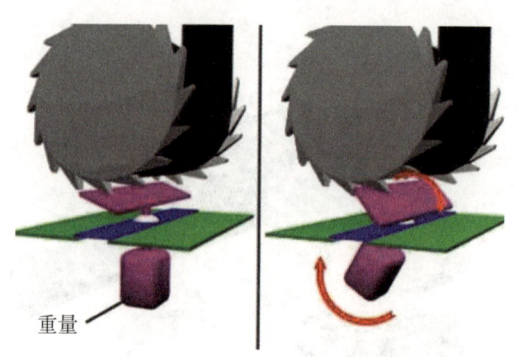

图 3-2-10　安全带锁止示意

在猛拉安全带时阻力来源于卷收器内部的锁止机构,而触发这种机构的方式:一是运动触发,二是安全带直接触发。对于运动触发的锁止机构来说,其核心是一个类似钟摆的摆锤。当汽车突然急剧减速或停止时,摆锤由于惯性向前摆动,此时由于运动触发棘爪,棘爪与带齿棘轮接触,通过机械力组织棘轮继续转动,这时安全带就会突然锁止。

当这种惯性结束或消失后,摆锤重新垂直地面,这时拉下棘爪与棘轮分离,所以在向后收放一小段安全带之后,就又可以匀速拉动了。

(七) 安全带预收紧装置

安全带预收紧装置,在事故发生的第一时刻毫不犹豫地把人"按"在座椅上。然后,适度放松,待冲击力峰值过去,或人已能受到气囊的保护时,即适当放松安全带。避免因拉力过大而使人的肋骨受伤。

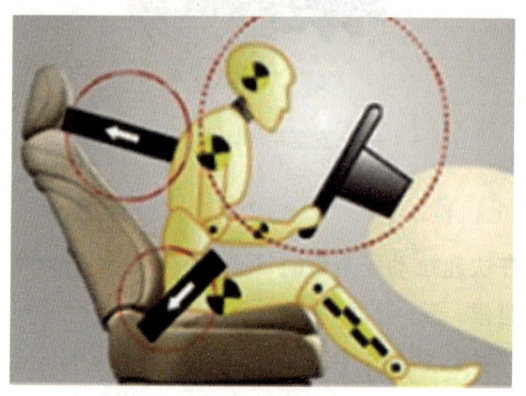

图 3-2-11　安全带预收紧示意

1. 机械爆燃式预收紧装置

预收紧装置由一个探头负责收集撞车信息,然后释放出电脉冲,该脉冲传递到气体发生器上,引爆气体。爆炸产生的气体在管道内迅速膨胀,压向所谓的球链,使球在管内往前窜,带动棘爪盘转。棘爪盘跟轴连为一体,安全带就绕在轴上。气体压力使球动,球带动棘爪盘转,棘爪盘带动轴转——瞬间实现了安全带的预收紧功能。从感知事故到完成安全带预收紧的全过程仅持续千分之几秒。管道末端是一截空腔,用于容留滚过来的球。

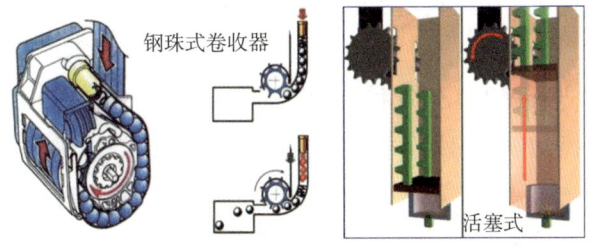

图 3-2-12 机械爆燃式预收紧装置

2. 电控式预收紧装置

电子控制式安全带是以普通安全带为基础加装电子控制装置发展而来。当发生碰撞或激烈驾驶时，电子控制装置凭借传感器收集来的信息，依靠伺服电机第一时间完成安全带的预收紧工作。

图 3-2-13 电控式预收紧装置

（八）安全带拉力限制器

事故发生后，安全带在预收紧装置的作用下已经绷紧了，但我们希望在受力峰值过去后，安全带的张紧力度马上降低，以减小乘员受力，这份特殊任务就由安全带拉力限制器来完成：在安全带装置上，有一个如前所述的预收紧装置，底下卷绕着安全带。轴芯里是一根钢质扭转棒。当负荷达到预定情况时，扭转棒即开始扭曲，这样就在一定程度上放松了安全带，实现了安全带的拉力限制功能。

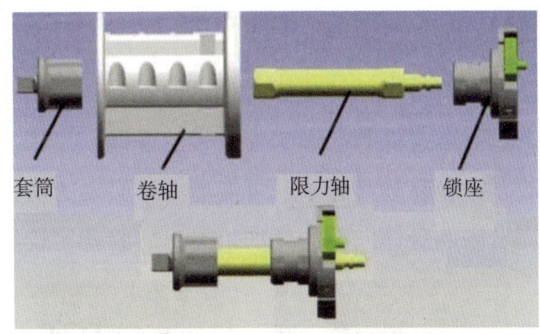

图 3-2-14 拉力限制器示意

四、安全带系统工作原理

座椅安全带控制系统是在安全气囊系统的基础上，增设防护传感器和左右座椅安全带收紧器。

其中，前碰撞传感器、电控单元 SRS-ECU 与安全气囊系统公用。安全带收紧器为座椅安全带控制系统的执行机构，防护传感器设在 SRS-ECU 内部，用于接通安全带收紧器的电源电路。

当汽车遭受碰撞时，防护传感器将安全带点火器的电源电路接通，前碰撞传感器信号输入 SRS

-ECU 后，SRS-ECU 将立即接通点火器的电路，引爆引药，安全带收紧，并在碰撞后 8 毫秒内将安全带收紧 10~15 厘米。

ECU 向安全带收紧器点火器发出点火指令的同时，还要向气囊点火器发出点火指令，引爆气囊点火器。因为气囊要在碰撞约 40 毫秒后才能完全充气到体积最大，所以在座椅安全带收紧后，驾驶席气囊和乘员席气囊才同时膨开，吸收碰撞产生的能量，从而达到保护驾驶员和乘员的目的。

充气式安全带在发生突发事件时，胸、肩部织带会充满气体。其结构是在撞车时在织带与人体的接触段设为充气段，充气段的一端有一个类似气囊中气体发生器的电子式充气装置。当车辆发生碰撞时，车辆的 ECU 会进行撞车严重度判别，若撞车严重度达到设计要求，ECU 会发出指令，即点火电流给预收紧装置与充气装置，两者先后作用，对乘员起到更好的保护作用。

图 3-2-15　气囊式安全带

五、安全带的使用与检查

安全带使用非常简单，只要锁好固定扣即可。使用前，要尽量拉出腰带，把扣锁调节在腰部附近，剩余的安全带可绕回肩膀，调节肩带长度置胸部附近，并应留出可放进一个拳头的富余量。

（一）安全带的高低调整

三点式安全带肩带固定销都有肩带高低调整机构，方便不同身高的乘员使用安全带，需要将肩带正确穿过自己的左肩中间，过高或过低都会影响安全带的性能。

如果太高，紧急情况下收紧时容易勒到脖子，可能造成不必要的伤害；

如果太低，则可能无法完全限制身体向前冲，如果滑出肩膀就比较危险了。

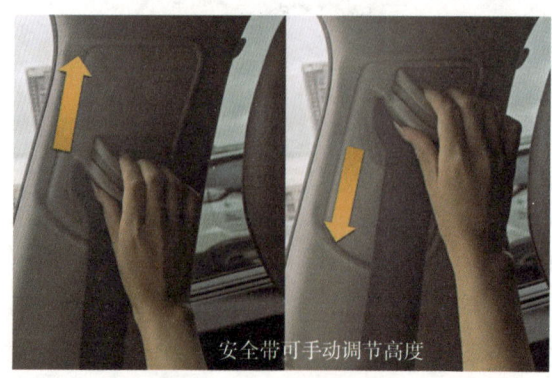

图 3-2-16　安全带高低调整

(二）安全带的松紧调整

安全带不宜太松或太紧，留有两个手指的余量比较合适，既能保证安全又不至于勒得太难受。图 3-2-17 中下面这根安全带不用刻意去调整，上面固定好了正常收紧后，下面就是正确位置了，不要过松或过紧，留一根手指的余量比较合适。

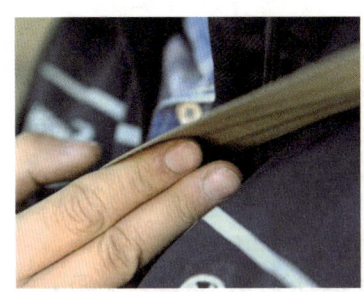

图 3-2-17　安全带松紧调整

（三）后排安全带的正确使用

中低端家用车后排座椅中间位置多为两点式安全带，它没有收紧器，只能手动调整长短来固定身体。

图 3-2-18　安全带后排乘客调整

（四）安全带的检查

安全带的检查方法：缓慢用手将安全带向下拉时，安全带应能被顺利地从卷绕器中拉出。猛地拉安全带时，应拉不动。否则，为安全带失效。使用完毕按下按钮插头即可脱出。

技能演练：安全带系统故障检修

学习目标

1. 能够正确使用检修工具和设备；
2. 掌握安全带系统故障诊断流程。

一、安全带警告灯含义介绍

当指示灯亮起时，代表未系安全带，字母 P、L、M、R 分别代表副驾驶、后排左侧、中间、右侧几个位置。一般前排乘客未系安全带，组合仪表上对应的安全带提示灯会闪亮并伴有间歇性鸣响。后排未系安全带，一般只会亮灯，并不鸣响。不同品牌略有不同，有的品牌驾驶员不系安全带时，响一段时间就停止了，然后过段时间再响。而有的品牌，驾驶员不系安全带，蜂鸣器会一直响，而且声音越来越尖锐。

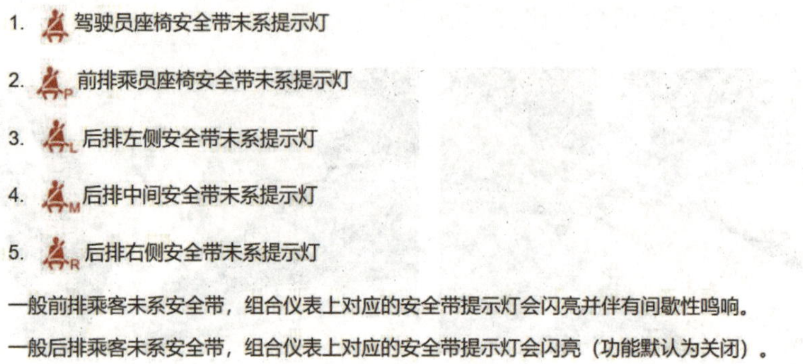

1. 驾驶员座椅安全带未系提示灯
2. 前排乘员座椅安全带未系提示灯
3. 后排左侧安全带未系提示灯
4. 后排中间安全带未系提示灯
5. 后排右侧安全带未系提示灯

一般前排乘客未系安全带，组合仪表上对应的安全带提示灯会闪亮并伴有间歇性鸣响。
一般后排乘客未系安全带，组合仪表上对应的安全带提示灯会闪亮（功能默认为关闭）。

图 3-2-19　安全带指示灯说明

二、安全带警告灯不灭的故障检修

（一）故障现象

安全带预紧器与 SRS 安全气囊用碰撞传感器是同一个，所以在点火开关转至"ON"位置后，仪表盘内的 SRS 安全气囊警告灯亮约 6 秒，系统无故障时熄灭。

图 3-2-20　安全气囊指示灯点亮

（二）原因分析

如果安全带预紧器不能正常工作，即使 SRS 安全气囊系统没有故障，SRS 警告灯也会亮。如果 SRS 安全气囊警告灯在点火开关转至"ON"时不亮或亮约 6 秒后不熄灭，或在行驶中亮，尽快检查安全带预紧器或 SRS 安全气囊系统。

（三）故障检修

（1）将点火开关转到 ON（开）的位置，发动机 OFF（关）。

（2）扣上、解开驾驶员安全带，检查仪表（IPC）中的安全带指示灯是否相应地熄灭和点亮，如果熄灭，则说明故障排除。

（3）进行系统线路中间断开故障和接触不良的测试，如断路则修复。

（4）扣上驾驶员安全带，使用故障诊断仪检查附加充气保护装置数据清单中的驾驶员侧安全带状态参数是否显示 Buckled（已扣上）。

（5）如果数据显示正常，则按要求更换仪表板组合仪表。

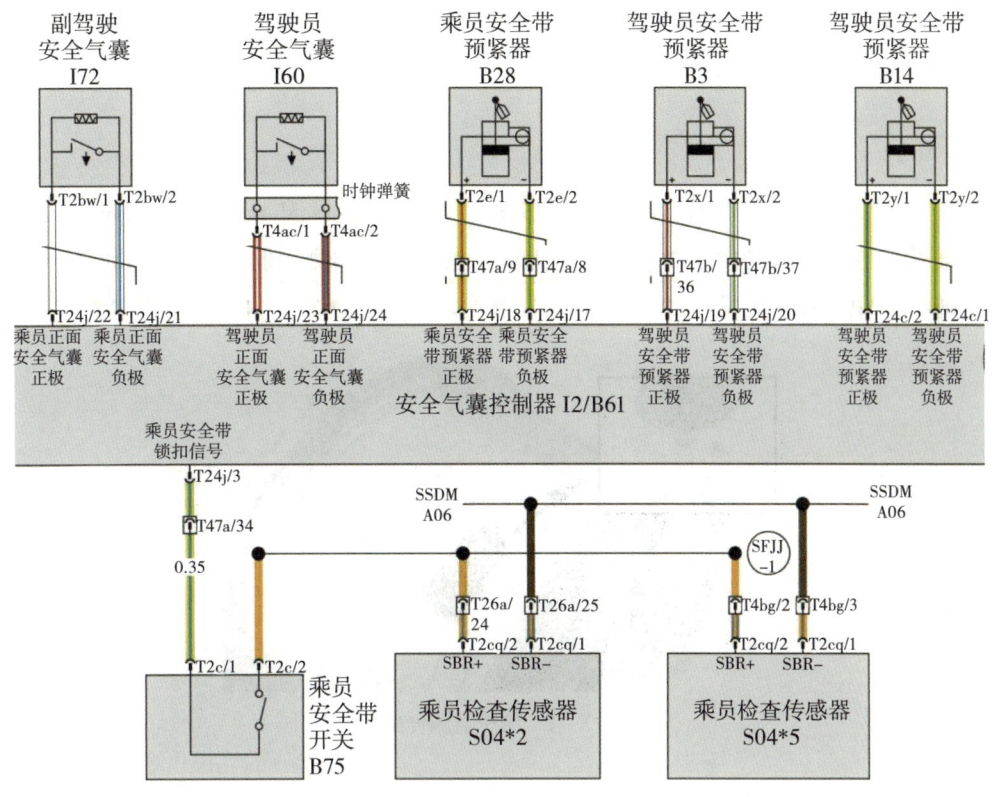

图 3-2-21　北汽 EU5 安全带系统电路

（6）将点火开关转到 OFF（关），断开左安全带开关连接器，测试左安全带开关信号电路是否为断路或高阻抗状态。

（7）测试左安全带开关接地电路是否为断路或高阻抗状态。更换左安全带开关。重新检查系统，如果没有问题则故障排除过程结束。

三、安全带检修注意事项

燃爆式预紧器只能使用一次。当预紧器引爆后必须更换新安全带预紧器，安全带预紧器总成在引爆后会变得很热，此时禁止敲击安全带预紧器总成。

禁止以任何方式维护或维修安全带预紧器系统。

如果安全带预紧器总成处理不当，或者敲击、修改、检查、更换、维护或维修安全带预紧器，可能会导致其该工作时不工作，不该工作时工作，造成人员严重受伤甚至死亡。

任务3　胎压监测系统故障诊断与维修

知识学习：胎压监测系统组成原理

学习目标

1. 明确胎压监测系统功能；

2. 掌握胎压监测系统组成；

3. 掌握胎压监测系统控制原理。

一、概述

轮胎气压（以下简称胎压）监测系统 TPMS 即 "Tire Pressure Monitoring System" 的英文缩写。胎压监测系统用于在汽车行驶时，对轮胎的压力进行监测，在监测到胎压异常时进行报警，提醒驾驶员采取措施，避免危险情况发生。

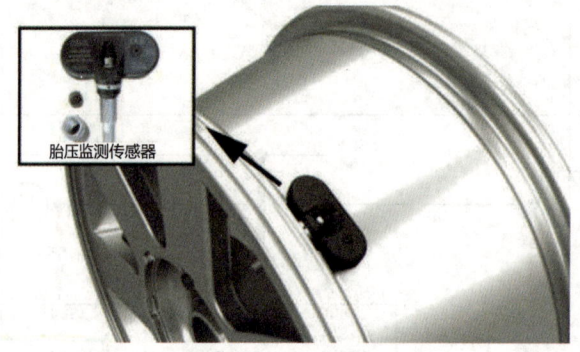

图 3-3-1　胎压监测传感器

二、胎压监测系统类型

常见的有间接式和直接式两种。

（一）间接式胎压监测系统

间接式胎压监测系统（Wheel-Speed Based TPMS，WSB TPMS），当某个轮胎的气压降低时，车辆的重量会使该轮胎的滚动半径变小，导致其转速比其他车轮快，这样就可以通过比较轮胎之间的转速差，达到监测胎压的目的。间接式胎压监测系统实际上是依靠计算轮胎滚动半径来对胎压进行监测的。

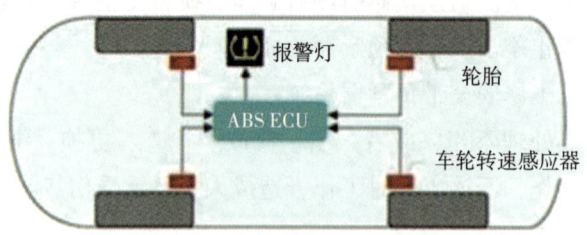

图 3-3-2　间接式胎压监测系统

间接式胎压监测系统成本较低，它是利用汽车 ABS 刹车系统上的速度传感器来比较四只轮胎的转动次数，如果其中一只轮胎胎压较低，这只轮胎的转动次数会和其他轮胎不同，采用 ABS 系统的传感器和感测信号，只要车内计算机在软件上做调整，便可以在行车计算机上建立新功能，警告驾驶人一只轮胎和其他三只相比胎压较低。

安装间接式胎压监测系统的车辆会出现两个问题，一是绝大多数采用间接式胎压监测系统的车型不能指示具体哪一只轮胎胎压不足；二是如果四只轮胎的胎压同时在下降，那么这种系统也就失

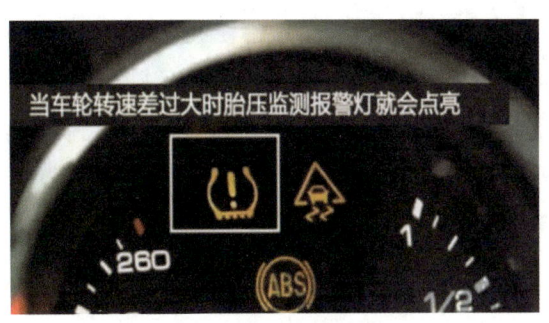

图 3-3-3 胎压警报指示灯

效了,而这种情况一般在冬天气温下降时尤为明显。此外,当车子行驶过弯路时,外侧轮胎转动次数会大于内侧轮胎转动次数,或者轮胎在沙地或冰雪路面打滑,特定轮胎旋转数会特别高。所以这种计算胎压的监测方法有一定的局限性。

(二)直接式胎压监测系统

直接式胎压监测系统(Pressure-Sensor Based TPMS,PSB TPMS)由胎压监测控制器、胎压监测传感器(4个)、组合仪表组成。轮胎上的胎压监测传感器监测轮胎内部压力、温度、传感器电池电量信息,采用无线射频方式把传感器采集到的压力和温度等数据信息发送到控制单元,胎压监测控制单元通过CAN线与仪表通信,仪表对轮胎压力、温度等信息进行显示、报警。当胎压太低或漏气时,系统会自动报警。

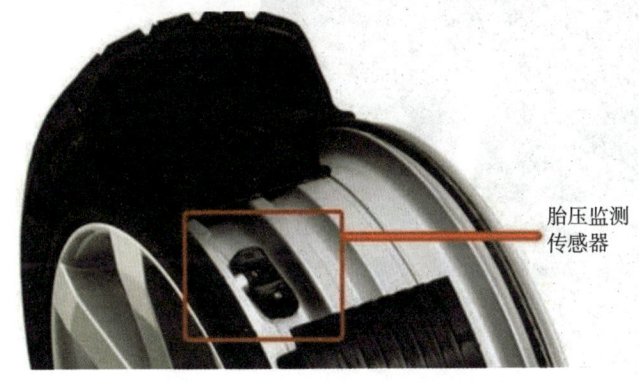

图 3-3-4 直接式胎压监测传感器　　图 3-3-5 直接式胎压监测系统组成

(1)胎压监测控制器:接收并处理胎压传感器信号,通过CAN总线发出相关信息。故障自诊断工作电压范围:9~16V。

(2)胎压监测传感器:监测轮胎内压力、温度等信息,监测传感器自身电量。通过无线电方式发出相关信息,工作电压范围:2.1~3.0V。

图 3-3-6 胎压监测传感器

直接式胎压监测系统的好处：在每一个车轮上都安装有压力传感器和传输器，当任何一个轮胎胎压低于驾驶员手册上推荐的冷胎胎压25%时，便会警示驾驶员。其警示信号比较精确，而且如果轮胎被刺破，胎压快速降低时，直接式胎压监测系统也能立即提供警示。即便是车胎缓慢地撒气，直接式胎压监测系统也能通过行车电脑感知到，直接让驾驶员从驾驶座上检视目前四只轮胎胎压数字，从而实时了解四个车轮的真实气压状况。

三、性能指标

汽车胎压监测系统具体性能指标：

（1）可监测胎压范围为 0 ~ 4.5 bar，分辨率为 25 mbar，通常汽车的胎压在 2.2 ~ 2.8 bar。

（2）可监测温度范围：-40 ~ 125℃，分辨率为2℃，汽车的轮胎温度一般约75℃。

（3）胎压监测传感器发射功率用频谱分析仪测得在 -40 dBm 左右，胎压控制器接收灵敏度在 -100 dBm。

（4）采用 500 mAh 的电池，若每天正常行车 12 小时，发射模块可正常工作 6 年以上。

四、胎压监测设置

点击中控台上的胎压监测设置按钮，可以对车辆的胎压参数进行设置。

图 3 - 3 - 7　胎压监测系统按钮

技能演练：胎压监测系统故障检修

学习目标

1. 掌握胎压监测系统设置；
2. 能够排除胎压监测系统常见故障。

一、胎压设置

在汽车轮胎被扎、漏气、割裂等情况发生后，仪表盘上会显示胎压警报或直接显示胎压数据情况，提醒驾驶员及时进行轮胎的胎压检查和轮胎修理，但在修理、充气完成后，很多汽车的仪表盘上仍然会显示胎压警报的状态，极易误导驾驶员轮胎仍有故障。这时，应到汽车中控大屏内寻找

"设置"选项，在其中的"胎压"选项中选择"胎压重置数据"即可，或者到4S店由技师用手持设备刷新数据。

图3-3-8 胎压监测系统设置

二、常见故障及排除方法

（1）车辆蓄电池被断过后四只轮胎胎压值显示异常，这个时候不用进行修理，正常驾驶车速大于20km/h，20分钟后胎压显示将恢复正常。

（2）轮胎学习流程未完成，车辆驾驶20分钟后胎压仍然无显示，或部分无显示，这个时候需要到胎压监测传感器重新学习读入。

（3）更换胎压监测传感器后相应的轮胎显示异常，这个时候需要胎压监测传感器重新学习读入。

（4）改装的电器系统，或外加装的DVD系统，发出了干扰信号，干扰了接收器接收胎压监测传感器信号，因为其干扰信号较强，必须排除电磁干扰，而且要注意玻璃贴金属膜，门禁与磁卡也有屏蔽或干扰的现象。

（5）传感器模块本身或供电出现故障，造成监测出错提示异常。

当胎压监测系统本身因为供电或其他原因，造成监测不正常时，可以尝试重新启动汽车，看看是否恢复正常。若还不正常，就要考虑是否胎压监测出现问题，可以采用换蓄电池，或者检查传感器件来排查。相对来说，当我们发现胎压监测几只轮胎出现问题时，就要考虑是不是系统出错，这时候没必要依次检查轮胎，当然检查一下也是没有问题的。

当轮胎的胎压不正常时，应该及时更换轮胎，特别是胎压突然出现不正常，要考虑是不是轮胎失压，有可能会是爆胎的前兆。所以发现某只轮胎胎压不正常，第一时间把车停在路边检测，当然需要打开双闪灯，保证停靠在安全区域。

三、胎压监测系统故障检修

（一）故障现象

一辆2020款领克02车辆仪表提示胎压系统异常，同时发动机故障灯点亮。此外，仪表上的环境温度显示异常，胎压无法校准。

（二）故障诊断

（1）故障验证：试车确认故障现象存在。

（2）故障代码读取：使用故障检测仪检测，发现存在故障代码"ECM－P007200 周围空气温度传感器电路'A'过低"；"VDDM－C107908 间接胎压监测系统总线信号或消息故障"；"PDM－B1A6811 车外温度传感器，一般电动故障，电路短路接地"。

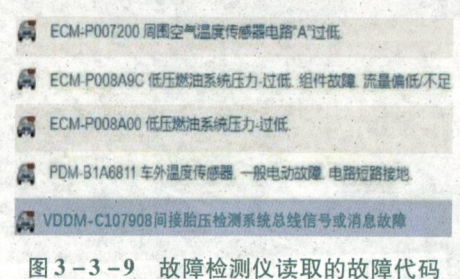

图3－3－9　故障检测仪读取的故障代码

（3）环境温度传感器电路分析：查看相关电路图，得知环境温度传感器集成在右前后视镜内，通过负温度系数热敏电阻向乘客侧车门模块反馈环境温度信息。

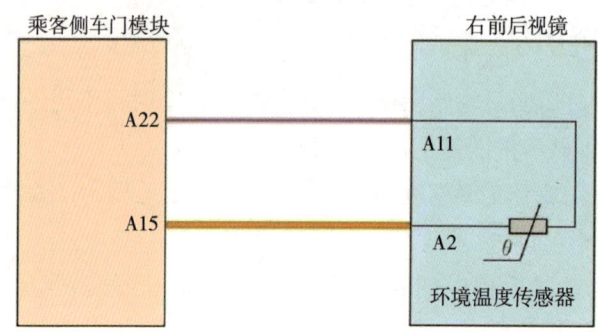

图3－3－10　环境温度传感器相关电路

（4）数据流分析：读取乘客侧车门模块数据流，显示环境温度为90℃，与实际环境温度12℃不符，推测故障原因可能包括环境温度传感器故障、相关线路故障或乘客侧车门模块故障。

参数	数值	单位
环境温度传感器，外部后视镜 - PDM	90	℃
控制模块的电源电压 - PDM	14.07	V

图3－3－11　乘客侧车门模块数据流读数

（5）环境温度传感器检测：脱开右前方后视镜导线连接器，测量环境温度传感器电阻，发现与维修手册中的数据相符，传感器工作正常。

（6）线路与车门模块检查：测量右前方后视镜导线连接器端子与乘客侧车门模块之间的线路导通性，正常，排除线路故障。

（7）车门模块故障：由于环境温度传感器和线路均正常，怀疑乘客侧车门模块故障。

（三）故障排除

更换乘客侧车门模块后试车，仪表可以正常显示环境温度，胎压校准功能恢复，故障现象不再出现。

（四）整理工具和设备，打扫场地卫生

本案例中，胎压监测系统依赖于多个信号判断胎压是否异常，包括环境温度、发动机转矩、轮速及偏航率等。在本例中，环境温度信号异常导致胎压监测系统报警。故障诊断过程中，通过逐步排查传感器、线路和控制模块，最终确定了故障原因。此案例展示了在面对复杂电子系统时，系统性排查的重要性和诊断逻辑的应用。

项目四
ADAS驾驶辅助系统故障诊断与维修

任务 1　车道偏离预警系统故障诊断与维修

知识学习：车道偏离预警系统

学习目标

1. 明确车道偏离预警系统的作用；
2. 掌握车道偏离预警系统的组成；
3. 掌握车道偏离预警系统的工作原理。

一、车道偏离预警系统概述

（一）定义

车道偏离预警系统，其英文全称为 Lane Departure Warning System，因此很多车型上都将车道偏离预警系统简称为 LDWS。根据美国公路交通安全管理局的定义，车道偏离预警系统只是在车辆发生偏离时以报警的方式提醒驾驶员，以使驾驶员及时做出反应，辅助驾驶员避免或减少车道偏离事故的系统。

（二）必要性

根据交通运输部的数据统计，约有 50% 的交通事故是由于车辆在行驶过程中偏移正常行驶的车道引起的，根据（美国）联邦公路局的统计，美国 2002 年所有的致命交通事故中有 44% 与车道偏离有关，同时车道偏离也被看成车辆侧翻事故的主要原因。AssitWare 网站的分析结果认为：23% 的汽车驾驶员一个月内至少在方向盘上睡着一次；66% 的卡车驾驶员在驾驶过程中打瞌睡；28% 的卡车驾驶员在一个月内有在方向盘上睡着的经历；四个驾驶员中就有一个驾驶员经历过车道偏离引起的伤亡事故。究其原因，主要是因为驾驶员在驾驶车辆过程中出现注意力不集中、驾驶疲劳、心烦意乱等,严重影响驾驶员在驾驶车辆时的安全性。开车走神和疲劳驾驶是大多数司机都会面临并且需要克服的问题,因这种问题引起车辆偏离车道而造成的碰撞事故也时有发生,尤其是在高速行驶过程中,因此而造成的事故尤为严重。车道偏离预警系统是继安全带、安全气囊后,在汽车内安装的又一项安全装置。而因为疲劳或注意力不集中所造成短暂的对方向控制产生偏差也是十分常见的现象,这样看似不经意的行为,却着实存在着极大的安全隐患,一旦车辆出现无预见性的车道偏离加之车速相对较快,不论对于自身还是后方的车辆来说都非常容易引发事故。在高速公路上,车道偏离引起的交通事故在总交通事故数量中占了很大比重,为了有效避免上述危险的发生,LDWS 和车道保持辅助系统便应运而生。

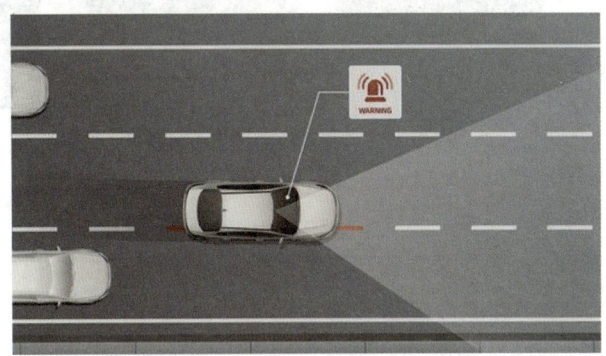

图 4-1-1 车道偏离预警系统警告

(三) 功能

车道偏离预警系统最大的作用是在车辆偏离原车道时,能够迅速主动地判断该情形是否属于驾驶员无意识行为,从而在 0.5 秒内做出反应,通过各种手段对驾驶员进行明显警示,提醒驾驶员尽快纠正错误的驾驶行为,从而起到防患于未然的作用。

车道偏离警告功能,作为近几年比较火的高级驾驶辅助功能之一,经常能够在汽车广告和配置表中看到,并且车道偏离警告功能还是车辆安全性程度的一项重要指标,可见它对于行车安全的重要性。

车道偏离预警系统包括"纵向"和"横向"车道偏离警告两个主要功能。纵向车道偏离预警系统主要用于预防由车速太快或方向失控引起的车道偏离碰撞,横向车道偏离预警系统主要用于预防驾驶员注意力不集中或驾驶员放弃转向操作而引起的车道偏离碰撞。

当车辆在非人为操作情况下偏离行驶车道时,该系统可通过声音、闪光或振动给予提醒。

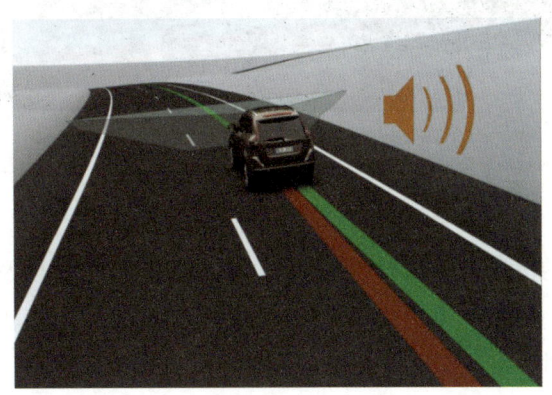

图 4-1-2 车道偏离预警系统警告方式

二、车道偏离预警系统组成

车道偏离预警系统主要由人机交互单元（HUD 抬头显示器、仪表中的图像显示器和蜂鸣器）、图像采集单元（视觉传感器：车载摄像头）、图像处理芯片、配备摄像头的电子控制单元（LDWS ECU 控制器）、车辆状态传感器（激光传感器和红外传感器）、LDWS 开关以及振动器等组成。

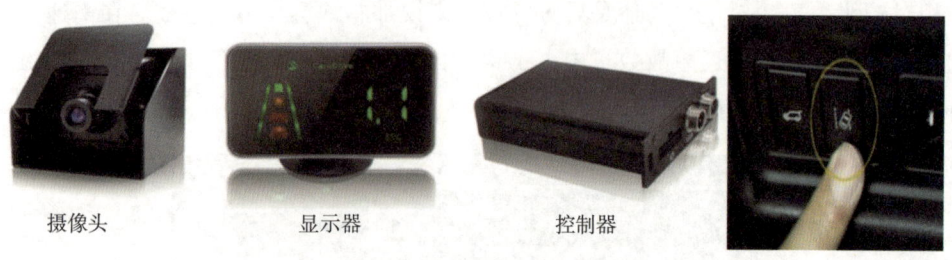

摄像头　　　　显示器　　　　控制器

图 4-1-3　车道偏离预警系统组件

（一）图像采集单元

图像采集单元完成车辆前方道路图像和环境信息的采集，并将模拟视频信号转换为数字视频信号，主要包括工业照相机、镜头和图像采集卡等。主要是由装置在前挡风玻璃后的车内后视镜的传感摄像头（影像感测器）监测前路两边的分道线。目前最常见的车道偏离预警系统基本采用了视觉传感器（少部分品牌采用红外线传感器），由前挡风玻璃下的摄像头进行道路分道线的监测，随后由感知模块分析道路几何特征和车辆动态参数，最后通过算法对车道偏离的可能性进行评价，一旦判定车辆偏离车道系统就会向驾驶员报警。车辆状态传感器采集车速、车辆转向状态等车辆运动参数；系统首先通过状态感知模块感知道路几何特征和车辆的动态参数，并且回传至行车电脑进行数据分析。有些车辆还会配备激光雷达来完成图像采集功能。

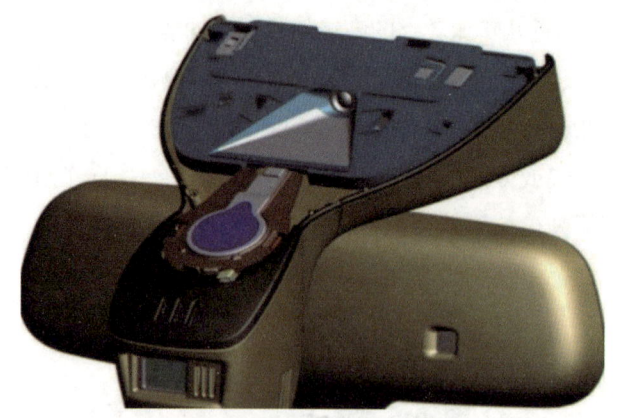

图 4-1-4　视觉传感器

（二）系统控制器

接收状态传感器发来的信息，完成数字图像处理、车辆状态分析以及决策控制等功能。系统控制器通常与车辆前部摄像头集成在一起，安装在车内后视镜前方。当车辆在没有打开转向灯的条件下即将越线发生车道偏移时，电脑会认定此情况属于驾驶员无意识的行为，从而开启车道偏离预警提示。

图 4-1-5 系统控制器

(三) 人机交互单元

人机交互单元的作用是通过显示界面向驾驶员提示系统当前的状态,当存在危险情况时,报警装置可以发出声音、光的提示,也有车辆采用座椅或方向盘振动的形式来提醒。图像显示在仪表中间的多功能显示区,蜂鸣器安装在仪表内。必要的时候通过信号显示界面向驾驶员报警。

图 4-1-6 人机交互单元

车道偏离预警系统在仪表板处都有一个警示灯,并伴随着车道警示图像一起出现。当车辆即将偏离车道时,图像中车道的某一边会闪烁或发生颜色变化。而通常司机从车辆后视镜中看见的警示灯闪烁是由盲点监测系统发出的警告,而不是车道偏离警告。

在亚洲几乎所有配备车道偏离预警系统的汽车中,系统都会发出警告声响,德国福特与林肯品牌的车则采用方向盘振动的方式发出警告,通用汽车的新车采用座椅单边振动的方式来提醒司机过于靠近哪边的车道。

(四) 系统开关

车道偏离预警系统通过显示器上的一个按钮接通和关闭。打开点火开关时,车道偏离预警系统恢复到上次停车前的启用状态(上次功能模式)。车道偏离预警系统的接通或关闭状态通过组合仪表或通过平视显示屏显示出来。车道偏离预警系统接通时还会显示系统是否处于准备发出警告的状

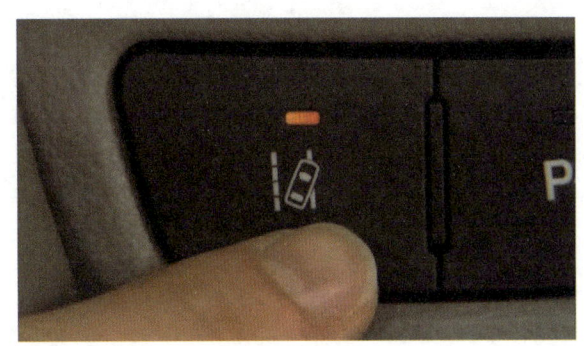

图 4-1-7 系统开关

态。只有在接通状态下且车速超过60km/h时识别到一条或两条车道边线时，系统才会进入准备发出警告的状态。

三、工作原理

车道偏离预警系统工作的时候，通过摄像头捕捉前方道路图像，由一根数据线将摄像机拍摄的图像发送至系统控制器，系统从数字化影像中解析出道路中的实线与虚线车道标识，根据识别的图像确定车辆在车道中的位置。如果系统识别出在一定时间内保持当前行驶状态即将越过车道边线时，就会发出警告，提醒司机马上采取行动，回到原来车道线内。

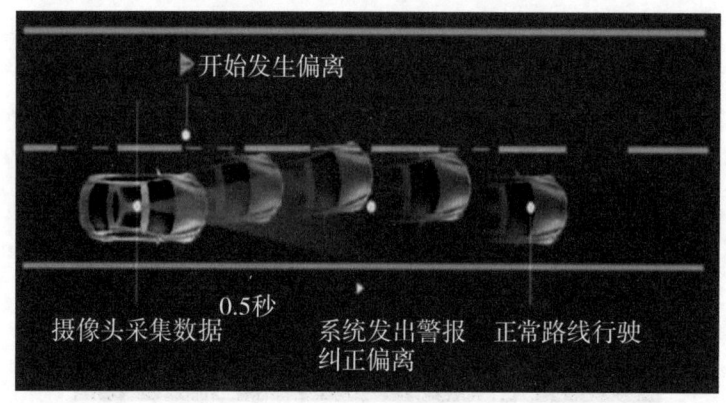

图4-1-8 车道偏离预警系统工作图

具体来说，当车道偏离预警系统开启且车速在40km/h以上时，摄像头会时刻采集行驶车道的标识线，通过图像处理获得汽车在当前车道中的位置参数，当车速达到60km/h且检测到驾驶员无意识驾车偏离车道时，警报器发出警报信号（方向盘振动和仪表声音提示3声），提示驾驶员注意安全驾驶，为驾驶者提供更多的反应时间。而如果驾驶员打开转向灯，控制车辆，正常进行变线行驶，那么车道偏离预警系统就不会工作，不会做出任何提示，以确保驾驶员可以正常变道。使用LDWS还能纠正驾驶员不打转向灯的习惯，该系统主要功能是解决过度疲劳或长时间单调驾驶引发的注意力不集中等情况。

车道偏离预警系统报警的开启条件：

（1）车道偏离预警系统开启；

（2）在可以探测到的车道边界行驶，并且有偏离车道的危险；

（3）没有打转向灯；

（4）车辆时速为60~180千米。

目前，各厂商所配备的车道偏离预警系统均基于视觉（摄像头）方式采集数据，但在雨雪天气或能见度不高的路面时，采集车道标识线的准确度会下降。为了解决这个难题，技术工程师开发了红外线传感器采集数据的方式，红外线传感器一般安置在前保险杠两侧，并通过红外线收集信号来分析路面状况，即使在恶劣环境下也能识别车道标志线，便于在任何环境的路况下均能及时提醒驾驶员汽车道路偏离状态。

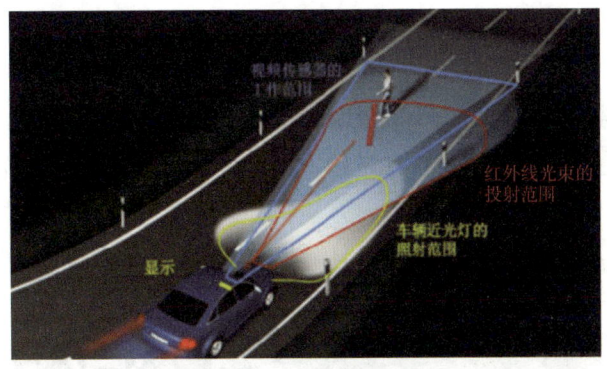

图4-1-9 红外线传感器

四、车道保持辅助系统

车道偏离预警系统主要是在车辆无意中偏离车道时进行提醒及报警,不涉及主动干预。在对车辆控制介入程度更高的系统中,车道偏离预警系统被称为车道保持辅助系统,该系统能够暂时接管并控制车辆主动驶回原车道,并在适当的时机进行主动制动减速等一系列复杂动作。

图4-1-10 车道保持辅助系统

车道保持辅助系统的英文名称是Lane Keeping Assist System,缩写为LKAS,其功能是辅助驾驶员进行驾驶,在司机走神、注意力不集中或疲劳时产生无意识车辆偏转时,车道保持辅助系统会进行主动修正和转向干预,使车辆保持在本车道内安全驾驶。当然,这套系统进入启动模式后,当驾驶员主动干预时(如操作转向灯、打方向盘时),系统将进入待机模式。该功能适合高速路行驶。

车道保持辅助系统主要干预方式是通过控制电子助力转向(EPS)系统为驾驶员提供转向控制并辅助驾驶员使车辆保持在自身车道内,必要时通过制动系统进行减速和制动。

技能演练1:车道保持辅助系统的认识与使用

学习目标

1. 能够找到车道保持辅助系统组件位置;
2. 学会车道保持辅助系统的使用;
3. 掌握车道保持辅助系统使用注意事项。

一、车道保持辅助系统

车道保持辅助系统通过安装在前挡风玻璃上的摄像头探测车道标志线。如车辆距离系统识别的车道标志线过近,系统通过施加一次校正性转向干预,提示驾驶员已偏离车道,此时,驾驶员可随时主动对转向进行校正干预。

图4-1-11 车道保持辅助系统

二、系统组件

同其他常规电子控制系统基本组成一样,车道保持辅助系统也是由传感器、控制器和执行器组成。我们来看一下各个组件的安装位置。

(1)车道保持辅助系统控制器与摄像头集成在一起,位置在前挡风玻璃中上部内侧、车内后视镜前方位置。

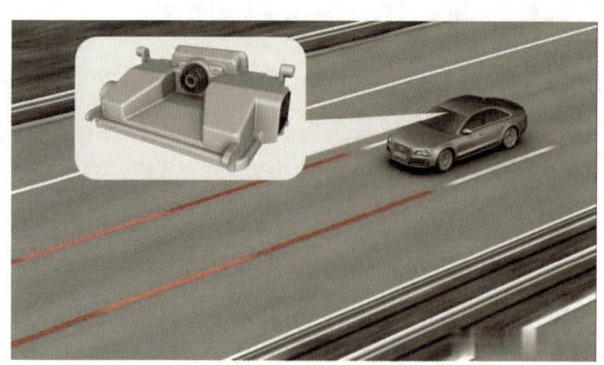

图4-1-12 前部摄像头

(2)车道保持辅助系统开关为中央显示屏下方的ASSIST按键。

(3)车道保持辅助系统振动电机由多功能方向盘控制单元J527来控制,该电机安装在方向盘辐条内。

三、大众ID.4 CROZZ车型车道保持辅助系统的使用方法

(1)打开中控屏,进入信息娱乐系统,见图4-1-13。

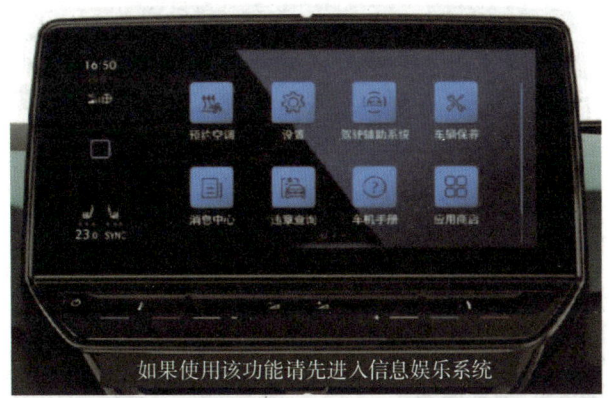

图 4-1-13　大众 ID.4 CROZZ 中控屏

（2）触碰 ASSIST 键或点击屏幕上的驾驶辅助系统就可以进入驾驶辅助系统界面，见图 4-1-14。

图 4-1-14　大众 ID.4 CROZZ 驾驶辅助系统

图 4-1-15　驾驶辅助系统界面

（3）进入驾驶辅助系统界面可以直接点击地面车道，激活车道保持辅助功能，或点击右上方的功能菜单打开车道保持辅助系统，见图 4-1-15、图 4-1-16。

（4）系统开始工作。

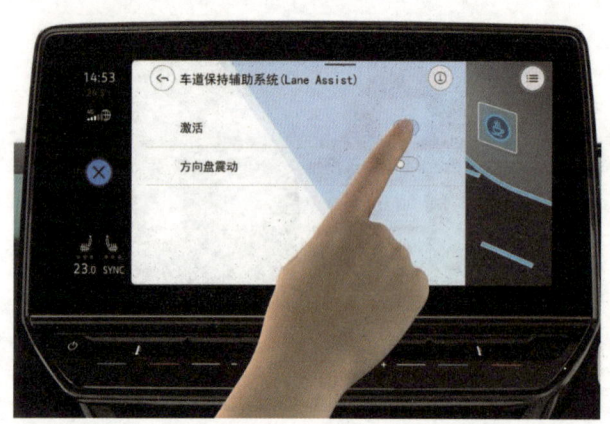

图 4-1-16　车道保持辅助系统功能菜单

①前挡风玻璃上的摄像头会实时探测前方的车道标志线，见图 4-1-17；

图 4-1-17　前挡风玻璃上的摄像头

②当车速达到 60km/h 以上，系统识别到车道标志线时，仪表就会显示白色高亮的车道线和车道保持激活图标，见图 4-1-18；

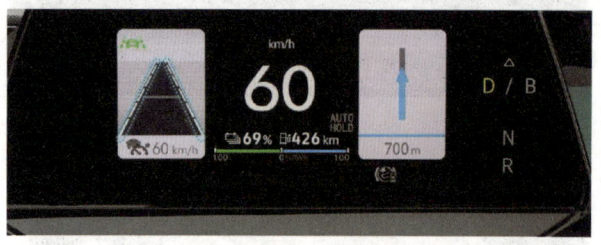

图 4-1-18　仪表车道线显示

③如果车辆正在偏离车道，高亮车道线会变成黄色，车道保持辅助系统调节图标也会同时出现，见图 4-1-19；

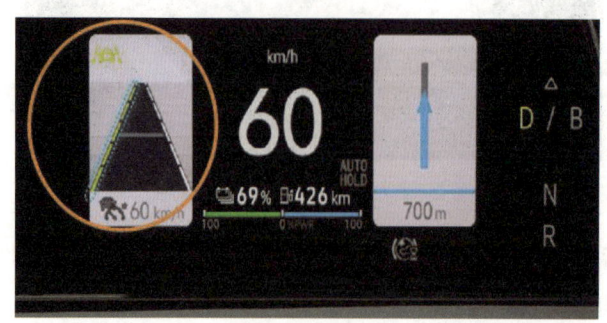

图 4-1-19　仪表车道线偏离显示

④这时系统会给方向盘施加轻微的矫正力矩,让车回到车道内;
⑤正常变道时,只要打开转向灯,系统就不会干预;
⑥如果车辆长时间处于偏离车道的状态,系统还会让方向盘轻微抖动来提醒驾驶员;
⑦当车速低于55km/h,车道保持功能将不再生效;
⑧方向盘左侧还有Travel Assist功能键,可以一键启动车道居中保持功能;
⑨激活后,如果系统识别到车道标志线,仪表盘中就会出现绿色高亮的车道线提示,见图4-1-20;

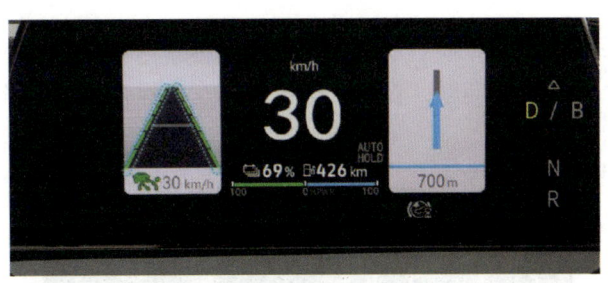

图4-1-20 仪表车道线显示

⑩在这种模式下,系统会持续给方向盘施加矫正力矩,保证车辆始终行驶在车道中间;车速在180km/h以内,这项功能都可以开启。

(5)系统使用条件限制。

车道保持辅助系统功能虽然先进,但使用也是有限制的。车道保持辅助系统只能在高速公路和结构化的铺装公路上使用。

在以下条件下,系统不激活(系统状态为被动):

①车速低于55km/h。
②车道保持辅助系统未识别到车道标志线。
③在急转弯处。
④采用极具运动风格的驾驶方式时。

(6)使用车道保持辅助系统时需要掌握相关注意事项。

①必须按能见度、天气状况、道路及交通状况调整车速及距前方车辆距离。
②车道保持辅助系统并非总能识别车道标志线。有时可能将劣质路面、某些道路结构或物体误认为车道标志线,发生此类情况时务必立即关闭车道保持辅助系统。
③务必注意观察组合仪表显示屏显示的相关信息,并在交通状况允许时按要求操控车辆。
④在以下情况下,可能出现车道保持辅助系统意外干预或停止车道保持辅助系统所支持的调节:

——采用极具运动风格的驾驶方式时;
——天气条件和路面状况不好时;
——在施工区域、山坡或凹陷路面前。

车道保持辅助系统智能技术不可能超越物理规律,也具有系统局限性。车道保持辅助系统使用不当或疏忽大意可能引发事故,严重时会致使人员受伤,故驾驶员仍须集中精力观察道路及交通状况,谨防引发事故。毕竟生命至上,安全第一。

技能演练 2：车道保持辅助系统故障诊断与维修

学习目标

1. 能够分析常见故障，制作故障诊断流程；
2. 能够正确使用检修工具和设备；
3. 能够排除系统常见故障。

车道保持辅助系统包括视觉传感器、控制器、振动电机、仪表显示装置、转向矫正电机以及相关线路和插头。任何一个环节出现问题，仪表都会提示：车道保持辅助系统当前不可用。

图 4-1-21 仪表显示故障现象

一、车道保持辅助系统常见故障

（一）摄像头探测故障

（1）摄像头的视窗外侧脏污或结冰；
（2）摄像头的视窗内侧有雾气；
（3）道路上覆盖着冰雪或其他污物；
（4）道路上没有车道边界线；
（5）摄像头线路故障，一般出现在有改装的情况下；
（6）摄像头需要重新校准。

图 4-1-22 摄像头故障

（二）插头故障

系统线路连接插头损坏或断开，具体表现为控制单元连接插头、传感器插头以及警示灯等相关的线束之间的插头损坏或断开故障。

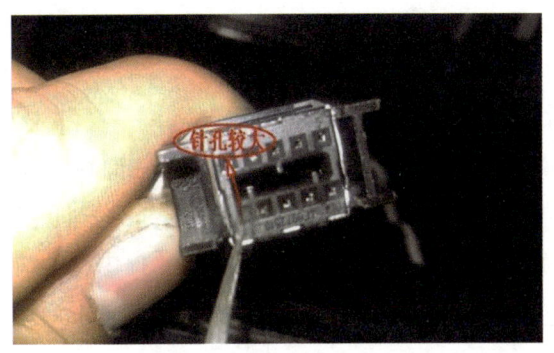

图 4-1-23 插头故障

(三) 电机故障

比如振动或转向矫正电机线路问题或电机本身损坏。

(四) 电源故障

具体表现是汽车电源系统提供的电压低于系统控制模块正常工作电压，造成控制模块暂时停止工作，导致系统无法工作。

(五) 控制模块故障

其包括软件和硬件两类故障。软件故障一般为协议或程序出现缺陷或发生冲突，造成系统信息传送出现混乱或无法正常收发信息。硬件故障一般为控制模块的相关部件、接口和集成电路损坏。软件故障一般可以通过软件刷新或升级解决，但硬件故障只能通过替换或部件维修进行排除。

(六) 线路故障

一般是系统电源线、搭铁线、通信线路等出现断路故障、短路故障、交叉故障或接触不良故障等。

二、车辆故障检修

(一) 故障现象

一辆行驶里程约 3 万千米、配置 274 发动机的奔驰 C300 轿车，只要打开点火开关，方向盘就开始震动，仪表中央的多功能显示屏提示"车道保持辅助系统停止运作"。

(二) 故障诊断

连接诊断仪进行快速测试，转向柱模块 N80 设置了故障码：B1E9F15 方向盘电子装置存在功能故障，存在对正极短路或断路；B1EB015 车道保持辅助系统存在故障，存在对正极短路或断路；还有一个存储状态的故障码 B1E9F19，方向盘电子装置存在功能故障，超出电流极限值。

(三) 奔驰系统信息了解

(1) 查看车籍卡。

此车装配了车道保持辅助系统，此系统的主控模块是 A40/11 平面探测多功能摄像头，此系统的功能是检测是否存在无意中驶过车道标记线的现象，系统通过位于车内后视镜前方的平面探测多功能摄像头 A40/11 以光学方式记录和识别跨越车道标记线的行为，在综合考虑驾驶员的操作后，在特定条件下通过触发在方向盘上的振动电机向驾驶员发出触觉警告，方向盘振动电机生成触觉警告。

（2）在仪表中的辅助菜单中选择以下操作模式。

①标准，灵敏度增加（较早地发出警告且较频繁）；

②适中，灵敏度降低（较迟地发出警告且不是很频繁）。

（3）如果识别到以下驾驶员操作情况，系统就不会警告或抑制警告。

①明显地主动转向（转向干预）（由转向柱模块 N80 内部的方向盘转角传感器识别）；

②制动（由电控车辆稳定行驶系统 ESP 控制单元 N30/4 提供制动踏板状态信息）、加速（由发动机控制单元 N3/10 将有关加速踏板位置的信息）或抄近角（由平面探测多功能摄像头 A40/11 检测到车辆主动抄近角）；

③转向信号（由转向柱管模块 N80 直接读取组合开关的开关位置）；

④运动型驾驶（高速转弯或剧烈加速）（由集成在辅助防护系统控制单元 N2/10 中的加速度传感器监测加速度/横摆率）。

（4）车道保持辅助系统主控模块 A40/11（平面探测多功能摄像头）还监测位于驾驶员附近以及在操作时会影响驾驶员注意力的控制器或开关，如果监测到控制干预时，车道保持辅助系统会认为驾驶员精力分散，其会更快、更频繁地发出警告，车辆位于车道标记线附近或跨越车道标记线时，会立即输出主动警告。

（5）系统发出警告的具体条件包括：

①平面探测多功能摄像头的车道识别；

②车速在 60~200km/h；

③弯道半径大于 150 米；

④识别到车道偏离。

（6）系统发出警告工作顺序。

平面探测多功能摄像头 A40/11 将促动方向盘振动电机的请求通过外围设备控制器区域网络（CAN），电子点火开关控制单元和底盘 FlexRay 传送至转向柱管模块控制单元 N80，转向柱管模块控制单元将该请求通过转向机构局域互联网（LIN）传送至方向盘电子装置 N135，后者随后促动方向盘振动电机 M99，方向盘振动电机被持续促动 1.5 秒触觉警告的强度与车速匹配，以避免高速行驶时来自悬架的可察觉影响。

（7）方向盘电子装置 N135 位于多功能方向盘（MFL）的正后方，转向柱的转向柱管上。通过直通线路读取来自以下部件的信号。

①R22/4 方向盘加热图 14 方向盘电子装置 N135 位置器；

②S110 左侧多功能方向盘按钮组；

③S111 右侧多功能方向盘按钮组；

④S111/1 方向盘换高挡按钮；

⑤S110/1 方向盘换抵挡按钮；

⑥4 个喇叭按钮 N135s1、N135s2、N135s3、N135s4；

⑦M99 方向盘振动电机。

（四）故障原因分析

（1）方向盘电子装置 N135 对正极短路或断路；

(2) 方向盘振动电机 M99 导线对正极短路；

(3) 方向盘电子装置 N135 内部电气故障。

（五）故障检查

(1) 检查方向盘电子装置 N135 插头未见松动，供电和搭铁电压无异常；

(2) 部件 N135 的导线未见破皮或磨损；

(3) 拆检 N135 发现方向盘电子装置内部的电子元件已烧蚀。

（六）故障修复

找同款车调试后，功能恢复正常。更换方向盘电子装置 N135 后故障排除。

综上所述，故障机理是方向盘电子装置部件 N135 内部元件烧蚀导致方向盘振动电机 M99 一开点火开关就工作。

三、故障检修总结

方向盘电子装置 N135 通过转向机构局域互联网与转向柱管模块 N80 进行通信，并且直接驱动方向盘振动电机 M99，这是车道保持辅助系统工作原理的重要环节和内容，掌握这一知识点对分析可能的故障原因非常重要。

在进行车辆故障检修时，要严格遵循"6S"管理，即从整理（SEIRI）、整顿（SEITON）、清扫（SEISO）、清洁（SEIKETSU）、素养（SHITSUKE）、安全（SAFETY）六个方面，对生产现场中人员、机器、材料等生产要素进行有效管理。

"6S"之间彼此关联，整理、整顿、清扫是具体内容；清洁是指将上面的"3S"实施的做法制度化、规范化，并贯彻执行及维持结果；素养是指培养每位员工养成良好的习惯，并遵守规则做事，开展"6S"管理容易，但长时间的维持必须靠素养的提升；安全是基础，要尊重生命，杜绝违章。

任务 2　巡航控制系统故障诊断与维修

知识学习：巡航控制系统

学习目标

1. 明确巡航控制系统的定义与系统架构；
2. 掌握巡航控制系统的工作原理；
3. 掌握巡航控制系统的优势。

一、定速巡航系统

（一）定义

定速巡航系统的英文全称是 Cruise Control System，简称 CCS，顾名思义，定速巡航就是让车辆按已设定好的速度行驶，不用踩油门或电门。定速巡航系统是安装在汽车上，能够让汽车保持设定速度行驶的设备。定速巡航的前身可以追溯到 1992 年,三菱汽车在汽车上提供了"距离警告"的功能,在驾驶员驾驶汽车过程中,如果与前方汽车靠得过近,就会对驾驶员进行提示,从而让驾驶员踩下制动踏板降低车速。

定速巡航就是在该技术上进行了提升,驾驶员在驾驶汽车过程中可以开启定速巡航系统,之后不需要再踩油门,汽车就可以按照设定的车速前进。一般在封闭路面使用,以解放驾驶员的右脚。

(二)组成

定速巡航系统由指令开关、车速传感器、电子油门执行器和 ECU 四部分构成。不过这一功能一般车辆都会设置最低限速,也就是说需要达到一定速度的时候,车上的电脑才会让车辆"持续且稳定"地行驶。除此之外,转向、刹车等还是需要车主自己来控制。

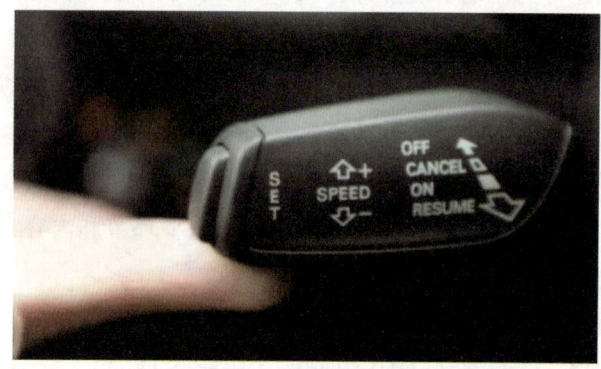

图 4-2-1　定速巡航控制开关

(三)工作原理

巡航开关开启之后,由巡航控制模块读取车速传感器发来的脉冲信号,与设定的速度进行比较,从而发出指令由执行器来调整节气门开度的增大或减小,使车辆始终以设定的速度行驶。

(四)使用方法

在定速巡航系统开启后,驾驶员也可以通过定速巡航的手动调整设备对车速进行小幅调整,且不需要踩加速踏板。

启动这个功能后,汽车仪表盘会显示定速巡航开启的图标,车辆就会保持设定速度行驶。

图 4-2-2　定速巡航图标

在需要超车时,可以踩下加速踏板,超车完成后汽车还会自动回到原先设定的车速。当需要减速时,按钮取消或踩下制动踏板就可以自动解除定速巡航,该功能立即消失。除利用制动踏板消除功能外，操作驻车制动、离合器（M/T）、调速杆（A/T），车速小于30km/h等也会消除该功能。当需要时，驾驶员可以再按下按钮重新设定定速巡航。另外，定速巡航途中还可以根据车速与车况，加减巡航的速度。此外，如果想恢复之前的巡航速度，还可以通过RES按键实现，此功能在恢复速度和现行驶车速相差较大时慎用，因为此时启动后，系统一般会加速到目标车速，此时驾驶员易因心慌而做出错误的判断。

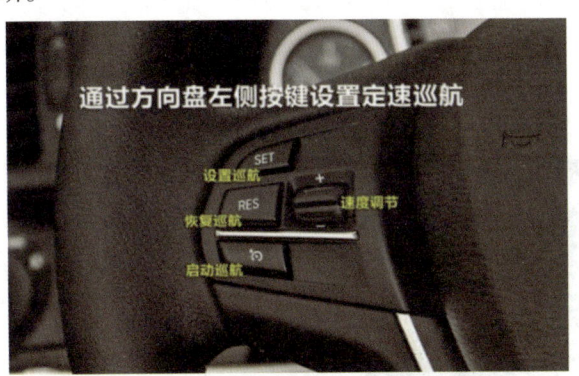

图4-2-3　某车型的定速巡航按键

现在的汽车配置中，定速巡航系统普及度很高，只要车速超过设定速度，系统就可以启动，汽车根据行驶阻力的变化，智能调节油门的开度，确保车辆始终保持相对恒定的行驶速度，使得驾驶员在长距离行驶途中，不必再用右脚一直踩着油门，极大缓解了驾驶疲劳。

二、自适应巡航控制系统

（一）概述

汽车自适应巡航控制系统（Adaptive Cruise Control系统，ACC系统），又称为智能巡航控制系统，是基于普通的巡航定速系统延伸发展而成的，ACC系统通过对路况实时监测（前车车速、距离、位置等），车辆自行控制其速度和加速度，实现辅助驾驶。ACC系统是根据主车与前方车辆间的相对距离、速度等信息，通过自动调节油门开度和制动压力对主车速度进行速度和距离控制，使得主车与前方车辆保持安全的车间距。ACC系统是在定速巡航控制系统基础上发展起来的一种智能化自动控制系统。相较于定速巡航，ACC系统不仅可以让车辆保持一定行驶速度，还能根据与前车的距离自动调节车速，以保证与前车的最佳安全距离。

图4-2-4　自适应巡航控制系统

(二) 工作原理

在车辆行驶过程中通过车载雷达等车距传感器监测汽车前方的道路交通环境，持续扫描车辆前方道路，同时轮速传感器采集车速信号。一旦发现当前行驶车道的前方有其他前行车辆，将根据本车和前车之间的相对距离及相对速度等信息，对车辆进行纵向速度控制，当与前车之间的距离过小时，ACC控制单元可以通过与制动防抱死系统、发动机控制系统协调动作，使车轮适当制动，并使发动机的输出功率下降。通过主动调整汽车行驶速度，自动减速、加速、更改跟踪目标等操作，它能够根据前车情况自动控制车距和车速，以使车辆与前方车辆始终保持安全距离，避免追尾事故发生。

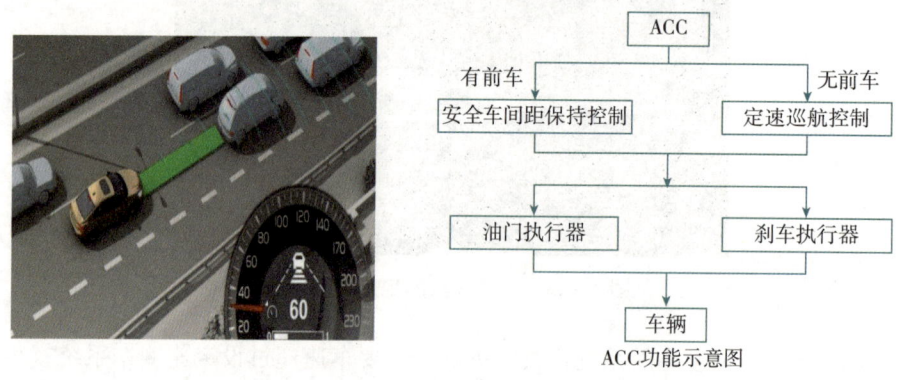

图 4-2-5 自适应巡航控制系统功能

三、系统架构

ACC系统主要包括信息采集、控制单元、执行机构和人机交互四部分。

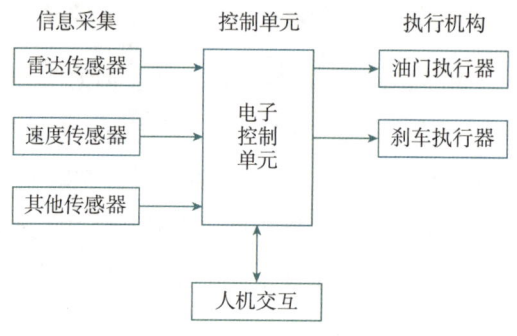

图 4-2-6 ACC系统架构

（一）信息采集

1. 功能

信息采集单元（传感器）用于感知本车状态及行车环境等信息，如果用人类作比喻，传感器就类似于眼睛、耳朵、鼻子等器官，它负责感知前车以及本车确切位置，主要用于向电子控制单元提供ACC系统所需要的各种信息，包括车间距离、车速信号、汽车转角信号、节气门位置信号等。它包括测距传感器、转速传感器、转向角传感器、节气门位置传感器、制动踏板传感器等。

2. 组成

环境感知由毫米波雷达和摄像头等组成，通过数据融合感知周边障碍物信息，如相对速度、纵向距离、横向距离、目标加速度以及置信率等。测距传感器用来获取车间距离信号，一般使用激光雷达或毫米波雷达；转速传感器用于获取实时车速信号，一般使用霍尔式转速传感器；转向角传感器用于获取汽车转向信号，用来判断汽车行驶的方向；节气门位置传感器用于获取节气门开度信号；制动踏板传感器用于获取制动踏板动作信号；在前后车轮上装有轮速传感器（与ABS系统共用），可以感知汽车的行驶速度。

3. 种类

目前市场上常见的传感器种类有雷达传感器、红外光束传感器以及视频摄像头等几种，ACC系统通常基于雷达或激光技术，如今也可基于视觉/相机技术，但其关键技术主要为雷达传感器技术。

4. 安装位置

根据汽车品牌、车型不同，传感器安装位置也不同，常见的安装位置有车标后、保险杠两侧、下方以及车内后视镜背后等位置。造成这些差异的原因主要是各种传感器工作原理不同，当然其中也包含部分成本因素。

图4-2-7 高尔夫毫米波雷达位置

（二）控制单元

ACC控制器（控制单元ECU），是ACC系统的中央处理器，是系统的核心部分。控制决策是指根据感知信息，决策所需要的控制指令。它负责采集各个传感器送来的信号/数据（包括相对距离、相对速度）并进行处理，然后按照控制算法进行计算，用于对行车信息进行处理，最后形成指令控制作动器工作。实时与发动机控制单元和制动防抱死控制单元交换数据，确定车辆的控制命令，对发动机和制动系统的状态进行控制。

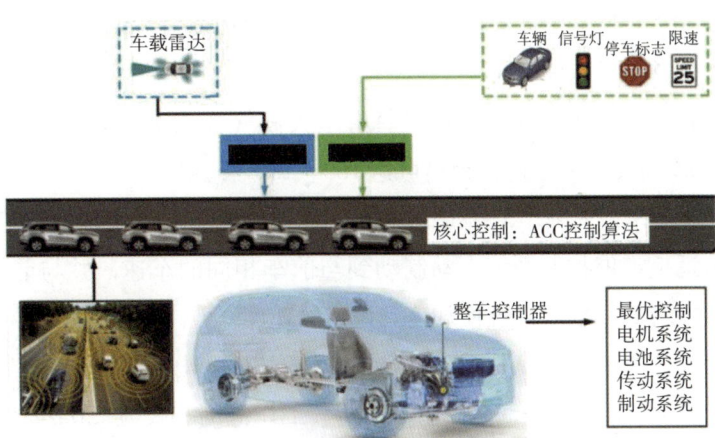

图4-2-8 控制系统的核心

控制单元的核心是间距策略和 ACC 控制算法：间距策略根据当前行驶环境决定期望的安全车间距，为控制算法的间距控制提供参考输入值；控制算法则通过控制油门和刹车，使得在实际行驶过程中保持期望的安全车间距。

（三）执行机构

底层执行部分包括驱动和制动系统，根据控制指令协同控制车辆的行驶；执行单元（机构）在接收到控制指令后执行电子控制单元发出的指令，对车辆实施加减速、定速控制，用于实现车辆加减速。它主要由制动踏板、加速踏板及车辆传动系控制执行器等组成，包括油门控制器、制动控制器、挡位控制器和转向控制器等。油门控制器用于调整节气门的开度，使车辆做加速、减速及定速行驶；制动控制器用于紧急情况下的制动；挡位控制器用于控制车辆变速器的挡位；转向控制器用于控制车辆的行驶方向。

（四）人机交互

人机交互是根据不同驾驶员的驾驶需求调节所需的巡航车速或安全车距。主要用于控制 ACC 系统的开关、模式设置（如安全距离与巡航车速），以及供驾驶员设定系统参数、显示系统状态信息等。驾驶员可通过设置在仪表盘或转向盘上的人机交互界面启动或清除 ACC 系统控制指令。启动 ACC 系统时，要设定当前车辆在巡航状态下的车速和与目标车辆间的安全距离，否则 ACC 系统将自动设置为默认值，但所设定的安全距离不可小于设定车速下交通法规所规定的安全距离。

图 4-2-9　人机交互界面

四、ACC 技术

ACC 系统主要利用了雷达技术，雷达的全称为 Radio Detection and Ranging，即无线电探测和测距。雷达通过毫米波雷达发射毫米波段的电磁波，利用障碍物反射波的时间差确定障碍物距离，利用反射波的频率偏移确定相对速度。

毫米波雷达穿透雾、烟、灰尘的能力强，具有全天候（大雨天除外）全天时的优点。ACC 系统一般使用的是 77GHZ 的长距离雷达，距离可达 100~200 米。

当车辆行驶在畅通的车道时，ACC 系统可以将车速持续保持在设定范围内。如果前方出现车辆（正常行驶的），则自适应巡航控制系统自动制动到与前车相同的车速，并与前车保持固定的距离。如果前方没有行驶中的汽车，ACC 系统便加速到设定的速度。

ACC 系统是一个允许车辆巡航控制系统通过调整速度以适应交通状况的汽车功能。一般可以在 40~150 千米内进行车速设定，而因雷达性能不同，其工作范围一般为 120~200 米。因此驾驶员可以针对路况设定一个合理的跟车车距和巡航速度，当前方车辆出现突发性减速造成实际车距小于或

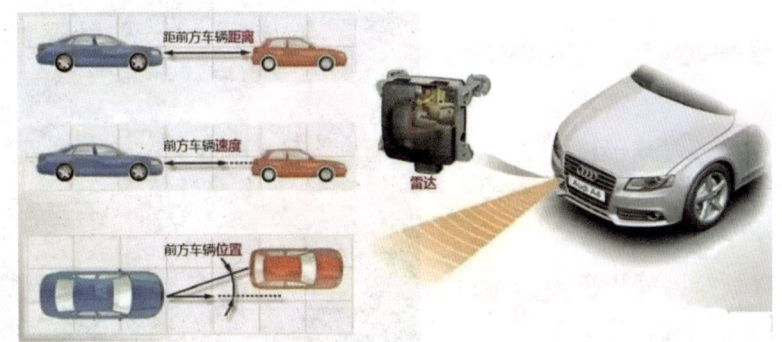

图4-2-10　ACC系统工作策略

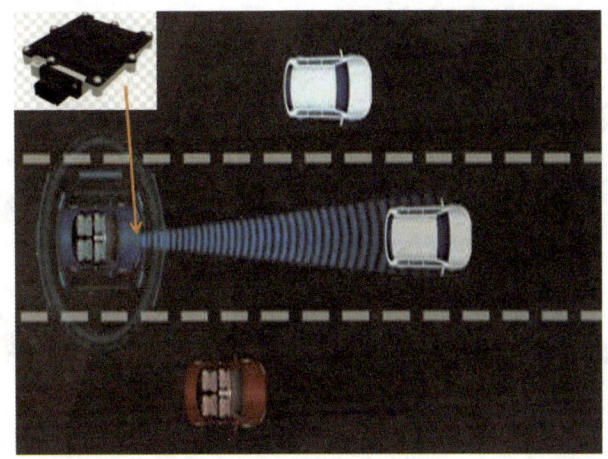

图4-2-11　毫米波雷达

等于预设跟车车距时，自适应系统的控制电脑会及时通过车轮制动和调节发动机输出功率的方式使车速下降，并保持预设车距和前车以相同的速度行驶，当前车车速上升时，控制电脑将会自动将车速匀速提升至预设车速，使车辆重新回到巡航状态。

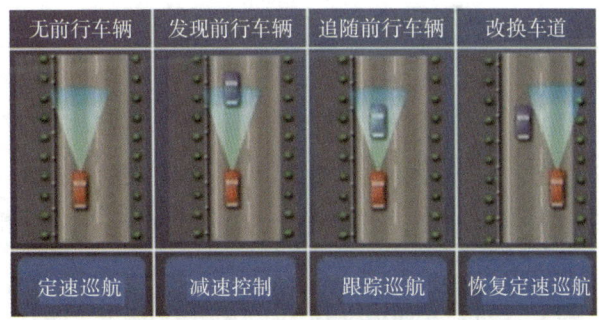

图4-2-12　ACC系统速度控制

五、工作参数

要实现ACC系统基本功能，控制单元必须获取与前车的距离、前方车辆的速度、前方车辆的位置三个基本参数，然后控制器根据这些信息再进行确定选择需要监控的车辆。还应注意的是，ACC系统只对移动中的物体或被识别为移动的物体有反应。

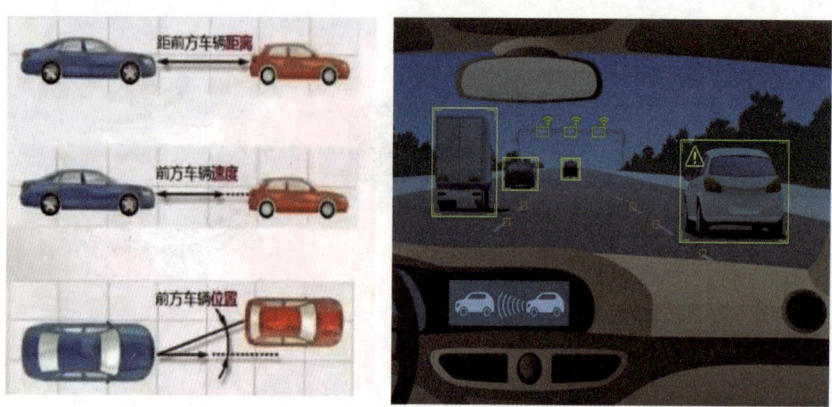

图 4-2-13　ACC 系统车辆识别

（一）车距判断

通过雷达技术，将接收到的反射信号与发射信号进行对比并分析来实现车距的判断。

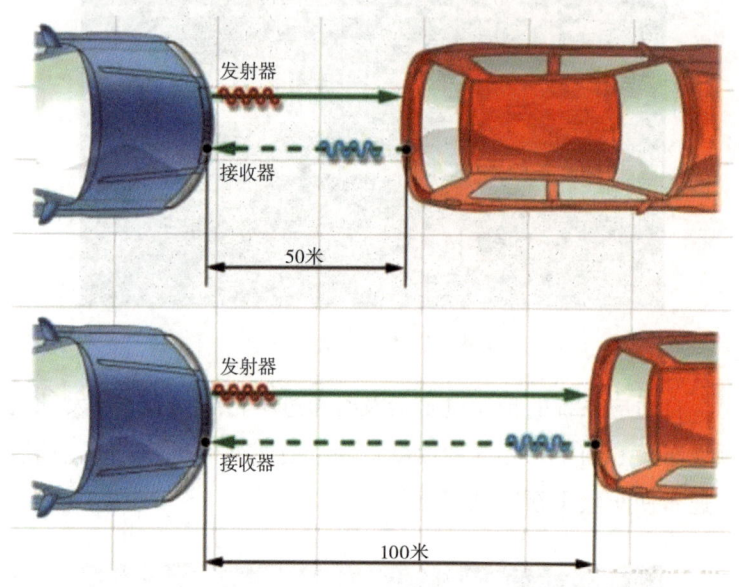

图 4-2-14　ACC 系统判断车距

（二）车速判断

其原理是采用"多普勒效应"：当发射波与被测物体之间的距离减小时，反射波的频率为高频率，当距离增大时，频率降低。相应的电子装置会分析频率的变化，从而得出前车的车速。

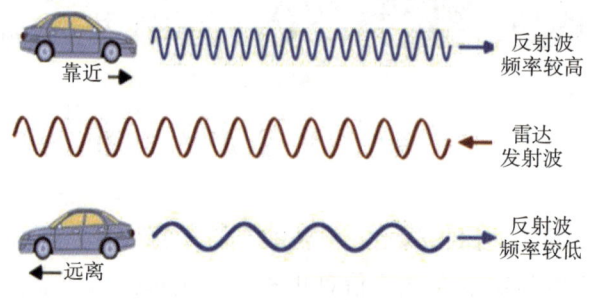

图 4-2-15　ACC 系统判断车速

（三）位置判断

车辆位置的确定还需要另外一个参数：本车与前车相对运动的角度。为了获取此参数，在 ACC 系统控制单元上配有四个发射器和四个接收器。而雷达信号波呈叶片状向外扩散，即信号强度（振幅）随着与车上发射器的距离增大而在纵向（Y）和横向（X）降低。控制单元可根据信号强度与发射器距离的关系，结合四个雷达射束的信息，准确定位出前车位置。

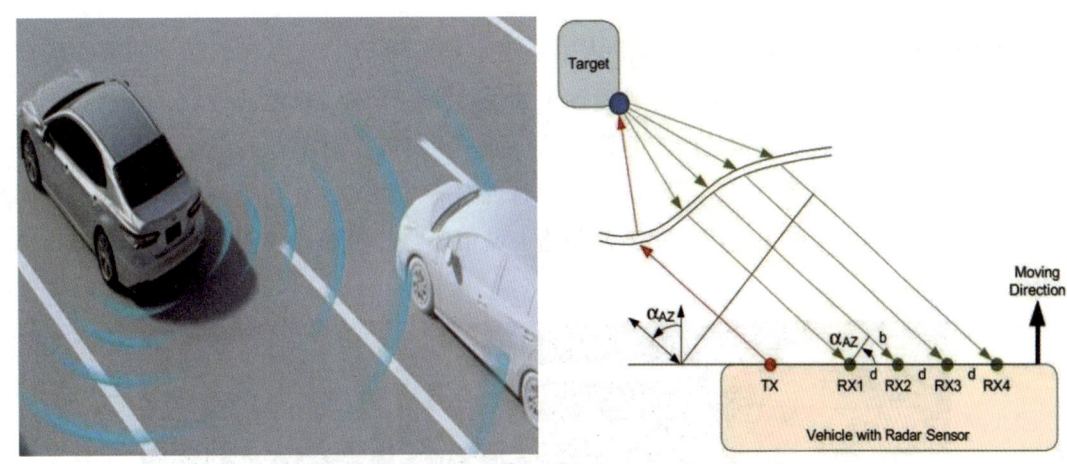

图 4-2-16　ACC 系统判断车辆位置

六、系统优势

（1）减轻驾驶员疲劳：汽车在高速公路上长时间行驶时，接通巡航控制主开关，设定希望的车速，巡航控制系统将根据汽车行驶阻力的变化，自动增大或减小节气门开度，使汽车按设定的车速等速行驶，驾驶员不必操纵加速踏板。

（2）改善燃料经济性、排放性：巡航控制系统能够使汽车自动地以等速行驶，避免了驾驶员操纵加速踏板使汽车行驶车速反复变化的情况；使发动机的运行工况变化平稳，改善了汽车的燃料经济性和发动机的排放性能。

（3）提高汽车的舒适性：巡航控制系统工作时汽车等速行驶，可以改善汽车的行驶平顺性，提高汽车的舒适性。

技能演练1：自适应巡航系统的认知与使用

学习目标

1. 能够实车认识自适应巡航系统；
2. 能够正确使用自适应巡航系统。

准备：

极狐实训车一辆。

工作流程：

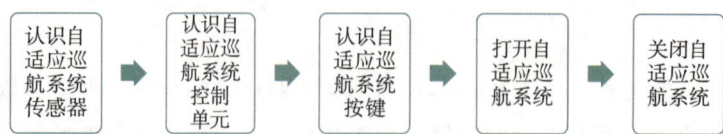

一、自适应巡航系统认知

（一）工作原理

自动辅助驾驶组件中，前视摄像头和雷达用来确定同车道前方是否有车辆。如果车辆前方畅通，自适应巡航系统将自动维持设定的行驶速度。如果检测到车辆，自适应巡航系统将根据需要降低车辆的车速，并根据驾驶员设定的跟车时距自动与前车保持安全时距，直至达到设定速度。

驾驶员使用自适应巡航系统时，驾驶员仍需随时观察前方路况，并在必要时由驾驶员及时接管车辆、施加制动。自适应巡航主要用于在高速公路、城市环路等干燥的直路上行驶。在城市街道上不应使用自适应巡航系统。

图 4-2-17　自适应巡航系统的使用

（二）组成部件

（1）前向探测毫米波雷达安装于前保险杠总成中部内侧。

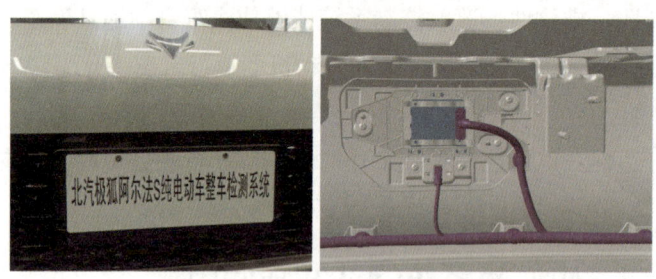

图 4-2-18　前向探测毫米波雷达

（2）前视摄像头位于车辆前部中间位置。

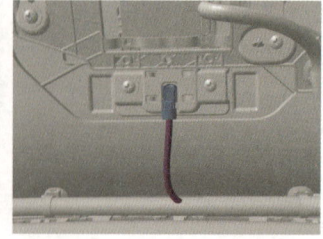

图 4-2-19　前视摄像头

（3）驾驶辅助控制器安装于副驾驶员侧座椅下部地板上。

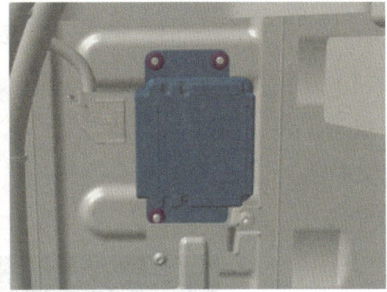

图 4-2-20　驾驶辅助控制器

二、自适应巡航系统的使用

（一）自适应巡航开启前

首先需要保证中控娱乐显示屏车辆设置在 a-Pilot 界面下，"超级巡航系统"开关处于打开状态。

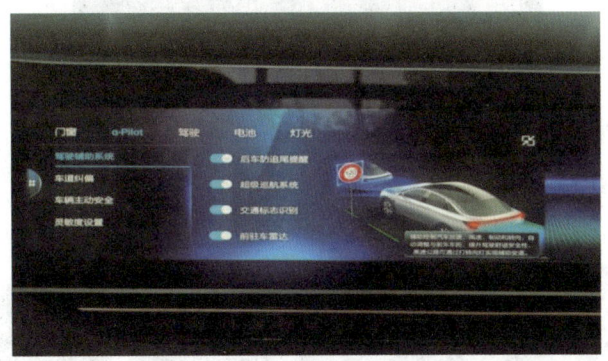

图 4-2-21　极狐阿尔法中控屏

（二）开启自适应巡航

需要将"巡航拨杆"向前（向驾驶员侧）拨动。如车速低于 20km/h，则车辆会以 20km/h 进行巡航；如果车速高于 20km/h，则车辆会以当前车速进行巡航。

组合仪表会显示已设置的巡航速度。

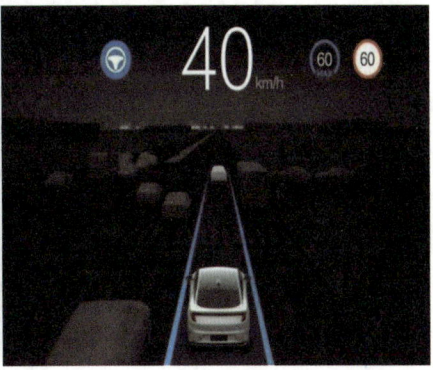

图 4-2-22　ACC 系统开关　　　　图 4-2-23　仪表显示人机交互界面

(三) 巡航车速控制

系统未检测到车辆前方有车辆时，自适应巡航系统会根据驾驶员设定的巡航速度保持车辆匀速行驶。

当系统检测到前方有车辆时，自适应巡航系统将根据需要提高或降低车辆车速，以在设定速度之下保持选择的跟车距离。在驶入和驶出弯道时，自适应巡航系统会自动调整巡航速度。

任何时候驾驶员都可以人为加速，在驾驶员松开加速踏板后，自适应巡航系统将继续按设定速度或跟车速度行驶。

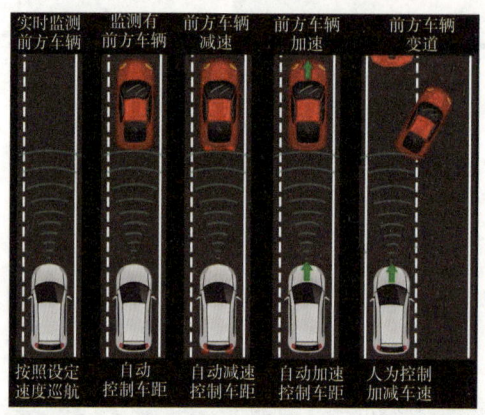

图 4-2-24 巡航车速控制

(四) 更改设定巡航速度

使用自适应巡航控制时，如需修改设定速度，可向上（增加）或向下（减少）拨动拨杆来增速或减速，直到显示所需的设定速度。

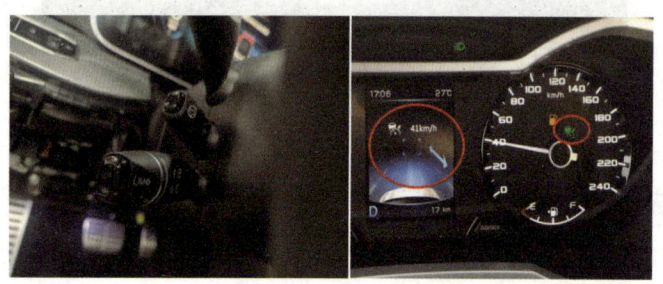

图 4-2-25 更改设定巡航速度

(五) 退出自适应巡航

如需取消自适应巡航系统时，将"巡航拨杆"向后拨动或踩下制动踏板。

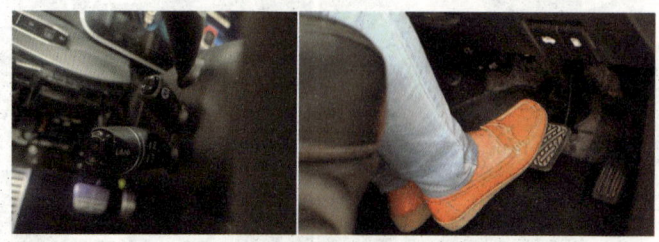

图 4-2-26 退出自适应巡航系统

操作完毕，对场地进行整理，确保符合"7S"管理标准。

三、任务检查

将相关内容记录在表 4-2-1 中。

表 4-2-1 任务检查表

检查内容	检查结果
人员着装是否符合要求	是☐ 否☐
车辆钥匙是否归位	是☐ 否☐
车辆是否下电	是☐ 否☐
是否按标准完成场地整理	是☐ 否☐

技能演练 2：自适应巡航系统故障检修

学习目标

1. 能够分析自适应巡航系统故障原因；
2. 能够掌握自适应巡航系统电路图；
3. 明确检查、诊断方法。

一、常见故障分析

（一）ACC 系统不可用的情况

（1）雷达传感器脏污：清洁雷达传感器。

图 4-2-27 雷达传感器脏污

图 4-2-28 雷达传感器的视野受天气影响

（2）受天气状况限制，雷达传感器的视野受影响。如因下雪、清洁剂残留物或涂层，须清洁雷达传感器。

（3）加装件、牌照支架装饰框或标签影响了雷达传感器的视野，须清理雷达传感器的周边附件。

图 4-2-29 雷达传感器的视野受加装件影响

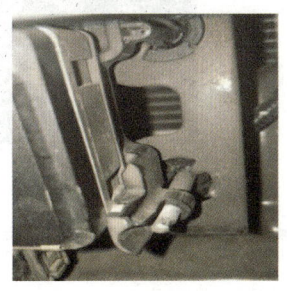
图 4-2-30 雷达传感器发生位移

（4）雷达传感器发生位移或损坏：如车辆前端损坏，须检测雷达传感器是否有损坏。

（5）故障或损坏：退出并重新进入行驶准备就绪状态。

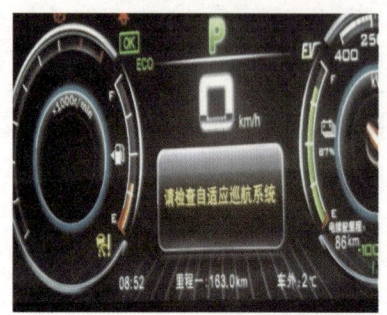

图 4-2-31　ACC 系统故障现象

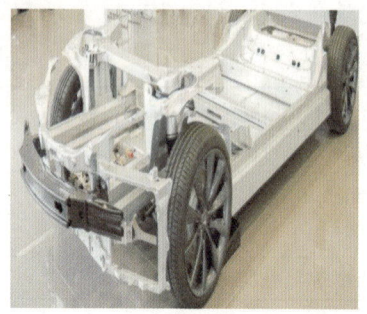

图 4-2-32　车辆改装影响雷达工作

（6）对车辆前端进行过喷漆或改装。

（二）ACC 系统未按要求工作

ACC 系统未按要求工作，可能原因有：

（1）雷达传感器脏污：清洁雷达传感器。

图 4-2-33　雷达传感器脏污

图 4-2-34　系统关闭

（2）未遵守系统限制。

（3）制动器过热，ACC 系统的系统调节自动中断，须让制动器冷却并重新检查功能。

图 4-2-35　制动器过热导致 ACC 系统功能受限

除了以上故障原因，如果系统仍不按预期工作，应继续检修系统。

二、实车故障检修

(一) 故障现象

一辆比亚迪唐100,该车在使用自适应巡航时,按下巡航主开关,巡航灯变为黄色,且仪表提示"请检查自适应巡航系统"。

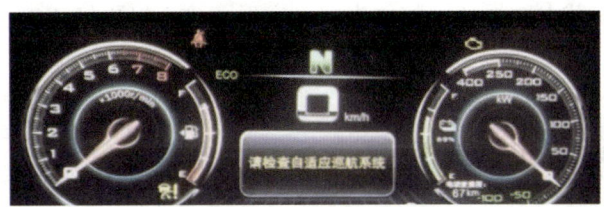

图4-2-36 自适应巡航系统失效

(二) 原因分析

(1) 巡航主开关故障;

(2) 线路故障;

(3) 中距雷达传感器故障。

(三) 维修过程

(1) 使用诊断仪读取自适应巡航系统故障码:

C2F9078:MRR 角度偏差过大;

U014687:与网关失去通信;

U010187:与TCU失去通信。

尝试清除故障码,发现C2F9078:MRR角度偏差过大这个故障码无法清除。

(2) 读取自适应巡航系统数据流,发现EOL垂直偏差角度为-0.300,EOL水平偏差角度-0.300,经过对比,发现EOL的水平和垂直角度都为数据流的最小值,数据明显异常。如图4-2-37所示。

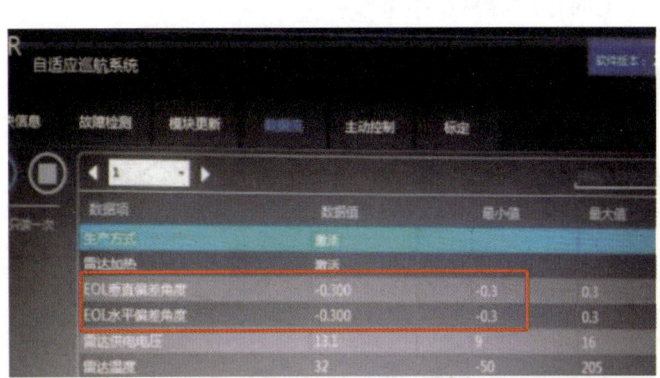

图4-2-37 读取数据流

(3) 检查中距雷达安装位置时发现前格栅ACC堵盖丢失,中距雷达传感器右下角呈现悬空状态,传感器无法固定。

(4) 检查前防撞梁中距雷达传感器安装支架未发现明显变形现象,主要为传感器右下角固定卡扣损坏,更换中距雷达卡扣并路试匹配巡航系统,待SDA完成率达到100%后停车,再次启动车辆测试，ACC 系统可正常使用，故障排除。

(四) 维修小结

(1) SDA 标定时必须按照学习要求，车速保持在 45~60km/h，车辆匀速、直线行驶，道路一侧或两侧须有金属护栏作为参照物。匹配结束后调整圈数需要小于 0.25 圈，否则需调整相应螺栓至标准范围内再次匹配。

(2) 若只是传感器安装卡扣损坏，整体支架未变形，可直接更换相应卡扣匹配测试。

任务3 汽车变道辅助系统故障诊断与维修

知识学习：变道辅助系统

学习目标

1. 明确变道辅助系统的作用；
2. 掌握变道辅助系统的组成；
3. 掌握变道辅助系统的工作原理。

一、变道辅助系统概述

随着汽车行业的快速发展和技术的不断进步，车辆安全性能的提高已成为汽车制造商和消费者关注的重点之一。车道变更是驾驶过程中常见的动作，但也是导致交通事故的重要原因之一。为了提高车辆行驶的安全性和稳定性，汽车制造商引入了变道辅助（Lane Change Assist，LCA）系统，顾名思义，就是辅助变道的系统。这是一种主动安全装置，能够在超车变道时提示我们盲区内的车辆情况，对安全驾驶有很大的帮助。因此变道辅助系统又称盲区监测系统。因为汽车 C 柱有一个视野盲区，所以车辆在变道的时候就容易产生危险。

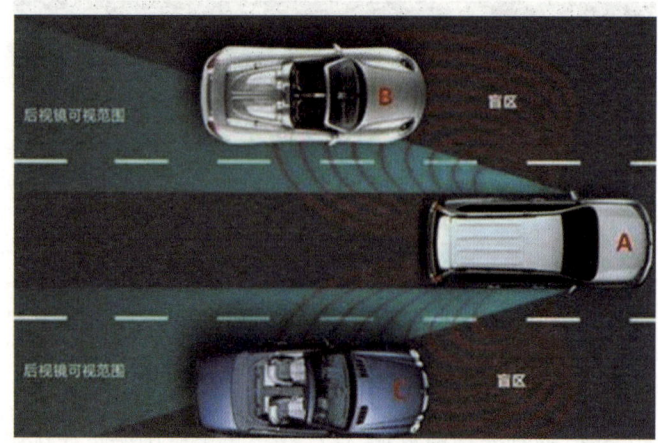

图 4-3-1 变道辅助系统

变道辅助系统采用 24GHz 雷达传感器检测后面盲区内接近的车辆、监控本车侧后方的区域，可以在一定范围内探测到邻近车道上其他车辆当前位置、行驶速度、行驶方向，并通过两侧后视镜旁的指示灯报警提示，起到提醒驾驶员注意侧方车辆和行人的功能。

如果一辆车处于视角盲区位置或以很快的速度从后面接近本车，那么车外后视镜上的警告灯就会一直亮着以提醒司机。如果此时司机操纵了转向灯，那么车外后视镜上的警告信号就会闪烁，提醒司机此时变道有撞车的危险。

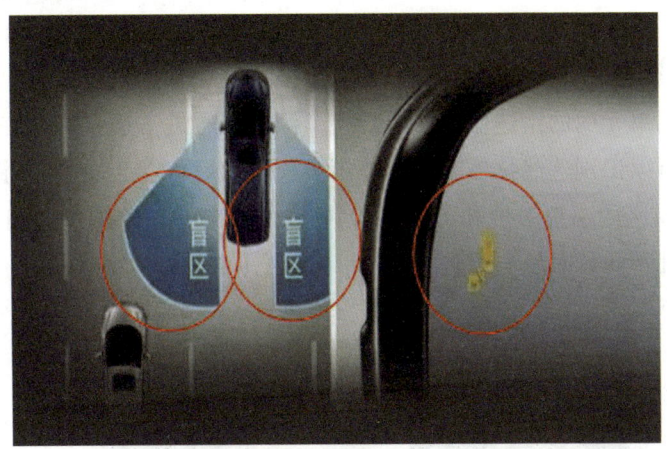

图4-3-2 变道辅助系统功能

二、变道辅助系统组成

（1）摄像头或传感器：用于监测车辆周围的环境和其他车辆的位置。

（2）控制单元：负责处理传感器传来的数据，并根据实时情况判断是否安全进行车道变更。

（3）显示屏或警告装置：用于向驾驶员提供车道变更时的辅助信息和警告。

因为车辆两侧均有盲区，因此变道辅助系统需要两个雷达传感器。大众车系控制单元与雷达传感器集成在一起作为一个总成，因此就有两个控制单元总成。这两个控制单元总成安装在后保险杠内，从外部是看不到的。

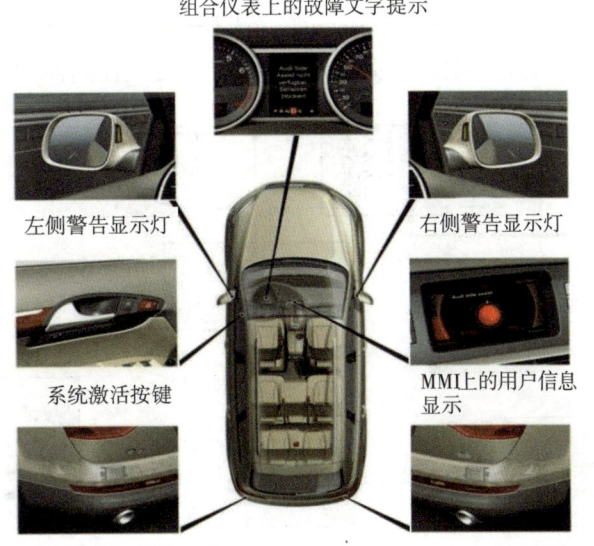

图4-3-3 变道辅助系统组成

三、工作原理

LCA 系统通过安装在车辆周围的摄像头、雷达或超声波传感器等,实时监测车辆周围的环境和其他车辆的位置。当驾驶员打开转向灯准备进行车道变更时,系统会自动监测车辆周围的情况,并根据监测到的数据判断是否安全进行车道变更。如果系统监测到有其他车辆靠近或车辆变更时存在风险,系统会向驾驶员发出警告,提醒驾驶员注意安全,避免发生交通事故。

工作的时候,控制单元内的雷达传感器监控整个区域并通过雷达波识别在此区域内的物体。变道辅助系统控制单元可以识别这些物体,并计算出多长时间后可能会发生碰撞。由此判定,此物体是否恰好"游离"于盲区内、正缓慢驶离或逐渐靠近。如果计算出的时间小于一个固定值,则通知驾驶员或在驾驶员打开转向灯时发出警告。

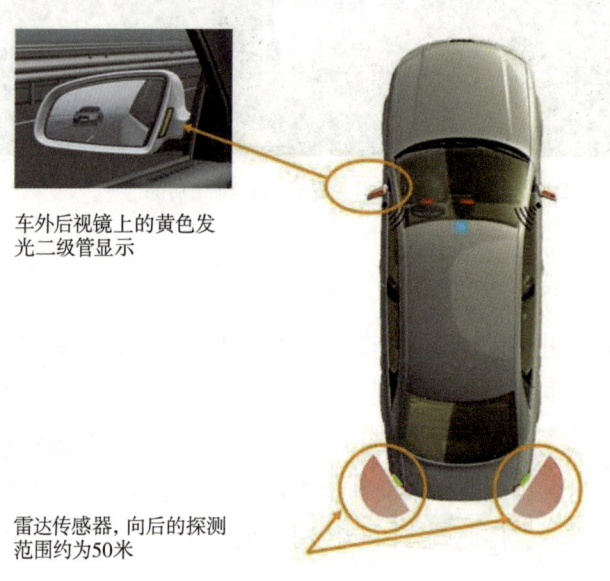

图 4-3-4 变道辅助系统组件位置

大众车系变道辅助系统的两个控制单元:一个是主控制器,属于扩展的 CAN 总线用户,直接与网关通信;另一个是从控制器,只能与主控制器通信,接受主控制器的控制管理。

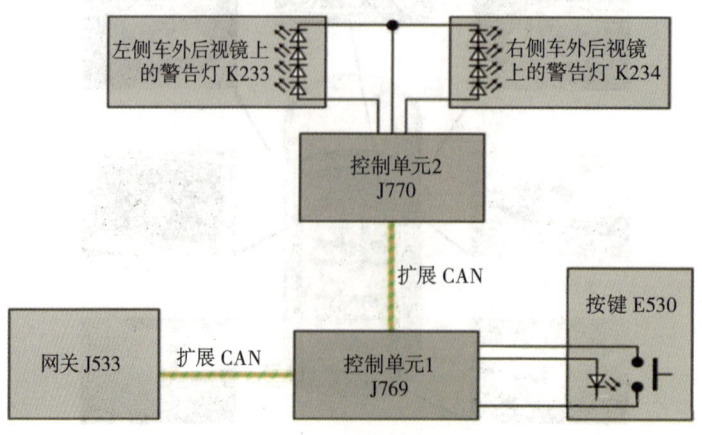

图 4-3-5 大众奥迪变道辅助系统

四、变道辅助系统提醒方式

(一) 一级预警

在高速行驶中,如果相邻车道远距离(30米内)有车辆快速接近我方车辆时(7.5秒内靠近),后视镜会点亮一级黄灯,提示我方车辆有其他车辆快速靠近。或者当有物体在监控区域内时,外后视镜上的变道辅助系统警告灯就会发送信息或警告。这个警示信息将持续到此物体离开监控区域为止。

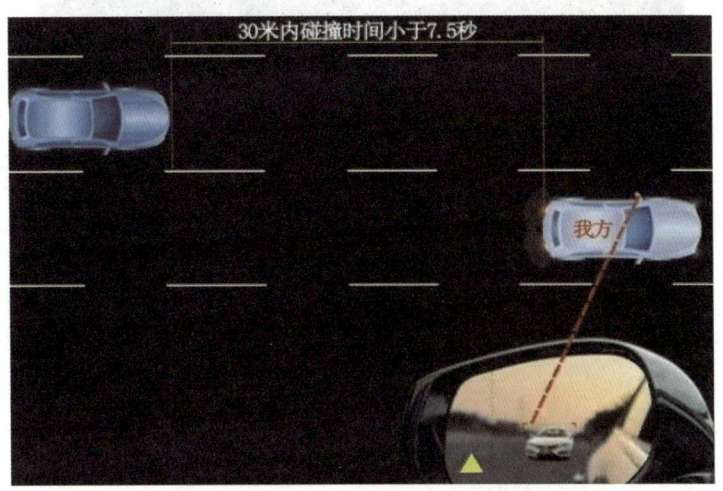

图 4-3-6 变道辅助系统一级预警

(二) 变道预警

当驾驶员打开转向灯,意图向被监测出的物体的方向变道时,系统会发出警告。相应一侧的变道辅助系统警告灯闪烁。这种闪烁有时间限制,之后就会重新调回到警示信息级。

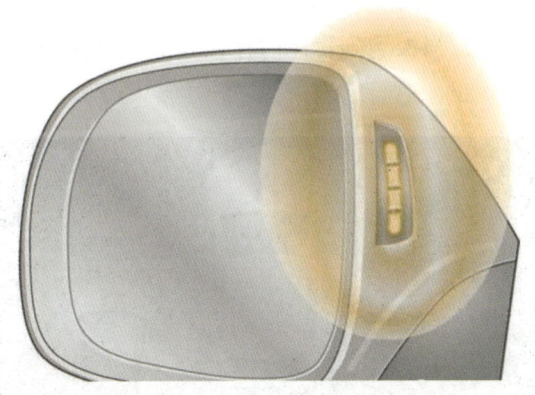

图 4-3-7 变道辅助系统警告灯闪烁

如果打开转向灯时确定没有危险,而后识别出新的危险时,系统会再次发出警告。当转向灯关闭再打开时,也会再次发出警告。

(三) 开门预警

当我方车辆开门时,如果后方有电动车或车辆靠近,后视镜会显示一级黄灯预警,告知我方车辆请勿再继续开门，否则有碰撞危险。

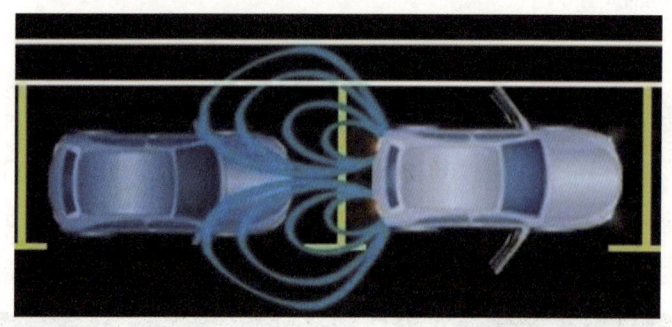

图 4-3-8 变道辅助系统开门预警

2018 年交通部门调查数据显示，每年道路交通事故死亡人数为 6 万人左右，70% 的交通事故又因变道引起，变道过程中往往因为左右后视镜存在盲区，导致看不到侧后方车辆，盲目变道是导致事故最主要的原因，尤其是夜间行车、雨雾等恶劣天气行车！所以加装盲点监测变道辅助系统至关重要，盲区有监测，变道有预警，给自己和家人多一份安全的保障！

技能演练 1：认识与使用汽车变道辅助系统

学习目标

1. 找到变道辅助系统各个组件的位置；
2. 学会变道辅助系统的使用；
3. 掌握变道辅助系统使用注意事项。

一、变道辅助系统

该系统是目前市场上配置率较高的一项先进驾驶辅助系统，其主要通过安装在车辆后部的两颗毫米波雷达探测后视镜盲区范围，当探测到盲区内存在其他道路使用者时，变道辅助系统向驾驶员发出警告，辅助驾驶或变道。

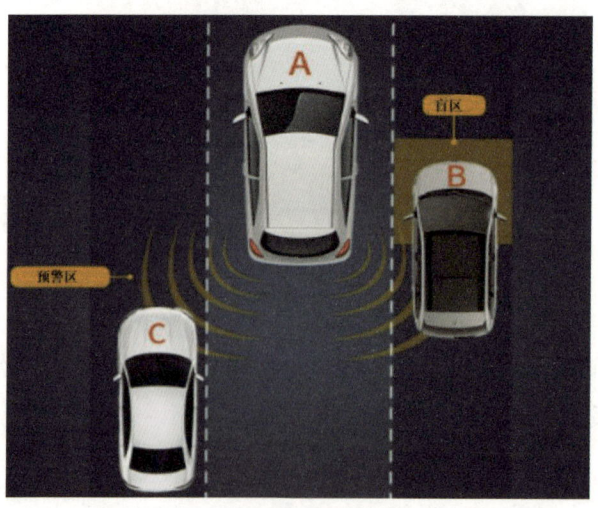

图 4-3-9 毫米波雷达探测后视镜盲区

二、组成

同其他常规电子控制系统基本组成一样,变道辅助系统也是由传感器、控制器和执行器组成的。

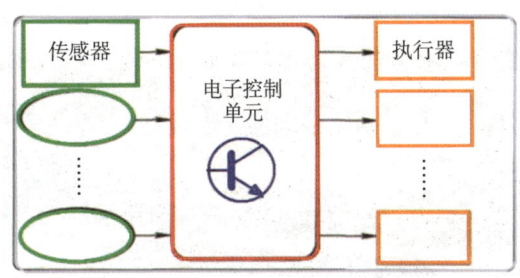

图4-3-10 变道辅助系统组成

三、系统组件的安装位置

(1)变道辅助系统的传感器即为安装在车辆后部两个角上的毫米波雷达。

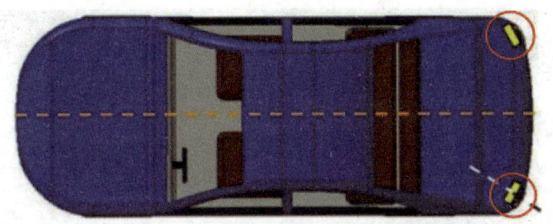

图4-3-11 变道辅助系统的传感器

(2)执行器则是集成在左右两侧后视镜上的LED报警指示灯。

图4-3-12 变道辅助系统警告灯的不同显示

(3)北汽极狐阿尔法变道辅助系统属于ADAS系统,与其他所有先进驾驶辅助系统共用一个控制模块,简称ADAS控制器,位于中控大屏附近。

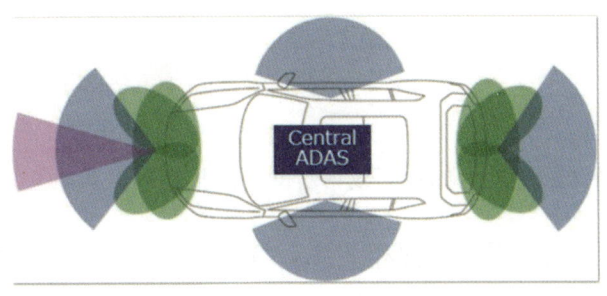

图4-3-13 车辆ADAS系统

四、北汽极狐阿尔法 S 车型变道辅助系统的使用方法

(1) 首先,打开中控屏,进入信息娱乐系统,点击车辆设置;

图 4-3-14　北汽极狐阿尔法 S 车型中控屏

(2) 或者上滑屏幕,点击车辆设置,点击 α-Pilot,点击屏幕上的"车辆主动安全"就可以打开或关闭变道预警和开门防撞预警。

图 4-3-15　北汽极狐阿尔法 S 车型中控屏功能显示界面

五、变道辅助系统使用限制

变道辅助系统受物理规律和系统条件限制,在某些行驶状况下可能无法正确识别交通状况。比如:

(1) 在急转弯处。
(2) 在两条车道中间行驶时。
(3) 在宽度不同的行车道时。
(4) 在起伏道路处。
(5) 在天气状况恶劣时。
(6) 在路边有某些特殊建筑处,如较高或错落的公路护栏。

六、使用变道辅助系统时需要掌握相关注意事项

变道辅助系统的智能技术不可能违背物理学规律,并具有一定的系统局限性。变道辅助系统使用

不当或疏忽大意极易引发伤亡事故！变换车道时驾驶员仍须集中注意力。相关的注意事项主要有：

（1）务必根据当时的能见度、天气状况、道路及交通状况调整车速以及与前车之间的安全距离。

（2）行驶时务必双手始终握住方向盘，随时准备实施转向。

（3）务必关注车外后视镜指示灯和组合仪表显示屏显示信息，并按指示内容正确操控。同时应时刻注意车辆行驶路况及周围状况。

（4）当传感器脏污、被遮住或损坏时，切勿使用变道辅助系统。在此情况下系统功能可能受影响，同时仪表也会显示报警。

（5）阳光直射时，可能导致车外后视镜上可视视野受限。

（6）在交车后或传感器维修后车辆行驶数千米内，雷达传感器将进行首次校准。在校准阶段，雷达的作用范围可能受限。

技能演练 2：变道辅助系统故障诊断与维修

学习目标

1. 学会分析常见故障；
2. 能够制作故障诊断流程；
3. 学会正确使用检修工具和设备；
4. 能够排除系统常见故障。

变道辅助系统包括传感器、控制器、警示灯以及相关线路和插头。其中任何一个环节出现问题，仪表都会提示变道辅助系统不可以。

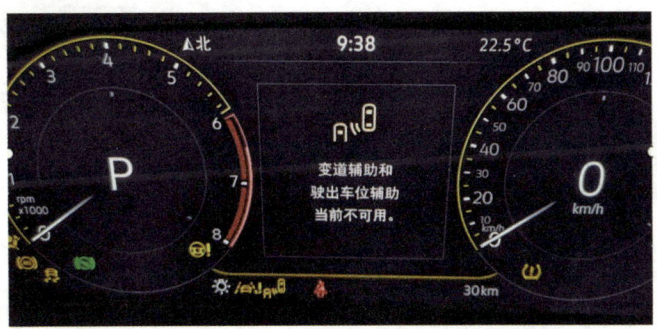

图 4-3-16　变道辅助系统故障显示

一、变道辅助系统常见故障

（一）线路故障

一般是系统线路出现断路故障、短路故障、交叉故障或接触不良故障等。

（二）插头故障

系统线路连接插头损坏或断开，具体表现为控制单元连接插头、传感器插头以及警示灯等相关线束之间的插头损坏或断开故障。

（三）传感器故障

（1）雷达传感器损坏；

（2）雷达传感器表面被遮挡或脏污；

（3）雷达传感器的探测区域被加装件阻隔，如被车架系统隔断；

（4）雷达传感器区域内被改动或改装过，如对车身前部或底盘进行过改装；

（5）控制器和传感器总成维修后未校准。

（四）电源故障

具体表现是汽车电源系统提供的电压低于系统控制单元正常工作电压，造成控制模块暂时停止工作，导致控制器无法工作。

（五）控制模块故障

其包括软件和硬件两类故障。软件故障一般为协议或程序出现缺陷或发生冲突，造成系统信息传送出现混乱或无法正常收发信息；硬件故障一般为控制模块的相关部件、接口和集成电路损坏。软件故障一般可以通过软件刷新或升级解决，但硬件故障只能通过替换或部件维修进行排除。

（六）安装不正确导致的故障

变道辅助系统正常工作的前提是控制单元和雷达传感器进行了正确的安装（包括高度和水平角度），否则可能对后方汽车动态进行错误的探测。

当汽车发生过交通事故、后部碰撞、更换保险杠及相关支架、更换系统部件后，都需要对变道辅助系统进行校准。校准应当使用专用设备，例如，校准面板 VAS6350、车轮定心件（车轮中心接收器）VAS6350/1 以及电子距离测量仪 VAS6350/2 等。

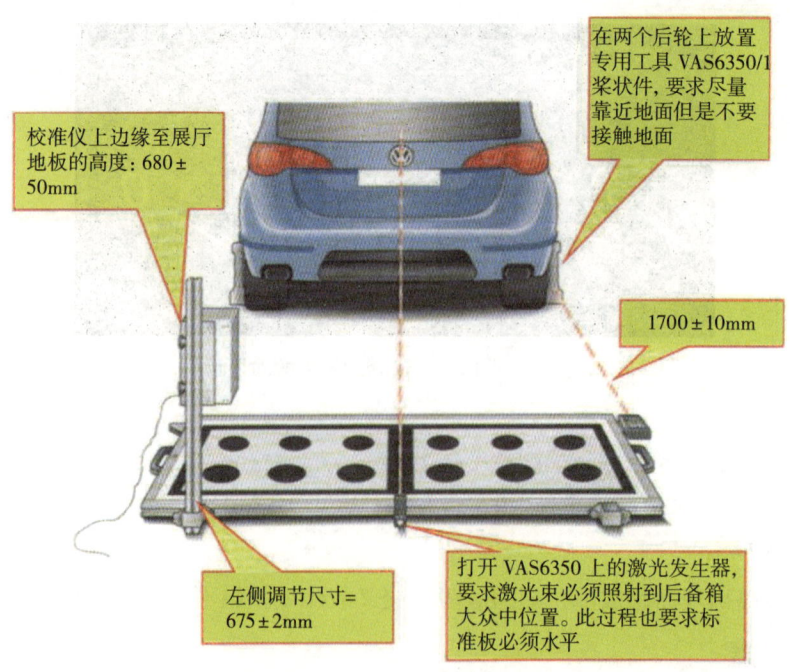

图 4-3-17　变道辅助系统校准

二、故障诊断案例

（一）故障现象

一辆 2021 款迈腾 B8 汽车仪表显示"变道辅助和驶出车位辅助当前不可用"，说明车辆变道辅助系统出现故障。同时正常情况下，汽车中控屏显示侧后方车辆是蓝色，点击可以激活变道辅助系统，如图 4-3-18 所示。

图 4-3-18　变道辅助系统正常显示

一旦变道辅助系统出现故障，驾驶辅助系统屏幕显示侧后方车辆成灰色，屏幕也提示"功能当前不可用"。

图 4-3-19　变道辅助系统异常显示

（二）故障诊断

1. 读取故障码

故障码显示：行驶换道辅助系统控制单元 - 无通信。

图 4-3-20 读取故障码

2. 故障原因分析

因为没有数据流参考,根据故障码分析,结合故障现象和电路图分析,可能原因有:

(1) 系统模块供电搭铁故障;

(2) CAN 总线信息传输故障;

(3) 模块或雷达本身故障。

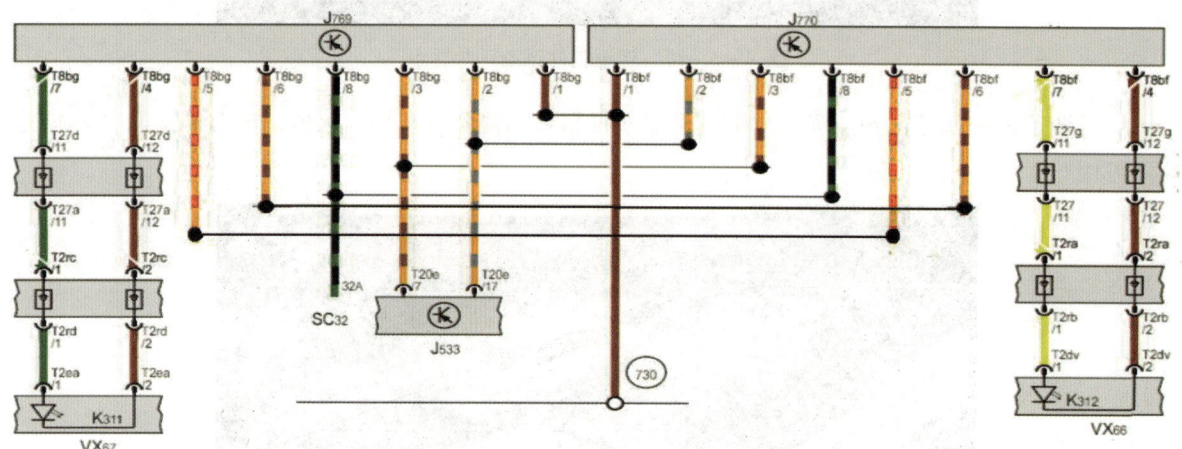

图 4-3-21 迈腾变道辅助系统电路

(三) 故障检查

(1) 根据由简到繁、由外到内的原则,先检查雷达总成有无脏污、支架歪斜、松动和变形、雷达视野是否被遮挡;系统线路和插头有无松动脱落或损坏。

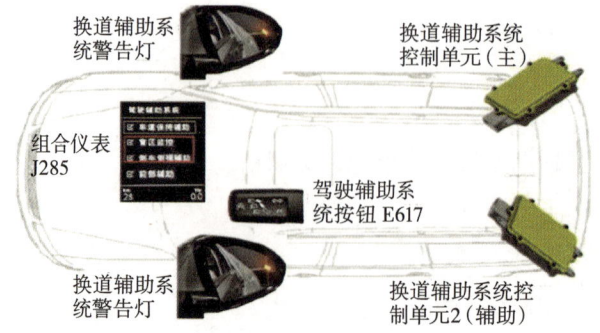

图 4-3-22 变道辅助系统组成

(2) 检查系统供电保险是否正常。

变道辅助系统主模块 J769 供电保险丝为 SC32，检查 SC32 电压，标准为 +B，实测为蓄电池电压，正常。如图 4-3-23 所示。

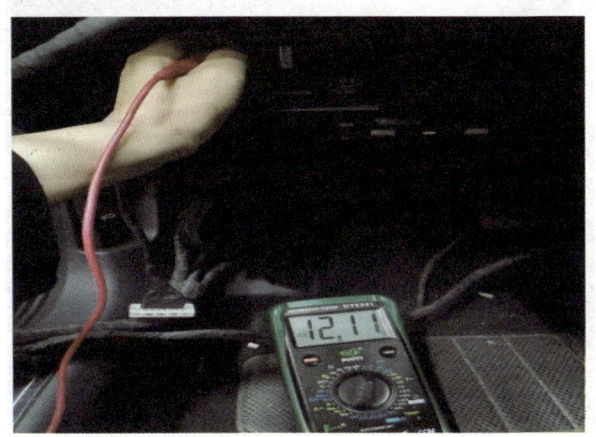

图 4-3-23　变道辅助系统模块保险丝电压

(3) 检查系统供电是否正常。

检查变道辅助系统主模块供电端子 T8bg/8 端子电压，标准为 +B，实测为 12V，正常。

(4) 检查系统搭铁是否正常。

检查变道辅助系统主模块搭铁端子 T8bg/1 端子电压，标准为 0V，实测为 12V，异常。如图 4-3-24 所示。

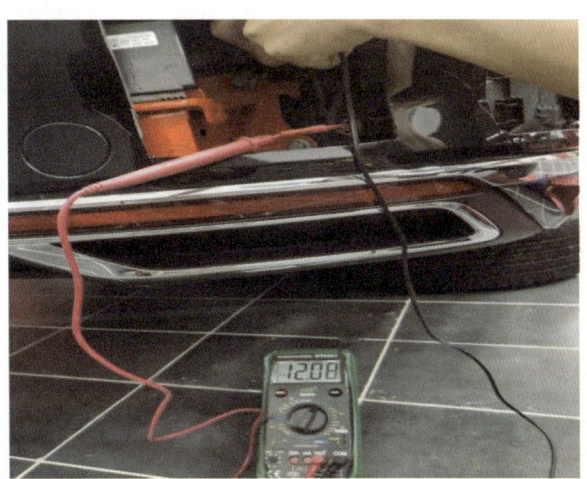

图 4-3-24　车尾变道辅助系统模块搭铁电压

(5) 检查变道辅助模块搭铁点。

变道辅助系统主模块搭铁点位于右后车轮翼子板上，打开行李箱，找到搭铁点，发现搭铁点脱落。

图 4-3-25 车尾变道辅助系统模块搭铁点

(四) 故障修复

修复搭铁点,故障消失,中控屏也正常显示蓝色车辆。

(五) 整理工作

最后整理工具和设备,打扫场地卫生。

任务 4　汽车防撞预警系统故障诊断与维修

知识学习:防撞预警系统

学习目标

1. 明确汽车防撞预警系统的作用;
2. 掌握汽车防撞预警系统的组成;
3. 掌握汽车防撞预警系统的工作原理。

一、汽车防撞预警系统的定义

汽车防撞预警系统是协助驾驶员避免高速、低速追尾,高速中无意识偏离车道,与行人碰撞等重大交通事故的系统。或者说,汽车防撞预警系统就像第三只眼一样帮助驾驶员,持续不断地监测车辆前方道路状况是否会有碰撞风险,系统可以识别判断各种潜在的危险情况,并通过不同的声音和视觉提醒,以帮助驾驶员避免或减少碰撞事故。

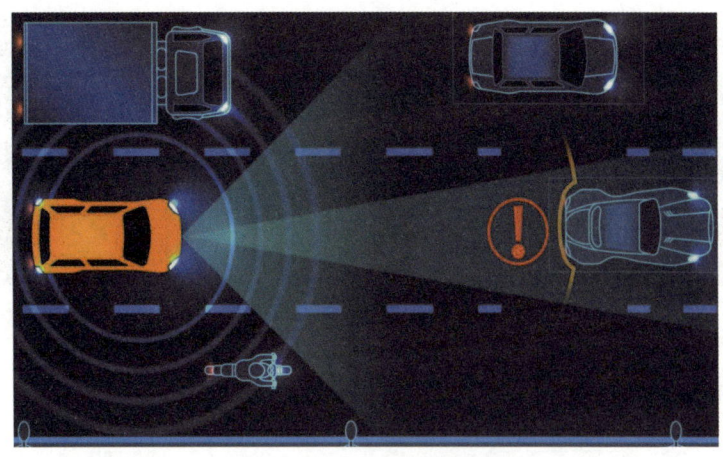

图 4-4-1 汽车防撞预警系统

二、汽车防撞预警系统的作用

(1) 车距监测及预警：系统不间断地监测与前方车辆的距离，并根据与前方车辆的接近程度提供三种级别的车距监测警报；

图 4-4-2 车距监测及预警

(2) 汽车越线预警：在转向灯没有打开的情况下，车辆穿过各种车道线前约 0.5 秒，系统产生越线警报（见图 4-4-3）；

(3) 前向碰撞预警：系统警示驾驶者与前方车辆即将发生碰撞。当本车辆按当前行驶速度与前方车辆的可能碰撞时间在 2.7 秒内时，系统将产生声、光警告（见图 4-4-4）。

三、汽车防撞预警系统的组成和工作原理

汽车防撞预警系统主要由信号采集装置、数据处理器和执行机构等组成（见图 4-4-5）。

（一）信号采集装置

采用毫米波雷达、激光、声呐、红外线、摄像头等技术自动测出本车速度、前车速度以及两车之间的距离。

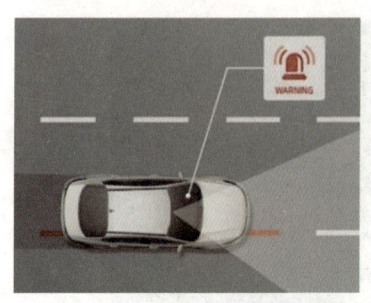
图4-4-3 汽车越线预警

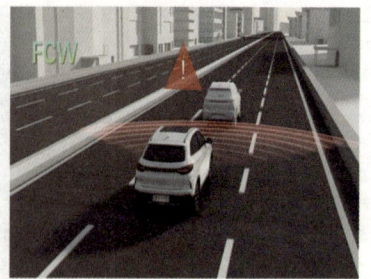
图4-4-4 前向碰撞预警

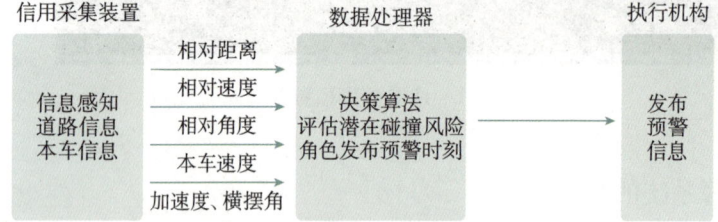
图4-4-5 汽车防撞预警系统的组成

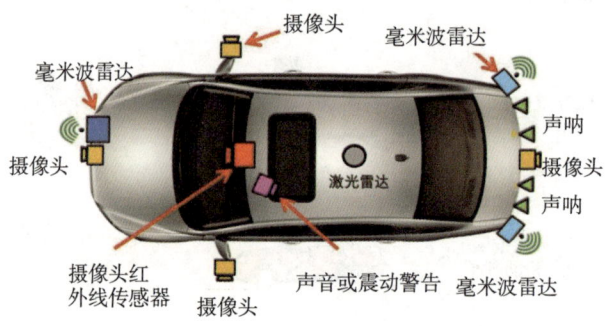
图4-4-6 信号采集装置

(二) 数据处理器

其计算机芯片对信号采集装置发来的信息（即两车距离及瞬时相对速度）进行处理，判断两车的安全距离，如果两车车距小于安全距离，数据处理系统就会发出指令；或者通过计算机芯片计算两车碰撞时间（TTC）来判断危险程度，进而做出报警及刹车指令。

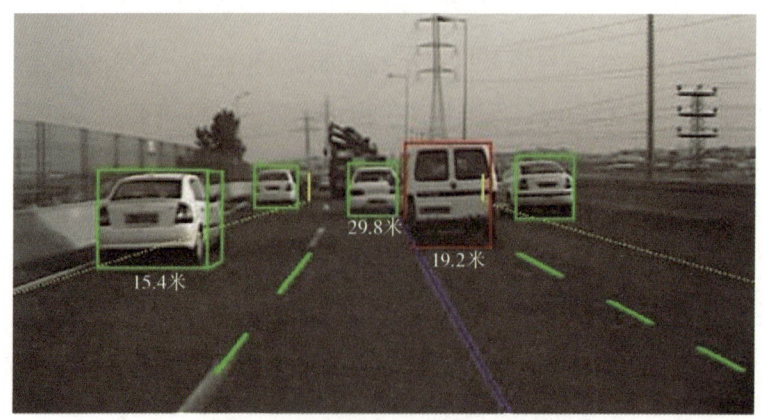
图4-4-7 数据处理系统处理信息

(三) 执行机构

执行机构的主要任务是负责实施数据处理系统发来的指令，发出警报，提醒司机刹车，如驾驶员没有执行指令，执行机构将采取措施，如关闭车窗、调整座椅位置、锁死方向盘、自动刹车等。

图4-4-8 系统交互界面

四、汽车防撞预警系统工作方式

(一) 预测性碰撞报警

当车速达到30km/h及以上时，系统认为有潜在碰撞风险，将通过发出警报、组合仪表界面报警标识闪烁等方式提示驾驶员有潜在风险。

图4-4-9 系统预测性碰撞报警

(二) 紧急制动辅助

当车速大于4km/h及以上时，如危险情况发生，但是驾驶员当前制动力过小，系统会辅助驾驶员增大制动力来避免或减轻碰撞。

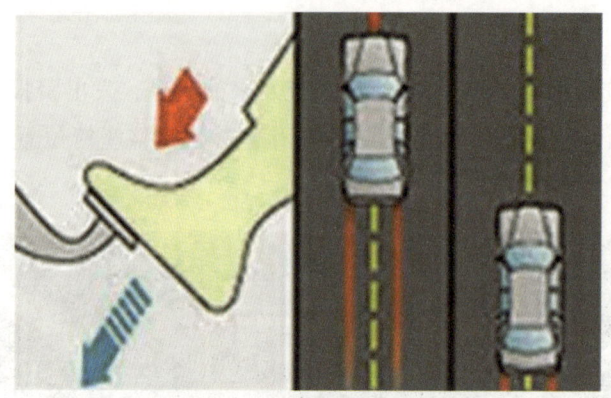

图 4-4-10 紧急制动辅助

(三) 自动紧急制动

当危险情况发生,而驾驶员没有进行有效制动时,系统会适时介入,进行自动紧急制动来避免或减轻碰撞。自动紧急制动最多可减少 50km/h 的速度。

图 4-4-11 自动紧急制动

(四) 行人自动紧急制动

该功能是为了避免或减轻本车与本车道内穿越或静止的行人碰撞,但必须在摄像头能观察到行人的前提下才能够触发。行人预报警功能在探测到有碰撞风险时会通过声音及图像闪烁提醒驾驶员及时做出反应,降低碰撞风险。

图 4-4-12 行人自动紧急制动

真正可靠的汽车防撞预警系统确实能降低交通事故发生的概率,为我们的平安出行保驾护航。但我们万万不可过于依赖电子产品,不能养成依赖的心理。在无人驾驶技术尚未完全成熟的今天,驾驶员依然对车辆有着绝对的控制权,也对行驶安全有着绝对的责任,因此遵守交规、专心驾驶才能最大限度地保障安全。另外一点是交通规则，大家应该清楚，近年来因酒驾、闯红灯、超载、超速、疲劳驾驶等违规驾驶行为造成的事故数不胜数，所以增强交通安全意识相当重要。

技能演练1：大众 ID.4 CROZZ 车型的汽车防撞预警系统认识使用

学习目标

1. 能够找到汽车防撞预警系统组件位置；
2. 学会汽车防撞预警系统的使用；
3. 掌握汽车防撞预警系统使用注意事项。

一、大众 ID.4 CROZZ 车型的汽车防撞预警系统

大众 ID.4 CROZZ 车型的汽车防撞预警系统也叫预碰撞安全系统（Front Assist），可以识别潜在的正面碰撞并发出相应警告，该系统还可以在制动时提供支持，并能自动制动车辆。

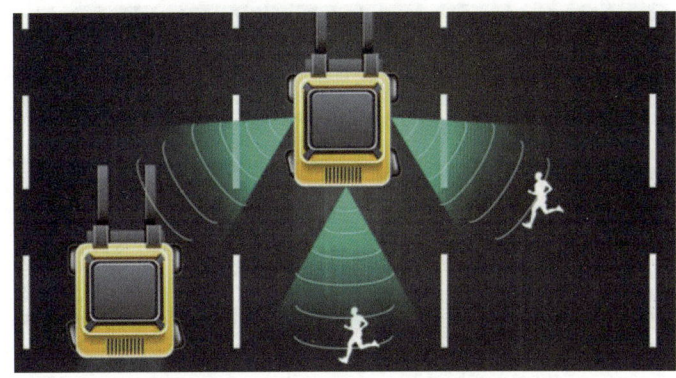

图 4 - 4 - 13　汽车防撞预警系统

二、组件位置

同其他常规电子控制系统基本组成一样，汽车防撞预警系统也是由摄像头、控制器和执行器组成的。我们来看一下各个组件的安装位置。

（1）防撞预警系统摄像头的位置在前挡风玻璃中上部、车内后视镜前方。

图 4 - 4 - 14　防撞预警系统摄像头位置

(2) 防撞预警系统雷达与控制器总成位于车辆前端保险杠内。该车距控制装置控制单元 J428 内有两个雷达发射单元和三个接收单元。

图 4-4-15　防撞预警系统雷达与控制器

(3) 防撞预警系统开关为中央显示屏下方的 ASSIST 按键。
(4) 防撞预警系统提醒指示灯在仪表盘。

图 4-4-16　防撞预警系统指示灯

车辆上电之后，仪表盘上会亮起一个黄色指示灯，形状是一辆车外面一个圈，旁边有个五角星和一个漏斗。这个标志就是车辆的预碰撞安全指示灯，它点亮说明该系统已启用，黄颜色表示目前功能受限或无法使用。

当车辆行驶起来，挡风玻璃上的摄像头和车身雷达传感器开始工作，通过系统自检，一切正常之后，这个灯会熄灭，说明防撞预警系统正式启动。

如果仪表盘上该系统指示灯变成红色，这是系统发出严重撞车警告，说明有撞车可能性。

图 4-4-17　防撞预警系统警告灯

如果仪表盘上该系统指示灯形状里面缺少漏斗，说明系统不可用；如果有漏斗，说明系统已开启。

图 4-4-18　系统指示灯缺少漏斗

如果仪表盘上该系统指示灯形状下面标注"OFF"，说明系统已关闭，但旁注三角警告符说明这个系统正常情况下不需要关闭。

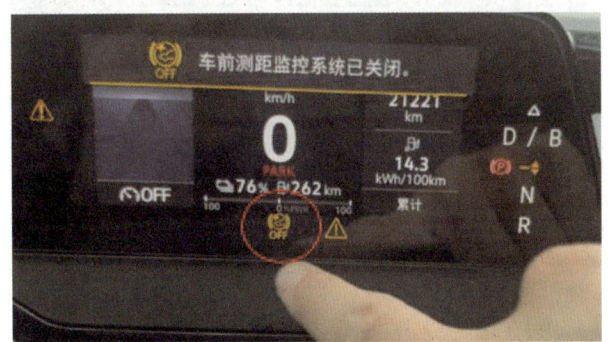

图 4-4-19　系统指示灯说明

三、大众 ID.4 CROZZ 车型汽车防撞预警系统的使用方法

（1）打开中控屏，进入信息娱乐系统。

（2）触碰中控屏 ASSIST 或点击屏幕上的驾驶辅助系统进入驾驶辅助系统界面。

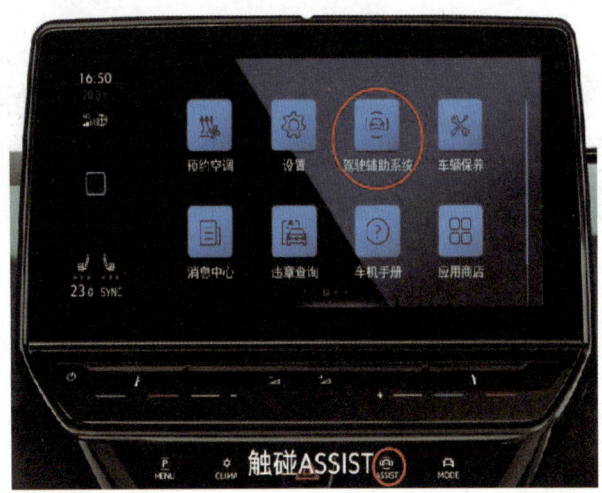

图 4-4-20　大众 ID.4 CROZZ 车型驾驶辅助系统开关

（3）进入驾驶辅助系统界面直接点击屏幕上锐角探测区域，激活防撞预警系统。

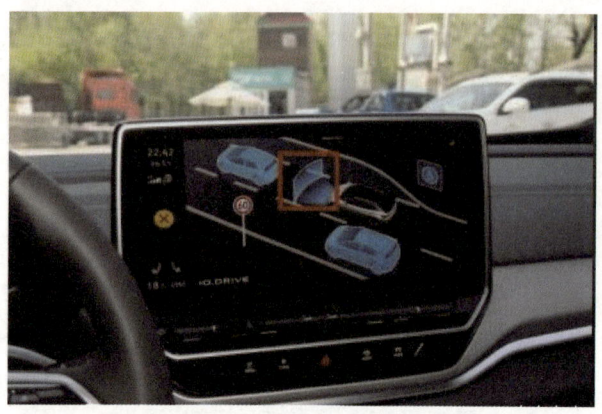

图 4-4-21　驾驶辅助系统界面

（4）或点击右上方的功能菜单打开防撞预警系统，ID.4 CROZZ 称之为车距监控系统。

图 4-4-22　驾驶辅助系统功能菜单

此后前挡风玻璃上的摄像头和车身雷达会实时探测与前方车辆或障碍物的距离。当车辆即将碰撞到前方车辆时，系统会发出警报提醒车主，如车主制动不及时，系统会自动将车辆刹停。

图 4-4-23　传感器探测前方车辆

四、防撞预警系统使用受限情况

在以下情况下，防撞预警系统可能不反应、反应滞后或反应异常：

（1）急转弯行驶时。

（2）行驶在大雨、大雪或有强水流路况时。

（3）在停车场内或隧道中行驶。
（4）驶入和驶出隧道时。
（5）在嵌有诸如铁轨等金属物体的道路上行驶。
（6）驱动防滑控制系统（ASR）已手动关闭时。
（7）ESC 进行调节或出现故障时。
（8）当雷达传感器或摄像头脏污或被遮盖时。
（9）车辆上的多个制动灯损坏时。
（10）车辆急加速时或完全踩下加速踏板时。
（11）在复杂的行驶状况下，如安全岛。
（12）交通状况不明朗时，如前车急刹车或急转弯。
（13）太阳落山、环境昏暗或被迎面驶来的车辆造成眩目时。

五、使用汽车防撞预警系统时需要掌握相关注意事项

如防撞预警系统发出警告，应立即根据交通状况为车辆制动或躲避障碍物。

要根据驾驶时的视野、天气、路面和交通状况调整车速和与前车保持安全距离。

（1）驾驶员必须随时准备好自己接管车辆，并超越自动制动。防撞预警系统无法自主避免事故和重伤。

（2）不可完全依赖防撞预警系统避免与前车碰撞。

防撞预警安全系统可能会在复杂的行驶状况下进行不必要的警告和不必要的制动干预，如出现安全岛时。

（3）防撞预警系统可能会在功能受到影响时进行不必要的警告和不必要的制动干预，如雷达传感器脏污或位置错误时。驾驶员必须随时准备好自己接管车辆。

防撞预警系统智能化技术不可能违背物理学规律！切勿利用防碰撞安全系统提供的额外方便功能冒险行驶。驾驶员必须随时准备对车辆施加制动，并按防碰撞安全系统发出的警报施加脚制动，降低车速或避开障碍物。系统使用不当或疏忽大意可能引发事故，严重可致人员伤亡，故驾驶员仍须集中精力观察道路及交通状况，谨防引发事故，希望大家时刻牢记安全第一，文明驾驶。

技能演练2：汽车防撞预警系统故障诊断与维修

学习目标

1. 能够分析常见故障，制作故障诊断流程；
2. 能够正确使用检修工具和设备；
3. 能够排除系统常见故障。

一、汽车防撞预警系统故障现象

汽车防撞预警系统，也叫前部辅助系统或预碰撞安全系统，组成部件包括驾驶辅助开关、摄像头、雷达传感器、控制器、仪表显示装置、制动系统以及相关线路和插头。任何一个环节出现问题，仪表都会提示：防撞预警系统不可用。

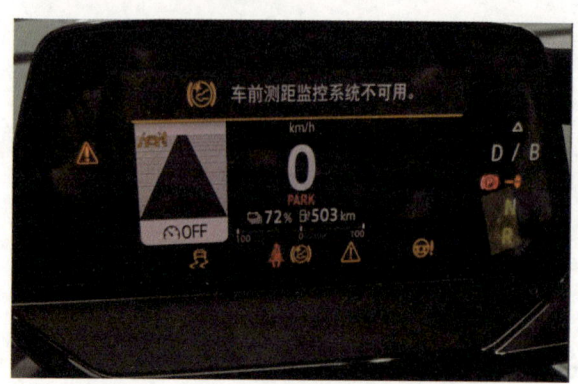

图 4-4-24 防撞预警系统故障现象

二、汽车防撞预警系统常见故障

（一）传感器故障

雷达传感器出现故障容易导致无法识别前方车辆行人和障碍物。比如：

（1）雷达传感器及大众标脏污；

（2）雷达传感器的视野受到天气条件的影响，如下雪、清洁剂残留物或涂层；

（3）雷达传感器的视野受到加装件、车牌架装饰框或标签的影响；

（4）雷达传感器移位或损坏；

（5）未使用原厂大众徽标。

（二）开关故障

开关损坏会导致触碰 ASSIST 按键失效。

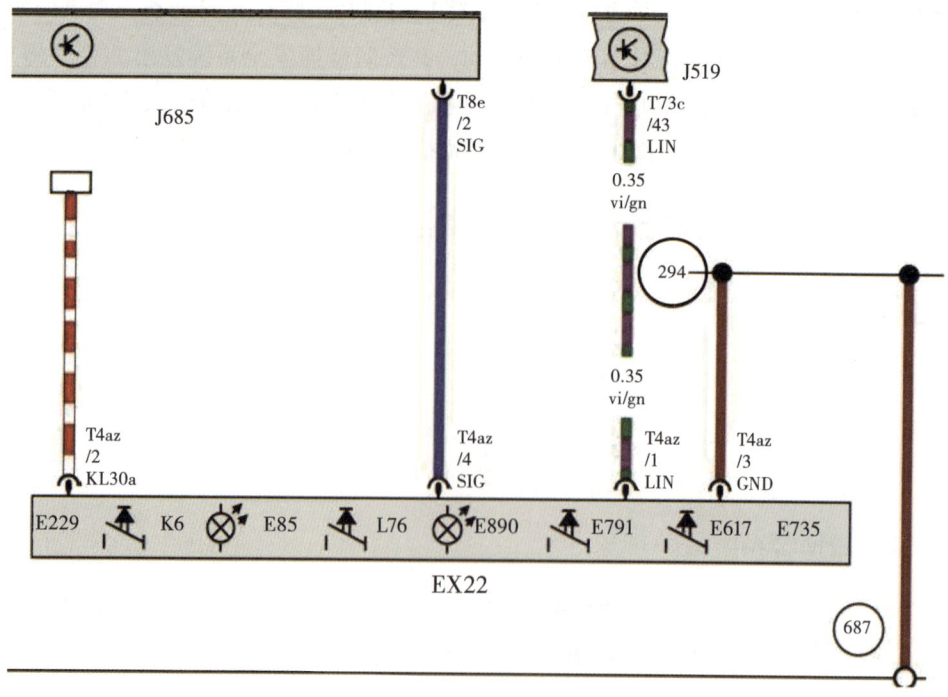

图 4-4-25 大众 ID.4 CROZZ 车型 ASSIST 按键电路

开关检查方法：

（1）电压法：触碰中控台开关 EX22 上不同按键，测量 T4az/4 号脚应当输出不同电压参数或波形，否则说明开关损坏。

（2）电阻法：断开 T4az 插接器，触碰中控台开关 EX22 上不同按键，开关 4 号脚和 3 号脚之间阻值应该不一样，否则说明开关损坏。

（三）插头故障

系统线路连接插头损坏或断开，导致线路不能可靠连接，系统回路不完整或信息无法传输，具体表现在控制单元和雷达连接插头、线束连接插头以及开关插头等出现损坏或断开故障。需要对插头进行修复或更换。

图 4-4-26　插接器故障

（四）电源故障

具体表现是汽车电源系统提供的电压低于系统控制模块正常工作电压，造成控制模块暂时停止工作，导致控制器无法工作。修复方法是检查电源连接是否可靠，或对蓄电池充电。如果是蓄电池内部损坏，则更换蓄电池。

图 4-4-27　电源故障

（五）控制模块故障

其包括软件和硬件两类故障。软件故障一般为协议或程序出现缺陷或发生冲突，造成系统信息传送出现混乱或无法正常收发信息。硬件故障一般为控制模块的相关部件、接口和集成电路损坏。软件故障一般可以通过软件刷新或升级解决，但硬件故障只能通过替换或部件维修进行排除。

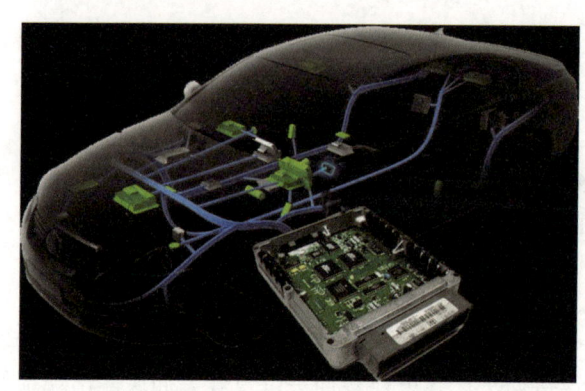

图 4-4-28 控制模块故障

（六）线路故障

一般是系统电源线、搭铁线、通信线路等出现断路故障、短路故障、交叉故障或接触不良（虚接）故障等。

（1）线路修复通常可以逐段更换，剥掉绝缘层的维修部位要采取适当措施防止维修部位受到环境影响，并使用防水的绝缘带，以防线路传送介质进水，影响工作。

（2）CAN 总线或以太网是双绞接线，需要保持双绞线布置方式，在未绞合的维修部位使用带收缩软管和内用粘接剂的压接器，注意防水绝缘。

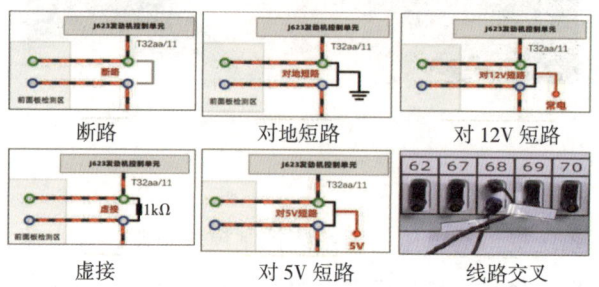

图 4-4-29 线路故障类型

（七）断电引起的故障

有些车辆在维修过后或者断开电源之后，仪表或中控屏报驾驶辅助功能不可用，比如，车道保持辅助系统、汽车防撞预警系统不可用。这是因为驾驶辅助系统控制器要对转向角度传感器重新找位置。

正确操作：启动车辆，挂 D 挡，方向盘向左、向右打满，然后回正。故障消失。

三、车辆故障检修

（一）故障现象

大众新能源汽车 ID.4 CROZZ 仪表显示"车前测距监控系统不可用"，该车型的车前测距监控系统即为该车防撞预警系统，并且仪表显示屏下部的汽车防撞预警系统图标缺少漏斗形状。

（二）故障诊断

1. 网关里读取故障码和数据流

故障码显示：J428 - 车距调节控制单元，信息不可信；无相关数据流。

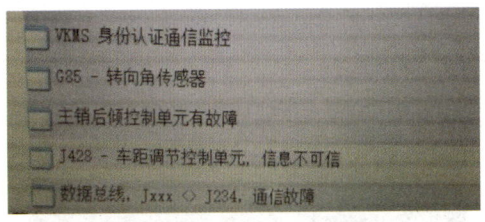

图 4-4-30 读取故障码

2. 在车道保持辅助系统控制模块里面显示数据总线故障

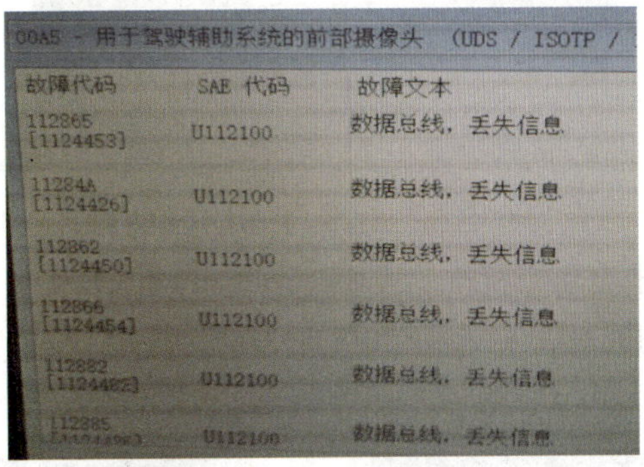

图 4-4-31 读取数据总线故障码

3. 故障原因分析

因为没有数据流参考,根据故障码分析,结合故障现象和电路图分析,可能原因有:
(1) 系统模块供电搭铁故障;
(2) CAN 总线或以太网信息传输故障;
(3) 模块或雷达本身故障。

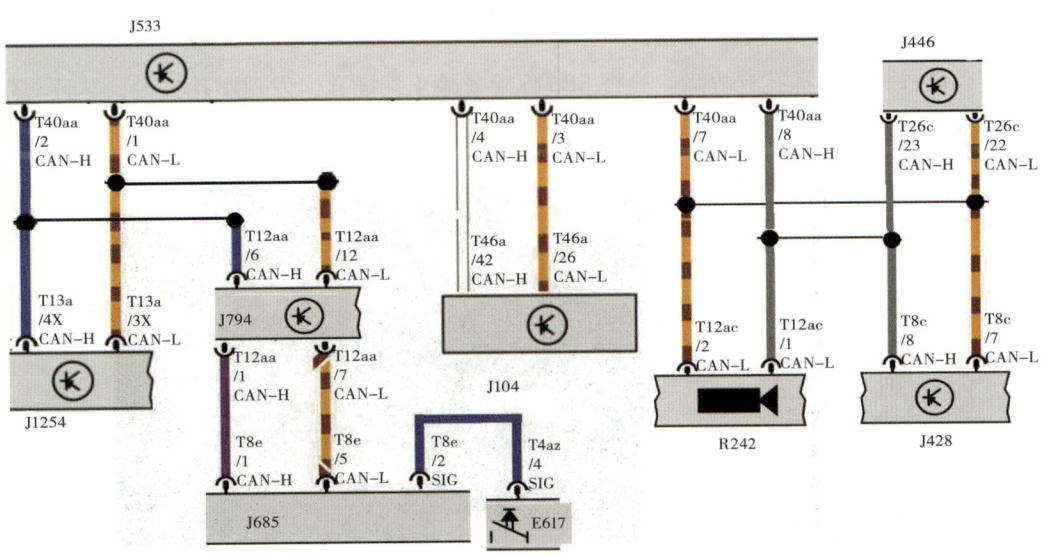

图 4-4-32 大众 ID.4 CROZZ 车型防撞预警系统电路

(三) 故障检查

(1) 根据由简到繁、由外到内的原则,首先检查雷达总成有无脏污、支架歪斜、松动和变形,雷达视野是否被遮挡，系统线路和插头有无松动脱落或损坏；其次检查系统供电、搭铁以及通信线路是否正常；最后检查系统部件是否损坏。

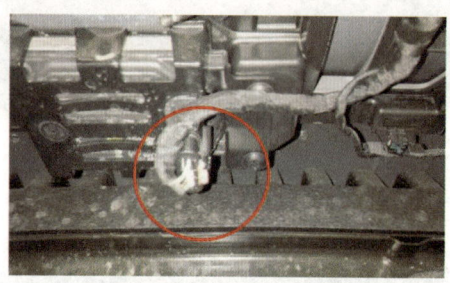

图4-4-33 防撞预警系统雷达总成插头

（2）检查系统供电、搭铁是否正常。

①J428供电保险丝为SB6，检查SB6电压，标准为+B，实测为蓄电池电压，正常，见图4-4-34。

②检查J428的T8C/6端子电压，标准为+B，实测为0V，异常，见图4-4-35。

③断开电源负极，检查SB6保险丝输出端到J428的T8C/6之间线路电阻，导线正常阻值小于1Ω，实测无穷大，异常，见图4-4-36。

图4-4-34 模块保险丝电压

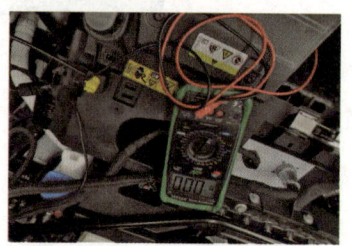

图4-4-35 模块供电端子电压

④拔下保险丝SB6，测量SB6保险丝输出脚插孔到J428的T8C/6之间线路电阻是否正常。导线正常阻值小于1Ω，实测0.9Ω，正常。

⑤怀疑保险丝输出端插孔有故障，检查SB6保险丝输出端插孔，发现座孔扩大，导致与保险丝针脚无法接触。

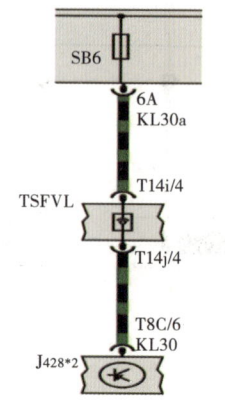

图4-4-36 模块供电电路

图4-4-37 保险丝故障

⑥故障修复。

修复SB6保险丝座孔，故障消失，仪表也显示防撞预警系统的白色正常图标。

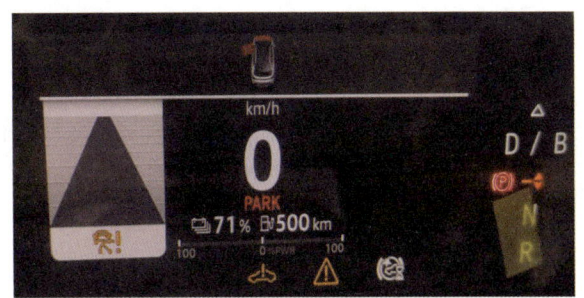

图4-4-38 仪表显示系统正常图标

(四) 整理工具和设备,打扫场地卫生

随着人们生活水平的提高,其对汽车的安全性、舒适性要求越来越高。汽车安全性、舒适性的核心是汽车电控技术。汽车电控系统的维修是汽车机电维修岗位的核心职业能力,也是本专业课程学习的重点、难点。同学们在检修故障的时候,一定要具备求真务实和精益求精的工匠精神,明确自身肩负的责任和担当,好好学习,将来用技能报国。

任务5 泊车雷达系统故障诊断与维修

知识学习:泊车雷达系统

学习目标

1. 掌握自动泊车的原理;
2. 掌握泊车雷达系统的硬件原理设计;
3. 掌握泊车雷达系统的软件功能设计。

一、自动泊车

(一) 定义

自动泊车,又称为自动泊车入位,该系统能自动帮驾驶员将车停入或驶出车位,无须自己打方向,还可避免因停车不注意发生的剐蹭。

图4-5-1 自动泊车入位

(二)系统组成

该系统包括环境数据采集系统、中央处理器和车辆策略控制系统。

环境数据采集系统包括图像采集系统和车载距离探测系统,可采集图像数据及周围物体距车身的距离数据,并通过数据线传输给中央处理器。

图4-5-2 自动泊车系统雷达

中央处理器可将采集到的数据分析处理后,得出汽车的当前位置、目标位置以及周围的环境参数,依据上述参数做出自动泊车策略,并将其转换成电信号。

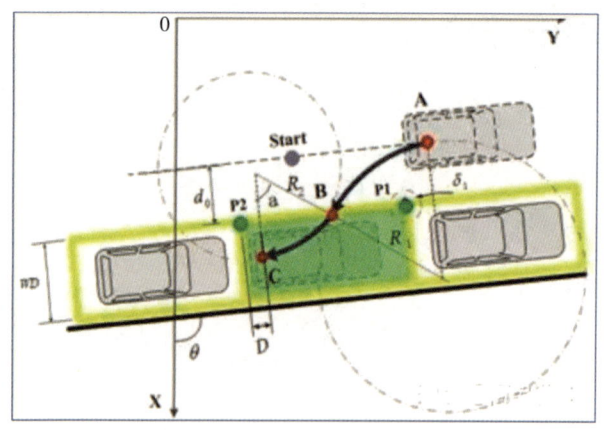

图4-5-3 自动泊车系统技术原理

车辆策略控制系统接收电信号后,依据指令做出汽车的行驶如角度、方向等方面的操控,直至停车入位。

图4-5-4 车辆策略控制系统工作

(三) 全自动泊车工作原理

全自动泊车辅助 APA（Auto Parking Assist）系统，通过控制车辆的加减速度和转向角度自动停放车辆。该系统通过 AVM（环视）和 USS（超声波雷达）感知泊车环境，使用 IMU 和车轮传感器估计车辆姿态（位置和行驶方向），并根据驾驶员的选择自动或手动设置目标泊车位。然后系统进行自动泊车轨迹计算，并通过精确的车辆定位与车辆控制系统使车辆沿定义的泊车轨迹进行全自动泊车，直至到达最终目标泊车位。

当 USS 在车辆到达目标点之前监测到障碍物，APA 系统处理来自 AVM 和 USS 的信号，并预计会发生碰撞时，APA 系统在自动泊车期间对车辆施加适当的减速。

图 4-5-5 自动泊车辅助

然后，系统进行自动泊车轨迹计算，并通过精确的车辆定位与车辆控制系统使车辆沿定义的泊车轨迹进行全自动泊车，直至到达最终目标泊车位。

(四) 主要功能

自动泊车的主要功能有车位识别、自动泊入、自动泊出、防碰撞和 HMI 等。

表 4-5-1 自动泊车的主要功能

功能	说明
车位识别	包括无车位标记、边界车、路缘等确定的车位及有车位标记的车位
自动泊入	包括平行泊入、垂直泊入、斜列式泊入
自动泊出	包括平行泊出、垂直泊出、斜列式泊出
防碰撞	碰撞监测、预警、制动
HMI	包括驾驶员操控及声音、U 指示/提示

(五) 车速定义

车速分为搜索车速和泊车车速。搜索车速 >30km/h，进行 APA 无效提醒；车速≤15km/h 搜索图像和空间车位；15km/h<车速≤30km/h 搜索空间车位。全自动控制泊车车速，最高泊车车速≤7km/h；车速 >7km/h，退出 APA 系统。

表 4-5-2 车速的定义

搜索车速	车速 >30km/h，进行 APA 无效提醒
	车速≤15km/h 搜索图像和空间车位
	15km/h<车速≤30km/h 搜索空间车位
泊车车速	全自动控制泊车车速，最高泊车车速≤7km/h
	车速 >7km/h，退出 APA 系统

二、硬件原理设计

APA 系统要完成泊车功能，APA ECU 除了需要环视摄像头和超声波雷达感知环境，还需要与车身纵向和横向控制系统密切配合，以下是 APA 系统相关的车身 CAN 网络拓扑。

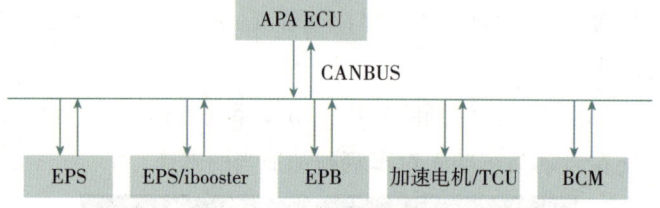

图 4-5-6　APA 系统相关的车身 CAN 网络拓扑

完成自动泊车功能，需要整车的挡位、EPS、ESP、加速、EPB、APA 开关及指示灯等控制器或传感器支持：

（1）泊车控制系统通过超声波雷达及 360°环视信息融合泊车车位。

（2）通过 APA ECU 算法规划泊车轨迹。

（3）获取轮速脉冲及 IMU 信号，推算车辆航迹。

（4）获取 EPS 转向角、车速、挡位等信号，用于定位融合及速度控制。

（5）根据轨迹规划结果，对车辆的挡位、速度、方向盘转向角进行控制，完成车辆泊入泊出。

APA 系统由 12 颗超声波雷达、4 个环视摄像头和一个控制器构成，实现全自动泊车功能。

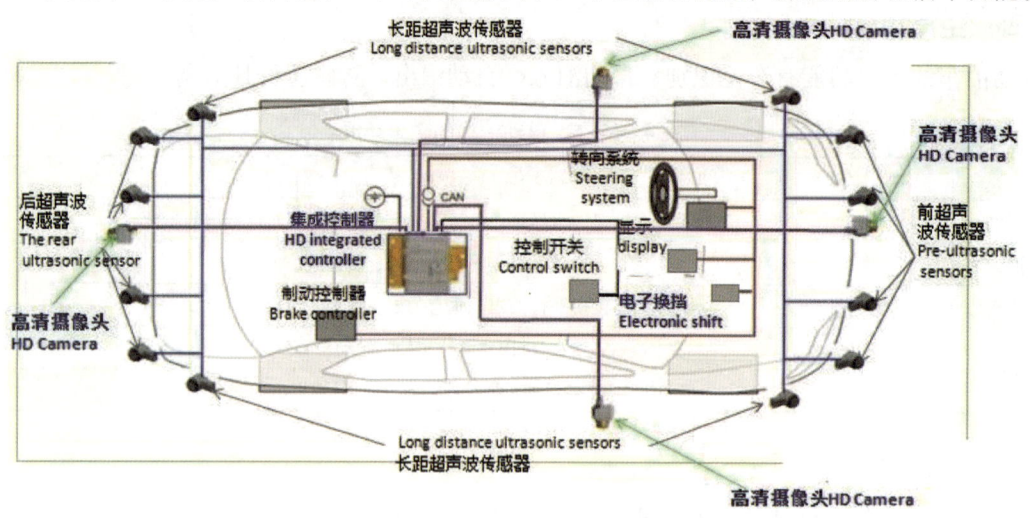

图 4-5-7　APA 系统组成

三、软件功能设计

（一）开启泊车功能

可以通过物理按键（泊车辅助按钮）激活，也可以通过中控显示屏的自动泊车按钮激活，例如，打开中控显示屏（IHU）驾驶辅助功能界面，泊车辅助功能界面分为工具栏、泊车操作区域、搜索车位提示区域、全景图像显示区域。

图 4-5-8 泊车功能开启

(二) 车位搜索

系统根据车身 AVM 和 LRU 传感器探测搜索车位,系统默认搜索右侧停车位,如需搜索左侧停车位,打左转向灯即可,车位识别采用 AVM 和 LRU 融合的方式。

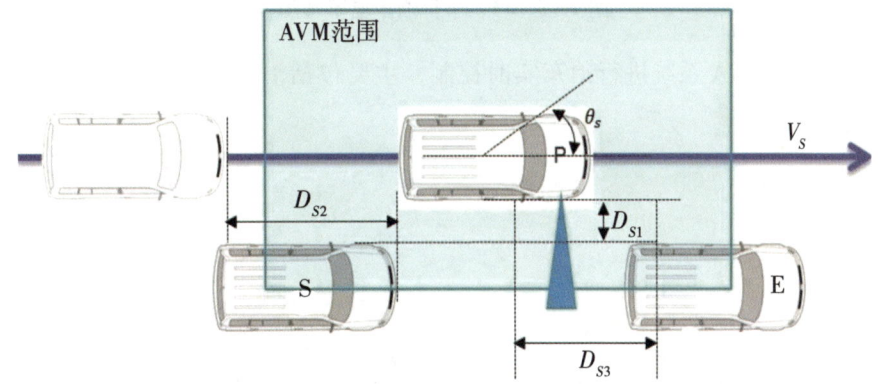

图 4-5-9 车位识别

表 4-5-3 车位搜索

AVM 车位搜索	LRU 车位搜索		融合结果
搜索到车位	未搜索到车位		AVM 车位
	在 AVM 识别范围内	与 AVM 车位重叠	AVM 车位
		不与 AVM 车位重叠	LRU 车位
			AVM 车位
未搜索到车位	不在 AVM 识别范围内		LRU 车位

(三) 自动泊入

当识别到车位后,系统会提示停车,接着会请求用户点击自动泊入开关,点击自动泊入开关后,系统会提示驾驶员松开刹车开始泊车并长按 APA 硬按键,然后系统自动规划路径,并控制车辆完成泊车。

泊车位搜索完成后,APA 系统将建立电子地图。

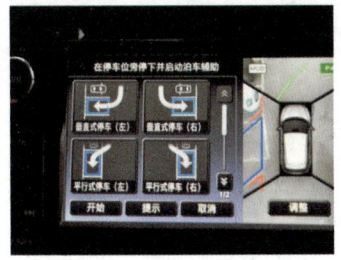
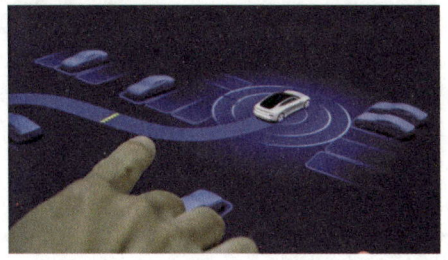

图 4-5-10 车位搜索和电子地图

平行泊车电子地图：

APA 系统基于电子地图进行路径规划，路径规划问题可描述为寻求一条满足多个约束的路径曲线。

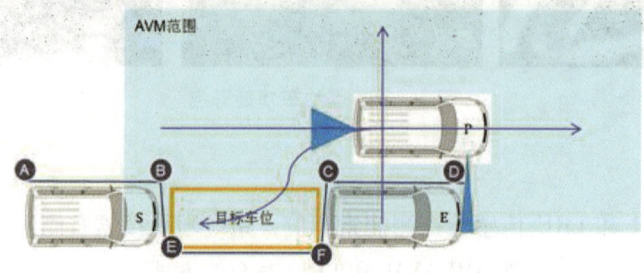

图 4-5-11　平行泊车电子地图

基于规划的轨迹，APA 系统进行泊车实时控制，主要包括泊车环境实时监测、车辆位置估计、车身实时横纵向控制。

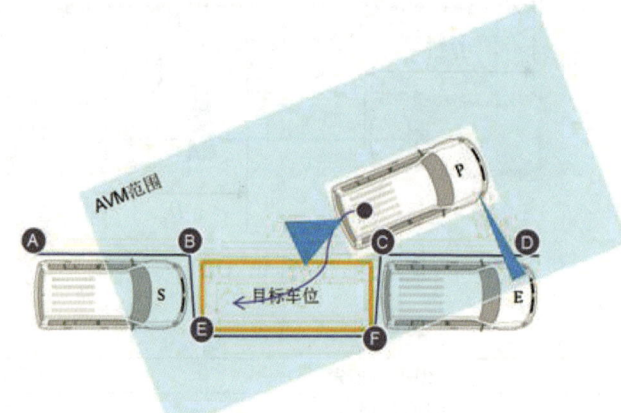

图 4-5-12　泊车实时控制

如果实际的最终位置满足在 X 与 Y 方向参数指标，则认为自动泊车正确完成 [若与参考路沿对齐，则前后车轮与参考路沿的距离为 (25±10) 厘米]。

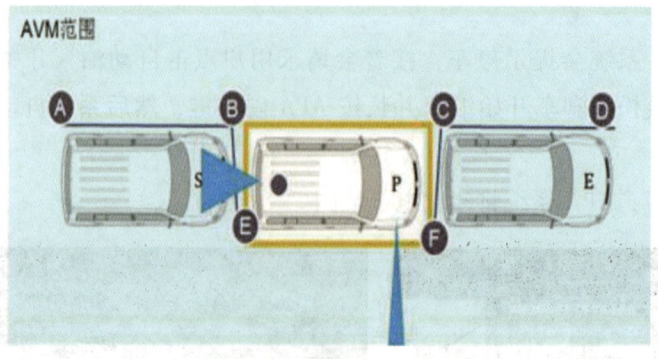

图 4-5-13　自动泊车完成

（四）自动泊出

APA 系统支持从泊车位自动泊出，驾驶员需要在自动泊出开始之前，使用转向灯指示泊出方向。其中 D_f 和 D_r 是车辆到最近的前部和后部物体的距离。

1. 平行泊出的初始条件

若与前侧参考车辆（障碍）距离符合安全距离要求，则按方式 ① 直接前进驶出，若小于一步驶出的安全距离，则按方式 ②，第一步自动驶出动作默认为倒退。

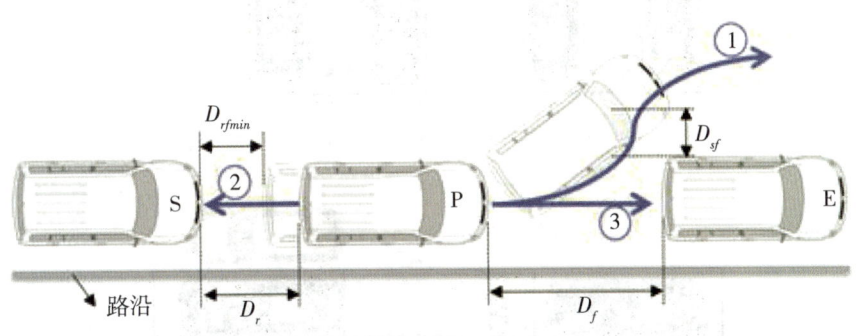

图 4-5-14 平行泊出的初始条件

2. 平行泊出的结束条件

基于 SRU 的测量，车辆来回移动，直至自动驶出结束。自动驶出完成的评价标准为，当前车辆方向盘角度保持不变即可驶出泊车位，并且在当前雷达探测范围内保持该线路行驶无障碍冲突。如果该过程在行驶方向角度变化达到以前没有正确结束，则 APA 系统会确定前方有障碍物，并通知停止自动泊出。

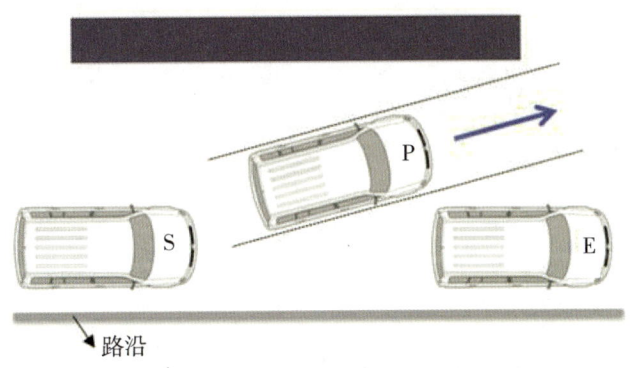

图 4-5-15 平行泊出的结束条件

（五）泊车路径重新规划

如图 4-5-16 所示，车辆开始泊车后，泊车系统规划步数为两步泊入，且此时因各种原因（超声波探测距离、AVM 未识别）未能识别到前方障碍物。当车辆在第一步泊入操作时 US 监测到前方静态障碍物，此时泊车系统根据车辆当前位置、障碍物信息、车位信息等条件，重新规划泊车路线（可能造成泊车步数增加），完成车辆的泊入。

如图 4-5-17 所示，对于内部有停车带的车位，在泊入过程中，车辆撞上减速带后（SVM 未识别情况下），泊车控制系统根据发动机扭矩、轮速脉冲等信号，内部判断是否遇到减速带，并重新规划泊车路径（可能造成泊车步数增加），在避免车辆越过减速带的前提下完成泊车。

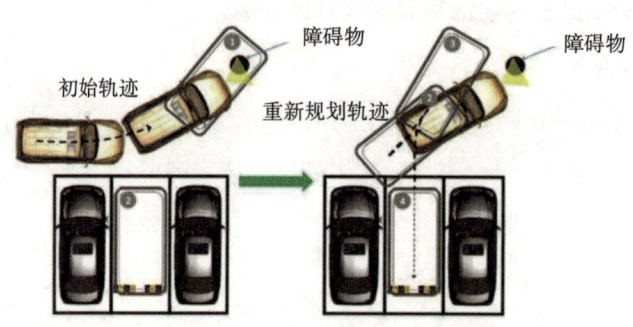

图 4-5-16 泊车路径重新规划

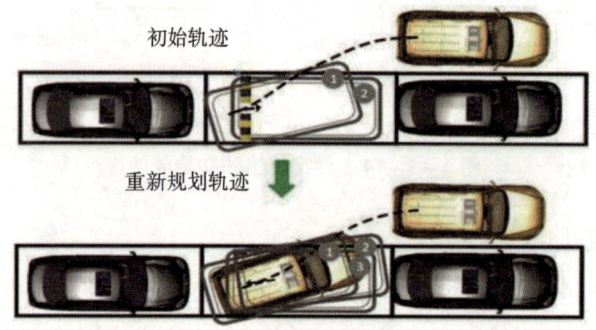

图 4-5-17 内部有停车带的车位泊入

技能演练1：泊车雷达系统认知与使用

学习目标

1. 能够实车认识泊车雷达系统；
2. 能够正确使用泊车雷达系统。

准备：

ID.4 CROZZ 实训车一辆。

工作流程：

一、泊车雷达系统认知

（一）工作原理

（1）以 ID.4 CROZZ 为例，泊车雷达系统通过前部和后部传感器识别与一个障碍物的距离。

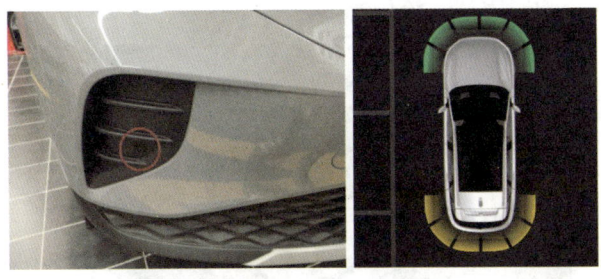

图 4-5-18　泊车雷达系统前部和后部传感器

（2）如在传感器的探测范围内存在一个障碍物，则系统会在信息娱乐系统中显示相关信息并发出警告音。

图 4-5-19　人机交互界面

（3）注意有关泊车雷达系统屏幕显示的信息。

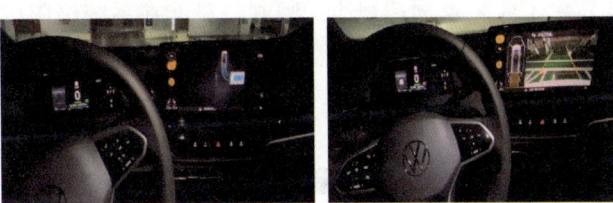

图 4-5-20　泊车雷达系统屏幕显示

（二）组成部件

（1）ID.4 CROZZ 车辆前部有四个泊车雷达系统传感器。

图 4-5-21　ID.4 CROZZ 车辆前部泊车雷达系统传感器

（2）车辆后部也有四个泊车雷达系统传感器。

图 4-5-22　ID.4 CROZZ 车辆尾部泊车雷达系统传感器

（3）泊车辅助控制单元 J446，安装位置在行李箱内右侧。

图 4-5-23　泊车辅助控制单元

（4）在信息娱乐系统中对泊车雷达系统进行设置。

泊车雷达系统的智能技术不能超越物理规律的限制，只能在系统极限内工作。如不遵守，可能导致重伤以及车辆损坏。

泊车雷达系统不能代替驾驶员的注意力。

图 4-5-24　泊车雷达系统设置

二、泊车雷达系统使用

（一）打开泊车雷达系统

选择挡位 R 或按压中控台操作区上的按钮；必要时，点击信息娱乐系统显示屏上的功能按键。

如果以小于 15km/h 的车速驶向前方区域的一个障碍物，泊车雷达系统也会自动打开。

项目四 ADAS驾驶辅助系统故障诊断与维修 | 04

表 4-5-4 打开泊车雷达系统的方法

序号	工作内容	备注
1	选择挡位R	倒车挡
2	按压中控台操作区上的按钮	[P MENU]
3	必要时,点击信息娱乐系统显示屏上的功能按键	[P))△]

(二) 关闭泊车雷达系统

当车辆以大于 10~15 km/h 的速度向前行驶时,泊车雷达系统会自动关闭。

点击信息娱乐系统显示屏上的功能按键;或按压按钮,或打开电子驻车制动器。

表 4-5-5 关闭泊车雷达系统的方法

序号	工作内容	备注
1	当车辆以大于10~15千米/时的速度向前行驶时,泊车雷达系统会自动关闭	
2	点击信息娱乐系统显示屏上的功能按键	[P))△]
3	或按压按钮[P],或打开电子驻车制动器	[P MENU]

操作完毕,对场地进行整理,确保符合"7S"管理标准。

三、任务检查

将相关内容记录在表 4-5-6 中。

表 4-5-6 任务检查表

检查内容	检查结果
人员着装是否符合要求	是□ 否□
车辆钥匙是否归位	是□ 否□
车辆是否下电	是□ 否□
是否按标准完成场地整理	是□ 否□

技能演练 2:泊车雷达系统故障检修

学习目标

1. 能够分析泊车雷达系统故障原因;
2. 能够分析泊车雷达系统电路图;
3. 明确检查、诊断方法。

一、常见故障分析

（一）系统不按预期工作

（1）传感器脏污，污垢、冰雪及清洗剂残留物或涂层均可以影响雷达传感器视图。

（2）车辆的传感器区域损坏，如因驻车时发生碰撞。

图 4-5-25 传感器区域损坏

（3）加装件、牌照支架装饰框或标签影响了传感器的探测区域，如因加装自行车架。

（4）在传感器区域的车漆上进行过改动或改装，如在底盘上。

（5）噪声源，例如，凹凸不平的沥青路面、鹅卵石路面干扰了超声波传感器。

图 4-5-26 噪声源

注意：组合仪表和信息娱乐系统显示屏上显示的文本信息。

图 4-5-27 显示屏上的文本信息

（二）没有传感器视图、故障信息、系统自动关闭

（1）如果某一传感器失灵，将持续关闭传感器探测区域。显示屏上的符号"！"显示相关的传感器区域。

图 4-5-28　传感器失灵

（2）泊车雷达系统出现功能故障时，首次打开系统时会通过警告音给予提示。此外还可能显示一则文本信息。

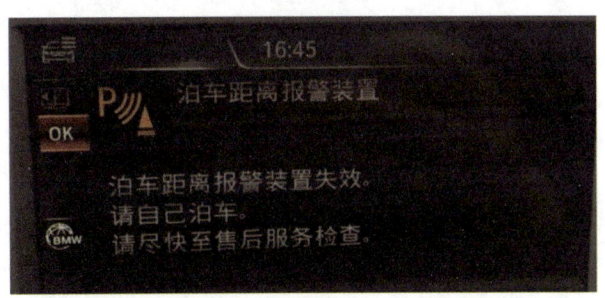

图 4-5-29　泊车雷达系统出现功能故障

二、可行的解决措施

（1）暂时关闭系统。
（2）检查是否涉及前面两类原因。
（3）清洁传感器或清除传感器和摄像头上的标签与附件。
（4）检查是否有损坏。
（5）排出故障源后，可重新开启系统。
（6）如系统仍不按预期工作，应继续检修系统。

三、实车故障检修

（一）故障现象

大众迈腾 B8-1.4T 轿车偶发性挂入 R 挡或手动按下 E581（泊车辅助系统按钮），E581 报警闪烁并且在 MB 上显示（检查泊车辅助功能受限），仪表三角警示灯常亮并提示检查泊车辅助系统。

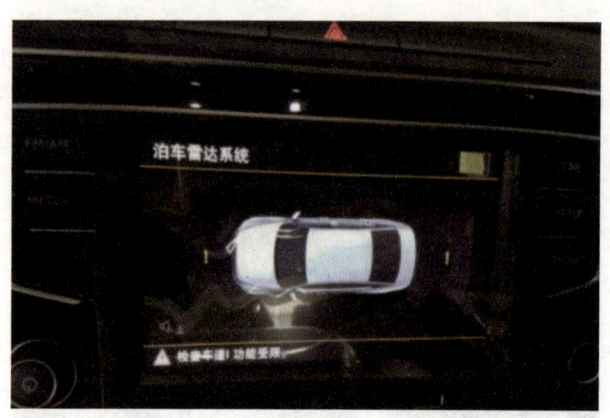

图 4-5-30 泊车雷达系统功能受限

(二) 故障诊断过程

1. 读取故障码

使用诊断仪对 0076-泊车辅助系统进行诊断,如图 4-5-31 所示。

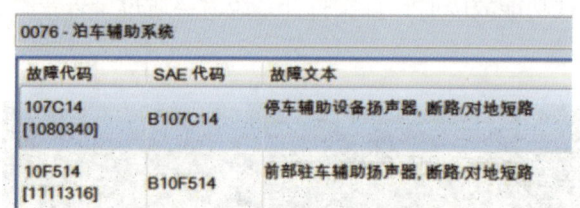

图 4-5-31 泊车雷达系统故障码

根据故障现象及泊车辅助系统中记录的故障码,可以判定泊车辅助系统存在故障属实,记录故障码:

(1) 前部驻车辅助扬声器,断路/对地短路;

(2) 停车辅助设备扬声器,断路/对地短路。

故障码可以清除,故障码清除后泊车辅助系统功能恢复正常,但是车辆行驶一段时间后故障再现,再次出现故障码。

2. 故障原因分析

(1) 控制单元自身故障;

(2) 前部或后部的扬声器故障;

(3) 连接扬声器的线束有短路故障;

(4) 车辆加装设备,导致系统异常;

(5) 控制单元编码/匹配错误。

3. 故障检查

(1) 本着先易后难的维修思路,首先检查车辆是否有改装,确定车辆没有改装。

(2) 使用 VAS6150 诊断仪,检查 76 系统编码,检查后确定 76-泊车辅助系统编码正常。

(3) 分析造成泊车辅助系统工作异常,是输入电路故障还是输出电路故障,可以使用 VAS6150 诊断仪—自诊断—读取数据功能,判定 J791 是否收到输入信号,用来激活泊车辅助系统。可以使用 VAS6150 诊断仪—自诊断—测试执行元件诊断功能,判定输出电路是否正常。

此例车辆是偶发性出现故障，携带诊断仪路试，反复尝试挂入 R 挡或手动按下 E581，故障再现时读取 76 - 泊车辅助系统数据流，数据显示正常。

（4）使用 VAS6150 诊断仪，对 76 - 泊车辅助系统测试执行元件诊断，通过测试，前部的扬声器激活异常，后部的扬声器激活正常，由此判定可以排除后部扬声器的检查，重点检查前部扬声器。

（5）因为诊断仪能够与控制单元通信，所以泊车辅助系统模块供电搭铁正常。查看前部扬声器电路图，如图 4 - 5 - 32 所示。

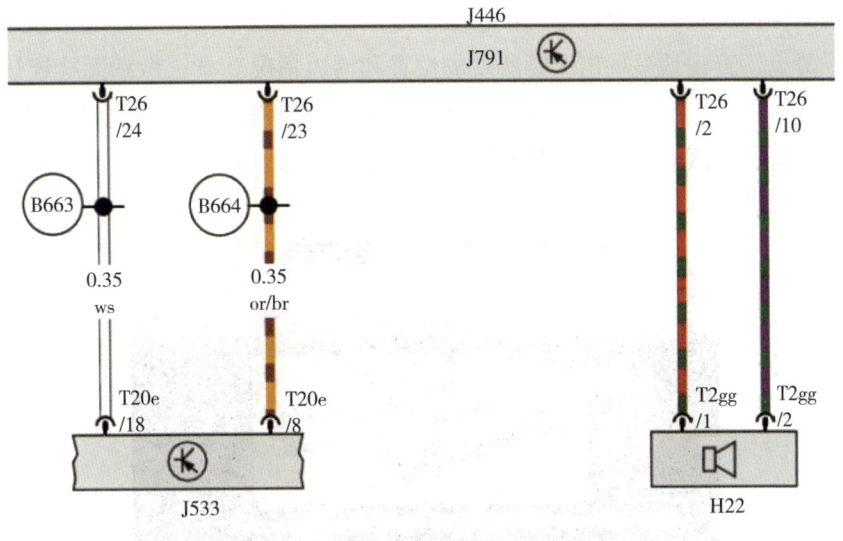

图 4 - 5 - 32 前部扬声器电路

（6）使用 VAG1526B 测量，前部泊车辅助系统扬声器 H22 至泊车辅助控制单元 J791 的线路。

断开 H22 的插头，测量 H22 的 T2gg - 1 和 T2gg - 2 针脚的电阻，正常扬声器的电阻是 30 ~ 60Ω，实际测量的结果是 52Ω，通过测量确定前部扬声器元件正常。

测量 J791 的 T26 - 10 至 H22 的 T2gg - 2 针脚电阻值，测量结果是 0.7Ω，测量此线束对地电阻是无穷大，通过测量此根线束没有异常。

测量 J791 的 T26 - 2 至 H122 的 T2gg - 1 针脚电阻值，测量结果是 0.6Ω，测量此线束对地电阻是 60Ω，通过测量确定此线束对地虚接，检查至此已确定是线束故障导致驻车辅助系统工作异常。

（7）拆开线束检查，发现扬声器线束压在附近安装螺栓上，车辆振动颠簸导致扬声器线路对地虚接。

4. 按照维修手册标准维修故障，故障消失

（三）整理工具和设备，打扫场地卫生

任务 6　全景影像监控系统故障诊断与维修

知识学习：全景影像监控系统

学习目标

1. 掌握全景影像监控系统的功能；

2. 掌握全景影像监控系统的组成；
3. 掌握全景影像监控系统的原理。

一、概述

全景影像监控系统简称 AVM（Around View Monitor），全名全景式监控影像系统，又称 360 度全景可视泊车系统，车辆前后及左右都各安装一个 180 度广角摄像头，四周的摄像头同时采集车辆四周的影像，将图像传送至图像处理单元，经过一系列图像处理后，最终形成一幅车辆四周的全景俯视图显示在屏幕上，直观地呈现出车辆所处的位置和周边情况。真正做到无缝连接，构造 0 视野盲区的行车环境。系统大大地拓展了驾驶员对周围和环境的感知能力，使驾驶员在处理车辆起步、行车转弯、泊车入位、窄道会车、规避障碍等情况时从容不迫、轻松自如，可以有效减少刮蹭甚至碰撞碾压等事故的发生。

图 4-6-1　全景影像监控系统

二、组成

全景摄像头是一项汽车安全配置。一般来说，全景影像监控系统共有前后左右 4 个摄像头，分别在车头、车尾以及两边反光镜下各一个。分别用来采集车头、车侧盲区、车尾情况的图像。

图 4-6-2　全景摄像头

左右摄像头安装在后视镜下方，前摄像头安装在车标或中网位置，后摄像头安装在牌照灯位置，均采用专车专用设计。

将 4 个广角摄像头分别安装于车头、两侧后视镜下方和车尾，并将 4 个摄像头连接到监控主机上，将主机连接到车载电源，发动车辆，泊车系统会自动启动，4 个摄像头获取的车周边的图像在车载 DVD/GPS/MP5 的屏幕上构成一幅拼接完整的 360 度鸟瞰图，便于驾驶员泊车。

图4-6-3 全景摄像头位置

三、原理

工作原理如图4-6-4所示，车前、车尾和两侧后视镜上的4个摄像头获取的车周边的原始图像，发给影像控制模块，控制模块把图像通过畸变校正、拼接、融合，再通过CAN发送给中控显示屏，从而呈现出一幅完整的鸟瞰图。

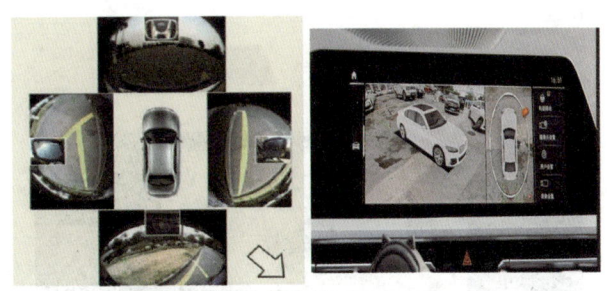

图4-6-4 全景360度鸟瞰图

畸变校正是指通过对摄像机拍摄的图像进行处理，消除因摄像机等引起的畸变现象，使图像更为准确和真实。畸变校正一般包括相机标定和图像处理两个步骤。相机标定是指通过拍摄不同的标定板，计算相机内部和外部参数，从而建立相机模型。

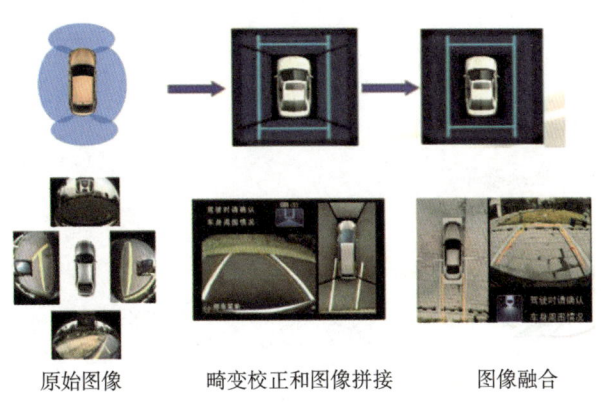

原始图像　　畸变校正和图像拼接　　图像融合

图4-6-5 全景影像系统工作原理

四、功能

（1）左边的全景图的拍摄范围为 10.5 米 ×7 米。即车前 2 米，车后 3.5 米，车左右各 2.5 米。

（2）带 ESP 的车型，倒车时显示倒车轨迹引导线。

（3）前后左右视图都带精确的标尺线。

（4）倒车时自动输出视频，视频的右侧图自动切换到后视。取消倒车时右侧图自动切换到前视，15 秒后自动关闭视频。

（5）非倒车时，可用薄膜按键切换出视频，短按按键切换不用视图，长按按键关闭视频。

图 4-6-6　全景影像监控系统工作范围

通过滑动屏幕，可随时查看车辆周围行驶环境。当行驶车速超过 30km/h 时强制关闭全景功能，防止因观看画面造成安全事故。

图 4-6-7　全景影像屏幕滑动

技能演练 1：北汽极狐全景影像监控系统认知与使用

学习目标

1. 能够实车认识全景影像系统；
2. 能够正确使用全景影像系统。

准备：

极狐实训车一辆。

工作流程：

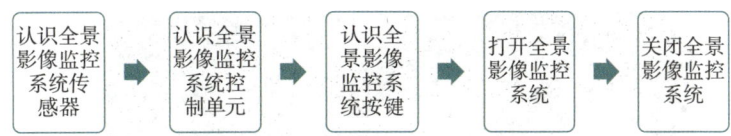

一、全景影像监控系统的作用

全景影像监控系统通过安装在车辆前后左右 4 个全景影像摄像头采集车辆四周影像，经过处理，最终形成一幅完整的车周全景鸟瞰图，并通过中控娱乐显示屏显示出来的驾驶辅助系统。

该系统能减小视野盲区，帮助驾驶员顺利泊车入位，提高窄路、窄巷等场景的通过率。

图 4-6-8　极狐车辆全景影像监控系统摄像头

二、组成部件

（1）4 个全景影像监控摄像头：后方全景影像摄像头；前方全景影像摄像头；右侧全景影像摄像头；左侧全景影像摄像头。

（2）全景影像自动泊车辅助控制器安装于驾驶员座椅总成下部前地板总成上。

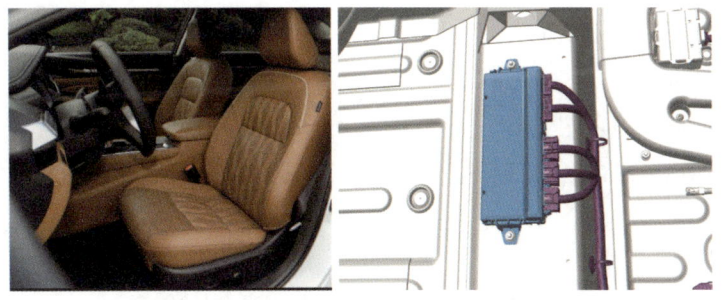

图 4-6-9　全景影像自动泊车辅助控制器

三、全景影像监控系统的使用

（一）全景影像开关

全景影像开关位于中控娱乐显示屏下拉菜单，点触开关可开启全景影像监控系统，在系统开启的情况下，再次点触开关可关闭全景影像系统，或点击全景影像视图右上角的返回键，关闭全景影像监控系统。

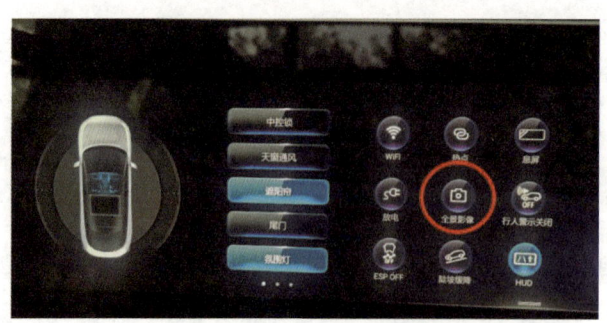

图 4-6-10　全景影像开关

（二）进入全景影像监控系统

车辆电源模式置于"ON"挡时，满足以下任一条件，即可进入全景影像监控系统：

（1）挂入 R 挡；

（2）点触全景影像开关开启（车速 <15km/h）；

（3）低速行驶时，打方向盘（"智能开启全景影像"功能开启时，车速 <15km/h）；

（4）通过语音识别功能打开全景影像；

（5）开启自动泊车功能。

（三）退出全景影像监控系统

仅开启全景影像监控系统，未开启自动泊车系统时，满足以下任一条件，即可退出全景影像系统：

（1）挂入 P 挡；

（2）点触全景影像开关关闭；

（3）通过语音识别功能关闭全景影像；

（4）车速 >15km/h。

开启自动泊车功能时，满足以下任一条件，即可退出全景影像监控系统：

（1）自动泊车功能结束或取消；

（2）车速 >40km/h；

（3）电源模式切换到"OFF"挡。

操作完毕，对场地进行整理，确保符合"7S"管理标准。

四、任务检查

将相关内容记录在表 4-6-1 中。

表 4-6-1　任务检查表

检查内容	检查结果
人员着装是否符合要求	是□　否□
车辆钥匙是否归位	是□　否□
车辆是否下电	是□　否□
是否按标准完成场地整理	是□　否□

技能演练2：全景影像监控系统的故障检修

学习目标

1. 能够分析全景影像监控系统故障原因；
2. 能够分析全景影像监控系统电路图；
3. 明确检查、诊断方法。

一、常见故障分析

（一）没有摄像头视图、故障信息、系统关闭

（1）清洁传感器或移除传感器和摄像头上的标签与附件。
（2）检查摄像头是否损坏。

图4-6-11　摄像头清洁喷头

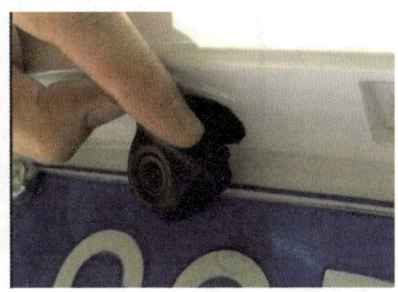
图4-6-12　检查摄像头

（二）系统不按预期工作

（1）摄像头脏污。污垢、雪、清洗剂残留物或涂层均会影响摄像头视图。
（2）传感器被水覆盖。
（3）车辆传感器区域损坏，如因为泊车碰撞。
（4）加装件、牌照支架装饰框或标签影响了传感器的探测区域，如因为自行车架。
（5）传感器区域的车漆上进行过改动或改装，如在前部车身或底盘上。

二、可行的解决措施

（1）暂时关闭系统。
（2）检查是否涉及上述原因。
（3）排除故障源后，可重新打开系统。
如果系统的表现仍然与预期不符，则应继续检修系统。

三、电路图分析

以北汽极狐阿尔法S车型为例，展示全景影像监控系统基本电路图，图中B62/B91/I25为全景影像自动泊车辅助控制器。连接有4个摄像头，分别为全景右视摄像头D31、全景后视摄像头T11、全景前视摄像头M10和全景左视摄像头D12。同时，全景影像自动泊车辅助控制器将全景视频输出

给集成座舱控制器 I26。

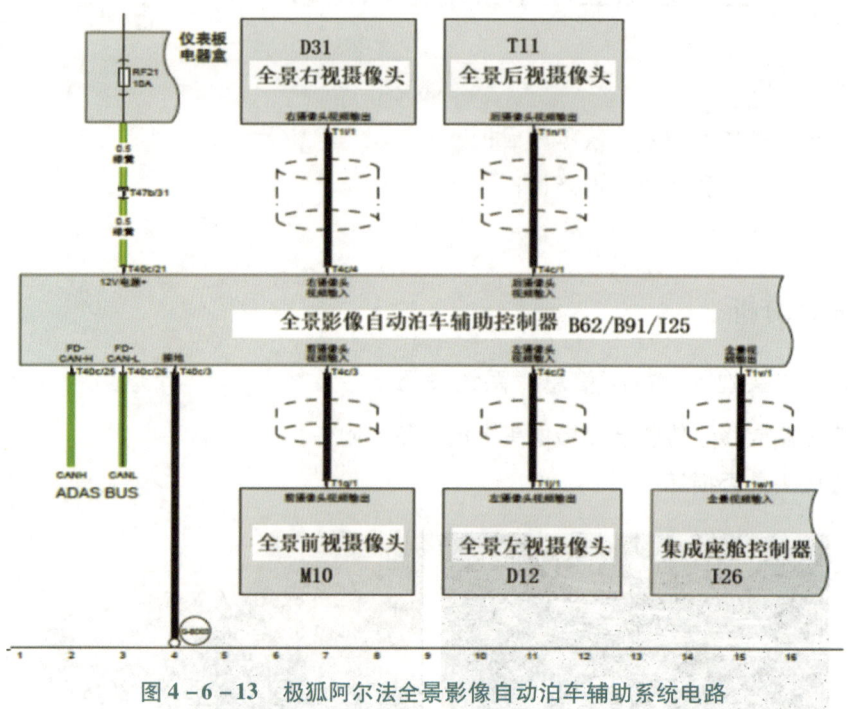

图 4-6-13　极狐阿尔法全景影像自动泊车辅助系统电路

四、实车故障检修

(一) 故障现象

一辆比亚迪汉 EV 旗舰车型，用户反馈车辆在正常行驶过程中，全景影像会偶发出现黑屏或绿屏的现象。重启车辆，故障依旧；重启 PAD，故障依旧，于是进店检测。

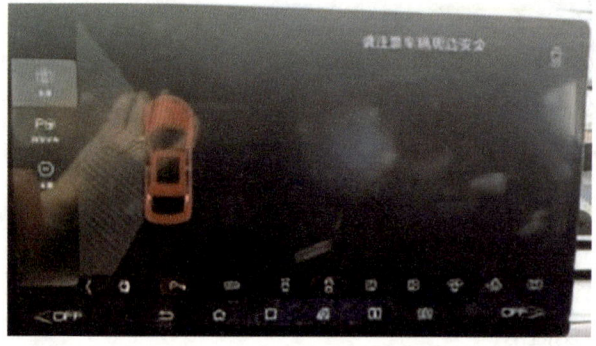

图 4-6-14　比亚迪汉 EV 旗舰车型全景影像黑屏

(二) 原因分析

（1）PAD 程序不是最新版本；

（2）外部加装电子产品干扰；

（3）前置摄像头自身故障；

（4）自动泊车程序不是最新版本，或自身硬件故障；

（5）全景影像系统相关摄像头线束虚接故障。

(三) 维修过程

(1) 车辆进店，检查PAD为最新版本，车辆内部也无其他电子产品加装现象，于是重启PAD故障依旧。

(2) 拿诊断仪扫描车辆所有模块，均无更新。读取到自动泊车模块故障码为B2FDC00：AVM前摄像头视频流故障。故障码无法清除，进一步拆掉前保险杠，检查其前摄像头插接件线束针脚无异常，故判断为前置摄像头自身故障。

(3) 更换新的前置摄像头，全景影像恢复正常，就将车辆交付用户使用，大概过了半个月，用户反馈影像再次出现故障，此时状态与之前故障现象不大相同，一直保持绿屏状态，如图4-6-15所示。

图4-6-15　比亚迪汉EV旗舰车型全景影像绿屏

(4) 根据以往经验自动泊车程序问题会导致以上故障，于是检查车辆APA版本为现在已有最新的版本，将其再次刷新到最新状态，路试车辆故障仍会出现，排除了软件程序问题。

(5) 用诊断仪扫描车辆，发现多媒体系统报4个摄像头故障。

(6) 4个摄像头都提示故障，这种情况一般出现在带自动泊车功能的车上，经检查自动泊车APA模块已升级到位，多媒体程序也升级到位，VDS程序无更新；这时可以拍一下中央扶手箱处，看看是否出现全景闪屏，故障时好时坏的现象，如果是，可能是线束存在问题；如果敲击后故障消失，或者绿屏依旧，可以更换APA自动泊车模块验证。

(7) 经过一番排查，排除了线束问题。于是拆除了后排座椅与后排搁物板，更换新的APA控制器，路试车辆，绿屏故障排除。

(8) 更换APA模块以后，用全景影像监控系统重新进行影像匹配，确保车辆影像功能的完美标准化。

项目五
汽车信息娱乐系统故障诊断与维修

任务 1　汽车组合仪表故障诊断与维修

知识学习：汽车组合仪表

学习目标

1. 了解汽车组合仪表功能；
2. 掌握汽车组合仪表结构和工作原理；
3. 能够检修汽车组合仪表常见故障。

汽车组合仪表大致经过几种大的类型变迁：第一种机械仪表、第二种电子仪表、第三种液晶仪表、第四种智能互联仪表。目前车辆仪表以电子仪表、液晶仪表以及智能互联仪表为主，仪表也可以实现手机互联导航显示等功能。

机械仪表　　　　　电子仪表　　　　　液晶仪表　　　　　智能互联仪表

图 5-1-1　汽车组合仪表类型

组合仪表是汽车的重要部件之一，能集中、直观、迅速地反映汽车在行驶过程中的各种动态指标。随着汽车电子化程度越来越高，各种新技术不断应用到汽车上，电子组合仪表以其较好的可靠性、准确性和适应性得到广泛应用。

图 5-1-2　ID.4 CROZZ 组合仪表　　　　图 5-1-3　迈腾 B8 组合仪表

一、汽车组合仪表的功能

为了保证安全行车，驾驶人通过视觉与听觉获取道路和交通状况等车外信息的同时，也需要获得汽车本身的有关信息，以便做出正确判断，安全驾驶汽车。组合仪表安装在驾驶人前方的仪表台上，显示汽车各重要部位的状态参数及汽车运行参数，是驾驶人通过视觉了解汽车状态的必备部件之一，是汽车与驾驶人进行信息交流的窗口。

汽车各系统工作状态通常以提示灯的形式体现出来。

汽车仪表盘提示灯分为三类，分别是指示灯、警示灯和故障灯。

第一类是我们平时开车最常见的指示灯，一般以绿色或蓝色居多，如灯光信号灯、转向信号灯、驻车灯等，它们的作用是提示车辆各功能的状况。

第二类是警示灯，通常为黄色，具有警示功能，如燃油指示灯、车门状态指示灯、安全带指示灯等。一般警示灯在驾驶员进行相应动作后熄灭，如安全带指示灯，当我们系上安全带后，其会熄灭。

第三类是故障灯，颜色为红色，也是最重要的指示灯，如发电机故障指示灯、ABS 故障指示灯、变速箱故障指示灯等。一般这些故障指示灯平时很少会点亮，或者在启动发动机时，会点亮片刻后熄灭，如果故障指示灯常亮，并且伴有警告声，表明车辆已经出现故障或异常。千万不要小看故障指示灯，如果忽视不管，很有可能损坏车辆，严重危及行车安全。如果故障指示灯常亮，需要立刻进行检修。

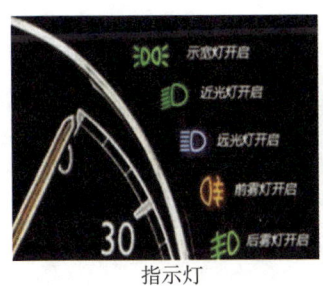  

　　指示灯　　　　　　　　　　警示灯　　　　　　　　　　故障灯

图 5-1-4　汽车仪表盘提示灯

二、汽车组合仪表的结构和工作原理

（一）组成

现在汽车大多采用组合仪表。组合仪表一般由面罩、前框架、标度盘及指针、印制电路板、插接器、报警灯及指示灯等部件组成。有些仪表还带有稳压器和报警蜂鸣器。

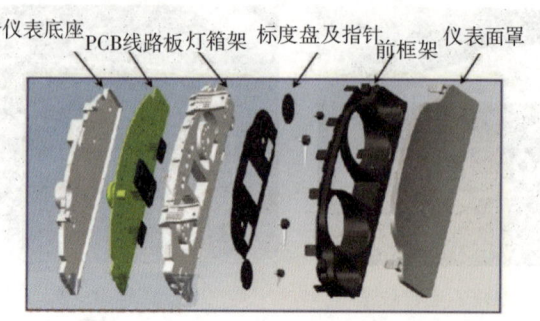

图 5-1-5　汽车组合仪表结构

仪表指示灯通常用发光二极管制作，发光二极管是一种固态发光器件，它体积小、结构简单、使用寿命长，故应用广泛。发光二极管的颜色有红、绿、黄、橙，可单独使用，也可用来组成数字。在实际应用中，常把发光二极管焊接到印制电路板上，以形成数字显示或带色光杆显示。

图 5-1-6　二极管指示灯

液晶显示是利用偏振光的特性来成像的，这和用手上下振动绳端时发生的情况相似。手上下振动所产生的纵波会沿着绳子的方向运动。正常的光线包括多平面振动波，如果让光线通过一个有特殊性能的偏振滤波器，这样就只有在和滤波器轴同一平面的振动光波才能通过，其余大部分光波则受阻而不能通过。

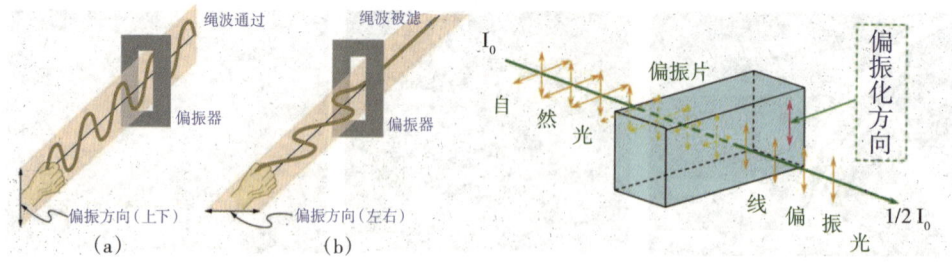

图 5-1-7　液晶显示偏振光原理

液晶显示自身不能发光，它只能起到吸收、反射或透光的作用，因此液晶显示装置需要有光或某种人造光线作为外光源。液晶体自身没有色彩，液晶显示是靠液晶元件后面的透光片来形成彩色的。透光片通常用荧光液来着色，当光线通过时，就能形成所需的颜色。

（二）工作原理

仪表主控单元 MCU 微控制器，接收传感器或其他控制单元的 CAN 总线信号进行处理，转化为指示灯的显示、声音的提醒以及电机的运转控制信号，控制仪表内部相应执行器工作。

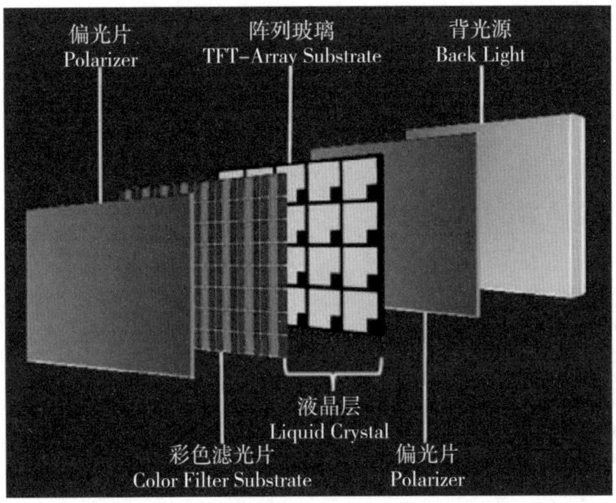

图 5-1-8 液晶显示装置工作原理

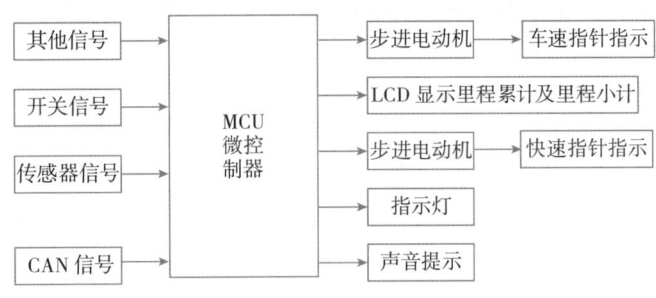

图 5-1-9 汽车仪表工作原理

技能演练1：迈腾 B8 组合仪表拆装

学习目标

1. 能够熟练使用仪表拆装工具；
2. 能够学会汽车仪表的拆装。

一、维修准备

维修作业时，维修人员按规定穿工装，维修过程中注意保持维修场地整洁，工具不乱放，拆卸零件不落地。

二、工具准备

维修工具套装、内饰翘板。

三、操作流程

（1）完全脱开方向盘，将方向盘向下，向后调节到极限位置，并固定住；
（2）撬开转向柱上下饰板；

（3）将转向柱的间隙盖板小心地从仪表定位件中脱出；

（4）使用专用工具将组合仪表挡板的侧面下部撬开，在撬开仪表其他固定卡扣后，将组合仪表挡板拆卸下来；

（5）使用TX30拆卸组合仪表固定螺栓；

（6）翘动组合仪表固定卡扣；

（7）断开组合仪表线束插头；

（8）取下组合仪表；

（9）安装前先检查组合仪表紧固元件是否损坏；

（10）将组合仪表扣入到位；

（11）安装组合仪表紧固螺栓查阅维修手册紧固至标准力矩；

（12）检查仪表挡板卡扣并安装到位；

（13）安装转向管柱上饰板，将转向管柱上下饰板扣在一起。

技能演练2：大众ID.4 CROZZ仪表无法点亮故障检修

学习目标

1. 能够熟练使用汽车故障检修常用工具仪器；
2. 能够检修汽车组合仪表常见故障。

一、故障现象

当车辆解锁后，打开车门，仪表不显示任何信息，此时仪表处于全黑状态，按压一键启动按键上电，仪表均无任何反应，挂挡行驶，车辆也可以正常行驶，此时需要重点排查仪表自身及相关工作电源。

二、故障诊断

（1）连接解码器进入驾驶员显示屏显示单元，查看解码器能否与车辆仪表建立通信，如果无法建立通信且仪表也无任何显示，则可以断定仪表自身、相关工作电源及通信线路存在故障。

（2）连接解码器进入显示与操作系统CAN总线上的其他控制单元，看能否建立通信，如果该总线上的其他控制单元可以正常通信，则说明显示与操作系统CAN总线基本工作正常。

（3）可通过测量仪表CAN总线插接器到显示与操作系统CAN总线上的其他控制单元CAN总线插接器的电阻状况，判断总线线路是否存在故障，如果测量结果为0，则说明仪表CAN总线线路自身正常，下一步则测量仪表工作电源，仪表工作电源正常为12V，如果工作电源正常，则为仪表自身存在故障，即可更换仪表。

（4）如果仪表可以点亮，但无法显示点火开关打开状态，或仪表无法显示高压准备就绪状态，此时需要判定车辆当前状态是否真的没有打开点火开关或没有上高压。

（5）如果车辆可以正常行驶，此时需要考虑仪表及该总线上的相关控制单元；如果车辆确实无法低压或高压上电，则需要考虑车辆上电相关故障和低压无法上电故障，可通过车辆舒适功能验

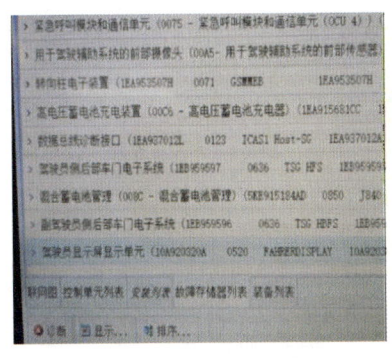   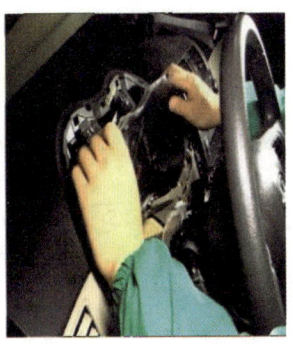

图 5-1-10　汽车仪表通信状况　图 5-1-11　总线电阻测量　图 5-1-12　工作电压测量　图 5-1-13　更换仪表

证，或与 15 上电后才能建立通信的控制单元进行通信验证，如电机、电池的控制单元。高压无法上电也可通过空调或电机验证，查看高压蓄电池对外输出电压数据流即可验证。

（6）确定为仪表相关故障后，可读取仪表相关故障码和数据流，根据故障码和数据流提示进行相关故障诊断。

（7）如果仪表黑屏或无法显示正常车辆状态信息，此时需要重点考虑仪表自身及显示与操作系统 CAN 总线上连接的控制单元自身，以及仪表上的唤醒线和通信线路是否存在故障。

（8）处理方法：查看显示与操作系 CAN 总线上连接的控制单元是否已经升级到厂家的最新软件版本，对非最新版本进行相关升级，测量仪表唤醒线及信号线是否正常，确定线路自身不存在故障后，如果问题依旧得不到解决，可以选择更换仪表控制单元和 J794 电子通信信息设备 1 控制单元进行相关故障验证后相应更换损坏的控制单元。

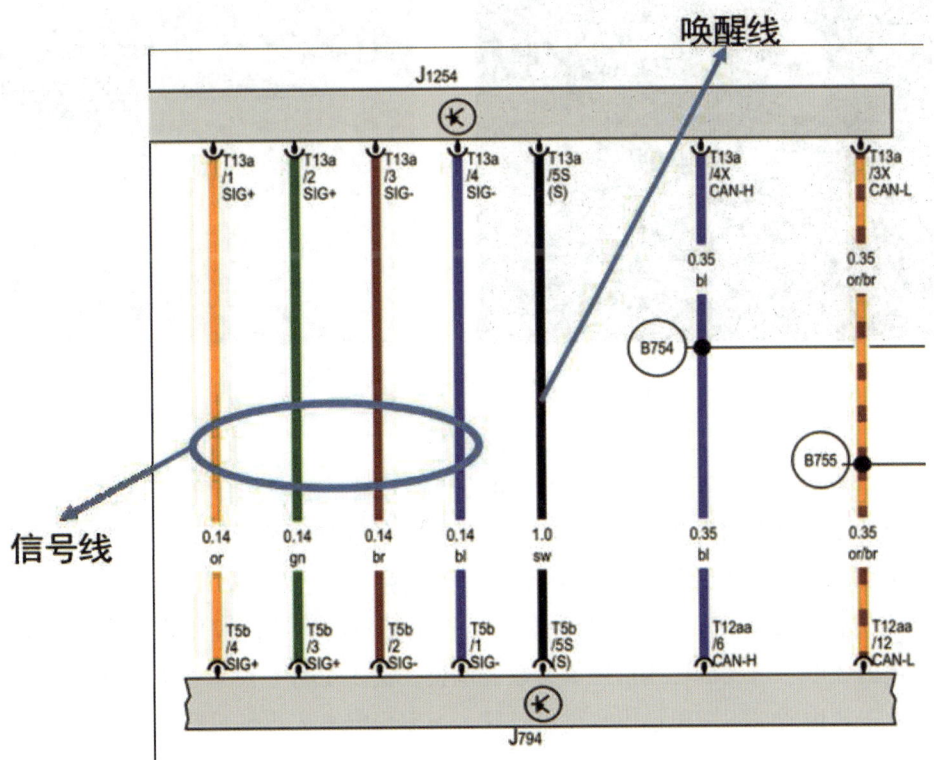

图 5-1-14　仪表与电子通信控制单元电路

任务 2　HUD 系统故障诊断与维修

知识学习：HUD 系统

学习目标

1. 了解 HUD 系统功能；
2. 掌握 HUD 系统结构原理；
3. 掌握 HUD 系统常见故障。

一、HUD 系统的发展

抬头显示（Heads – Up Display，HUD）系统，又称平视显示系统。其作用是把时速、导航等重要的行车信息投影到驾驶员前面的挡风玻璃上，让驾驶员尽量做到不低头、不转头就能看到时速、导航等重要的驾驶信息。

HUD 系统的投射范围可以做到较宽的一个投射范围，整体的内容也特别丰富，既可以显示地图导航信息，也可以显示道路车辆信息、时速限速以及信号交通标志转向指示等信息。HUD 系统可使驾驶员不需要从路面上转移视线到传统的仪表盘，然后再将视线转移到路面，不需重新调节眼睛的焦距。

图 5 – 2 – 1　HUD 白天夜晚显示效果

HUD 技术发展史可分为三个阶段：技术萌芽阶段、技术转化阶段、技术成长阶段。

（1）技术萌芽阶段：HUD 系统原先是战争的产物，最早被应用于战斗机上，飞行员在高速飞行中需要极快的反应速度和高度集中的注意力。而战机的仪表复杂，所以为了避免飞行员频繁地通过仪表查看飞行数据，分散注意力，HUD 系统应运而生。

（2）技术转化阶段：1972 年，英国专利人员提出了对平视系统应用在汽车上的改进，根据对汽车挡风玻璃的弧度、驾驶员视线角度等参数的调整，提供了将平视系统应用在汽车上的具体技术方案。然而由于成像质量不理想且成本高昂，这一方案没能投入市场进行应用。

（3）技术成长阶段：1988 年，通用汽车在其旗下的 Oldsmobile Cutlass Supreme Indianapolis 500 Pace Car 上首次采用了抬头显示器，成为世界上首款采用该技术的汽车。此后，宝马、奔驰、本田、丰田等整车厂也相继在旗下车型上配备 HUD 系统，HUD 系统开始被越来越多的厂商应用到汽车上。

如今随着汽车功能的不断增多，HUD 系统可以通过与汽车行车电脑、GPS 导航仪以及倒车雷达等设备的配合，为驾驶员实时显示车速、发动机转速、挡位状况、转向灯、导航提示、故障提示、定速巡航状态及巡航速度、收听广播的频率等信息。一些具备自动车距巡航控制功能的汽车，HUD 系统还可以显示与前车的距离等信息。

二、使用方法

在车机主界面找到车辆，选择车辆内部设置，点击平视显示，将 HUD 系统激活，打开增强现实平视显示器，这样车速和导航信息就可以显示在前挡风玻璃上了。

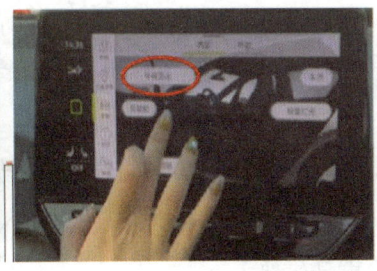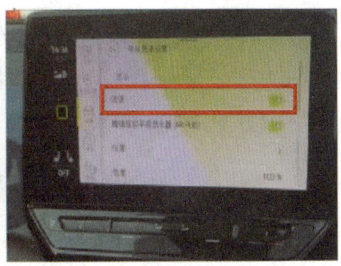

图 5-2-2　HUD 系统使用方法

三、HUD 系统结构组成

HUD 系统整体结构主要包括挡风玻璃投影控制单元 J898、TFT 显示屏、可伸缩的玻璃板。而作为 HUD 系统最核心的部件——控制投影单元，所需的所有光学、机械和电气元件都安装在这个控制单元中，主要用于投影成像，约占其整体系统总价值量的 50%。

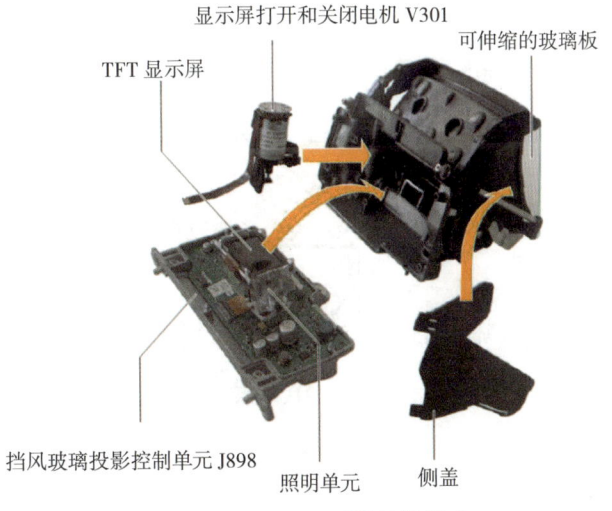

图 5-2-3　HUD 系统结构组成

投影控制单元（PGU）具体可分为传统 LCD 投影技术、MEMS 激光投影技术和 DLP 投影技术三种。

（一）传统 LCD 投影技术

传统 LCD 投影技术主要是液晶屏显示后通过反射改变光源角度最终在挡风玻璃上成像。2011

年至今，传统 LCD 投影技术共申请专利约 3000 件，且每年专利增长数量均大幅超过其他两类投影技术，是近十年行业内最主流的研发方向。但其缺点在于光线经过液晶后亮度会有一定程度的衰减，并且因为液晶之间有一定的距离，其分辨率清晰度存在缺陷与不足。所以 HUD 相关的技术厂商近几年逐渐转向显示效果更好的 MEMS 激光投影和 DLP 等技术。

（二）MEMS 激光投影技术

此技术是通过使用具有较高功率的红、绿、蓝（三基色）单色激光器为光源，激光在机器内经过相应的光学元件和处理芯片的整合与扫描后投射在显示屏上。其技术优势在于其色域空间大、色饱和度高、分辨率清晰。从专利申请趋势来看，MEMS 激光投影技术从 2011 年开始每年的专利增长数量与 LCD 投影技术间的差距逐渐缩小。

MEMS 激光投影技术逐渐成为 HUD 技术领域重要的研发方向。但由于目前成本高且不能达到车规要求的 85 ℃ 的工作要求，其技术热度从 2017 年开始呈下滑趋势。

（三）DLP 投影技术

其是一种以数字微镜装置作为成像器件，通过调节反射光实现投射图像的投影技术。技术优势在于投影效果亮度高、分辨率高、成像逼真，而且在 AR - HUD 体系设计中，具有温升控制功能的 DLP 投影技术相较于 LCD 投影技术更具优势。

四、HUD 系统工作原理

HUD 系统用一个非常明亮的光源从后部透射一个高分辨率 TFT 显示器。此光源共由 15 个发光二极管组成。其技术构造类似于一个幻灯片投影仪，所发出的光束通过两面转向镜投射到挡风玻璃上。其中一面转向镜是可调的，用于设置平视显示的高度。为了使平视显示图像适合座椅位置或驾驶员的身材，这个设置方式发挥着重要的作用。这两面转向镜的另一个作用是纠正由挡风玻璃的曲率造成的图像变形。

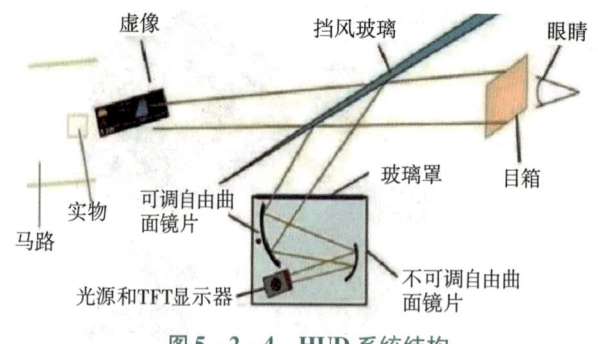

图 5 - 2 - 4　HUD 系统结构

五、汽车挡风玻璃结构

挡风玻璃是 HUD 系统整套光学系统的重要组成部分。投射的图像在挡风玻璃上发生反射，这使挡风玻璃如同第三块镜面。HUD 系统的挡风玻璃与传统挡风玻璃的区别在于，挡风玻璃的两层扁平玻璃中间的 PVB 膜的厚度不是恒定不变的，而是略微呈楔形。因此，挡风玻璃的厚度从下往上略有增加。楔形 PVB 膜使驾驶员不会看到重影。

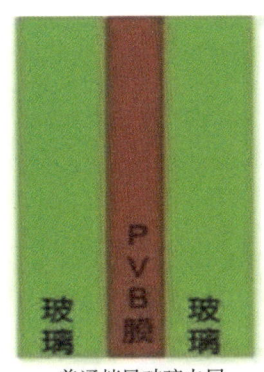 

普通挡风玻璃夹层　　　　　　HUD挡风玻璃夹层

图 5-2-5　汽车挡风玻璃结构

六、挡风玻璃投影控制单元电路控制原理

挡风玻璃投影控制单元是一个具备自诊断功能的控制单元，它通过 CAN 显示和操作与其他控制单元进行数据交换。系统会使显示图像的光强持续地与当前的环境光线相匹配。为此，控制单元会分析雨量／光线识别传感器探测到的环境亮度数值。驾驶员也可以根据自己的需要，通过信息娱乐系统及车灯开关中的显示器和仪表照明基本设置调节器来调节显示亮度。

图 5-2-6　挡风玻璃投影控制单元电路控制原理

七、转动位置调节器

转动位置调节器可设置平视显示可见范围（视野框）的垂直位置。通过这一设置可以使平视显示的可见范围最好地配合座椅位置以及驾驶员的身材。

显示器和仪表照明调节器可对显示器和仪表照明进行基本设置。改变此设置时，HUD 系统的显示亮度也会发生改变。

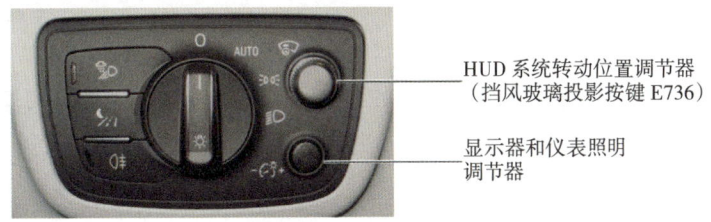

图 5-2-7　照明调节器

技能演练：HUD 系统故障诊断与维修

学习目标

1. 掌握 HUD 系统故障诊断流程；
2. 能够排除 HUD 系统常见故障。

一、故障现象

车辆概况：别克君越 2019 款，提车 2 年行驶 4.2 万千米，从未出过交通事故，车况良好。车辆启动后，HUD 系统不显示。

二、故障原因分析

车辆 HUD 系统不显示，可能有以下几个原因。

（一）HUD 系统亮度太低

HUD 系统利用投影装置发出的影像，经反射镜反射后在前挡风玻璃上显示出来，驾驶员不必低头观察仪表信息，显著提升了驾驶安全性。但是，HUD 系统亮度调整到最低，会导致 HUD 系统投影信息无法被观察到。

图 5-2-8　HUD 系统亮度调整按键

解决方案：通过仪表台左侧的按键，将 HUD 系统亮度调整到合适水平，车主可自行操作。

（二）保险丝片熔断

HUD 系统保险丝片熔断，导致车辆启动后，HUD 系统因断电无法正常工作。维修技师找到保险丝盒，检查 HUD 系统保险丝片是否发生熔断。

解决方案：更换熔断的保险丝片。

（三）投影机损坏

车辆 HUD 系统位于前挡风玻璃内侧，阳光曝晒造成的高温再加上 HUD 投影机产生的热量，容易导致 HUD 系统因高温损坏。维修技师使用汽车专用检测电脑读取 HUD 系统控制单元数据信息，判断投影机是否损坏。

解决方案：更换 HUD 系统总成。非人为原因所致，车辆在质保期内，可到 4S 店免费更换

HUD；车辆超出质保期，4S 店的更换费用在 7000~8000 元，维修店的更换费用在 7000 元左右。

总结：通过故障分析，上述案例中车辆 HUD 系统不显示的情况，是保险丝片熔断所致，具体的处理方法可参考解决方案。另外，建议车主不要在车内连接大功率用电设备，防止用电负荷过大，导致车身部件损坏。

任务 3　车载信息娱乐系统故障诊断与维修

知识学习：车载信息娱乐系统

学习目标

1. 熟悉车载娱乐系统的功能；
2. 掌握车载信息娱乐系统的组成和原理；
3. 能够检修车载娱乐系统的常见故障。

一、车载信息娱乐系统的发展

作为智能座舱的主角之一，车载信息娱乐系统（以下简称车载信娱系统）是除驾驶以外完成其他任务的中心，也是"人—车—环境"交互的重要载体。车载信娱系统，即 IVI（In-Vehicle Infotainment）或 IVIS（In-Vehicle Infotainment Systems）。从名字可以看出，IVI 主要为驾驶员和乘客提供信息和娱乐，但现在远不止于此。

在智能网联汽车上，车载信娱系统已经从收音机、GPS 导航拓展为集实时地图在线导航、多媒体娱乐、音视频通信、车辆控制等功能于一身，而且内容越来越丰富，形式越来越多样。继个人电脑、手机、平板之后，车载信娱系统被视为又一个互联网智能终端。

车载信娱系统采用车辆专用中央处理器，基于车身总线、4G/5G 移动网络和互联网服务等，形成车载综合信息处理系统。从狭义上讲，IVI 可简单理解为车机中控（Head Unit），也就是主驾驶右前方的大屏；从广义上讲，IVI 指包括车内中控屏、副驾屏、后排屏等的车机系统，融合触控、语音和手势等多种人机交互方式，为驾乘提供各种信息和应用服务。在"新四化"背景下，在很多车厂，IVI 或更名网联部门，或从属于车联网、智能座舱部门，重要性有增无减。

车载信娱系统的发展历史并不长，走向智能化、网联化只是过去十几年间的事情。纵观其发展历程，大致可以分为三个阶段。

（一）初级阶段（1910 年至 20 世纪 90 年代）

1910 年，爱立信创始人拉什·马格拉斯·爱立信（Lars Magnus Ericsson）在自己的车内安装了一部电话，与其说为了满足富豪车主需求，更像是推广自家产品。1924 年，雪佛兰打造出世界上首款车载收音机，标志着车载信娱时代的开启。之后的大半个世纪，车载信娱系统更迭缓慢——车载收音机到 20 世纪 50 年代才普及开来，卡式磁带播放器出现于 20 世纪 60 年代，CD 机自 20 世纪 80 年代开始搭载于汽车……整体而言，这一时期的车上娱乐仅限于收听广播和音乐，内容十分单一。

(二) 跃升阶段 (20 世纪 90 年代至 2012 年)

车载信娱系统的跃升与信息技术和消费电子产品的快速发展息息相关，笔记本电脑、手机等移动通信设备的部分功能被逐渐移植到车上。20 世纪 90 年代，出现了装有 GPS 导航系统的汽车。随后，车上又有了蓝牙电话、MP3、DVD 播放器等，人们开始把这一集成了众多功能的系统称为"车机"。十几二十年间，车载显示屏也逐步进化，完成从单色点阵屏到彩色液晶屏的转变。这时的车机系统让行车安全和驾乘舒适性明显提升，但不具备联网功能，与手机相比，离"智能设备"还有很大距离。

(三) 智能网联阶段 (2012 年至今)

2012 年，特斯拉 Model S 问世，标志着汽车电动化浪潮滚滚而来。车上 17 英寸大屏惊艳众人，车载信娱系统的功能和设计开始颠覆式变革。以特斯拉为代表，车载信娱系统将以往由物理按键完成的操作，如车辆控制、空调和座椅设置等，也整合到了触控屏上。此后，车机中控纷纷朝大屏方向演进，并且融合语音助手、辅助驾驶等功能。十年间，IVI 高歌猛进，已成为智能座舱举足轻重的组成部分，以及体现一辆车智能网联程度的重要窗口。

图 5-3-1　中控大屏已成为智能网联汽车"标配"

二、车载信娱系统的功能

（1）多媒体：收音机、USB/AUX 等外接设备、蓝牙音频、在线音乐 App、在线电台、卡拉 OK 等提供多媒体资源的应用；

（2）导航：地图显示、路径规划等基本导航功能，以及车队行驶、路书等新型功能，可分为本地离线导航应用和在线导航；

（3）Connectivity 连接模块：蓝牙、Wi-Fi 连接功能；

（4）映射功能：车联网标准（Mirrorlink）、百度车联网系统（Carlife）、苹果车载系统（Carplay）、华为云数字化办公平台（Welink）、车载系统分手机应用互联技术（Applink）等，能够将手机屏幕直接映射到车机上面，并实现双向的控制；

（5）人机交互：触屏、按键、语音、手势、人脸识别等用来和车机进行交互；

（6）车身信息显示和控制：车门、车窗、空调、座椅、空气净化器等状态显示以及通过 HMI 进行控制；

（7）ADAS 等辅助驾驶功能：倒车影像、全景影像、ADAS、自动泊车等；

（8）社交应用模块：微信、抖音等第三方车载 App 实现车内社交；

可以看出来，和手机一样，车辆通过网络和其他的设备、云平台等连接在了一起。

三、车载信娱系统技术原理

车载信娱系统基于计算机、通信和多媒体技术，通过中控台上的显示屏和音响设备提供人机交互界面。系统主要由硬件和软件两部分组成。硬件部分包括处理器、存储器、输入输出设备等，负责数据处理和传输；软件部分则包含了操作系统、应用程序和数据，负责实现各种功能和提供服务。

ID.4X 使用了最新一代的大众汽车信娱系统。电子通信信息设备控制单元是车内两台高性能计算机之一。ICAS 是 In Car Application Server 的缩写，表示车载应用服务器，该硬件被多个虚拟控制单元使用。对于 ICAS3，这些控制单元的诊断地址码为 5F 和 8125，生成视频信号用于组合仪表、显示和操作面板、AR – HUD。

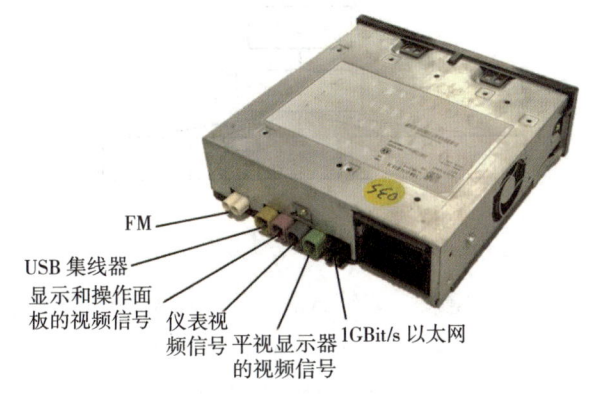

图 5 – 3 – 2　电子通信信息设备控制单元

在 ID.4 的总体电子电气架构中，J533 也被称为 ICAS1 中央计算单元。ICAS1 主要负责整车功能应用服务，同时为 ECU 提供跨网通信能力，包括车身控制、电动系统、高压驱动、灯具系统、舒适系统等，其中 ICSA1 中分不同的网关，用于区分不同的网络，同时也为不同的局域网提供不同的安全防护，保证内部网络的数据安全。底盘、安全气囊等不具备集成能力的模块也属于 ICAS1。

ICAS3 主要是负责娱乐系统的域控制器，把导航系统、仪表系统、HUB、智能座舱所有的算法和硬件集中于此。ICAS1 和 ICAS3 通过以太网和 CAN 通信连接，采用以太网交换机进行数据交互，CAN FD 支持诊断相关通信。

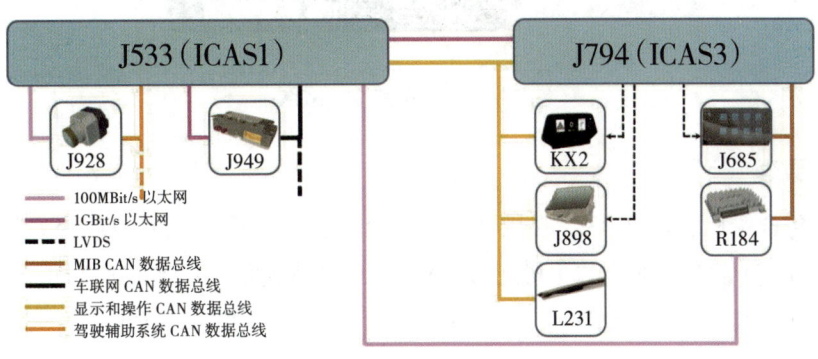

图 5 – 3 – 3　ID.4 域控制器

四、车载 T – BOX

近年来,车联网的出现提高了用车体验,给生活带来更多的便捷性。而车载 T – BOX 作为车联网非常重要的一个组成部分,发挥了非常重要的作用。

(一)车载 T – BOX 的定义

Telematics BOX,简称车载 T – BOX,其实就是一个远程信息处理器,是车载通信模块的核心组件,它是嵌入在汽车内部的通信设备,主要用于收集、处理并传输车辆运行数据,提供车载设备间的无线通信和远程控制等功能。

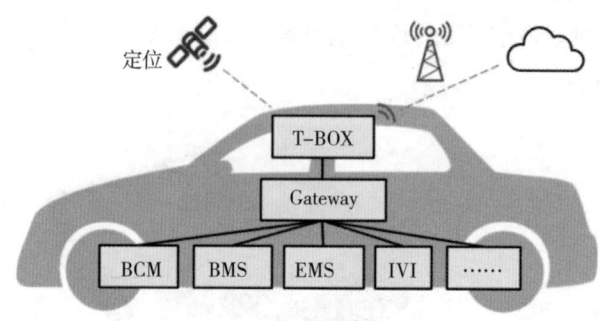

图 5 – 3 – 4　车载 T – BOX

T – BOX 通常集成了 GPS/GNSS 定位、蓝牙通信、低功耗 Wi – Fi 等模块,通过无线通信网络如 4G/LTE、5G 等与外部服务器互联。T – BOX 为整车提供了行驶数据采集、行驶轨迹记录、车辆故障监控、车辆远程控制等功能,使得车主可以实时了解车辆状态并进行远程控制。T – BOX 作为通信终端产品,其产品的常见样式是安装在汽车仪表盘下方的带有无线通信功能的盒子,盒子中可能会内嵌一张移动运营商的 SIM 卡,盒子中涉及的操作系统有 Linux、Android 等,盒子中配备有 GPS 天线和 4G 天线等。

图 5 – 3 – 5　车载 T – BOX

(二)工作原理

车联网主要包含主机、T – BOX、手机 App、后台系统,而手机 App 与后台系统的通信是基于 T – BOX 来完成的。车载 T – BOX 与主机通过 CAN 总线进行通信,以实现控制指令和消息的传递。当用户通过手机 App 发送"启动车辆、打开空调、调整座椅"等控制命令后,后台系统会收到来自 App 的请求,然后会发出控制指令到车载 T – BOX 上。车载 T – BOX 再通过 CAN 总线发送控制报文来实现对车辆的控制,最后将处理结果反馈到用户的手机 App 上。除了使用 CAN 总线,T –

BOX 中常见的设备间通信方式有 SPI、UART、I2C 等。MCU 通过 UART 与 Wi-Fi、蓝牙、4G 模组、GPS 定位等模块进行异步通信。MCU 通过 SPI 与 Flash 闪存存储器等模块进行高速的同步通信。T-BOX 与后台系统的通信还包括语音和短信两种形式，基于短信的通信方式主要用于一键导航及远程控制等功能。MCU 主要用来完成电源管理以及 CAN 总线接入等功能。

（三）车载 T-BOX 的功能

T-BOX 通过 4G/5G 远程无线通信、GPS 卫星定位、加速度传感和 CAN 通信，可实现车辆检测、远程控制、蓝牙钥匙、紧急呼叫、安防服务、OTA 升级等多种功能。

1. 汽车网络准入

T-BOX 可以让整车接入运营商网络，通过 4G/5G 信号进行车云互联，给车机等设备提供上网服务。

2. 远程诊断

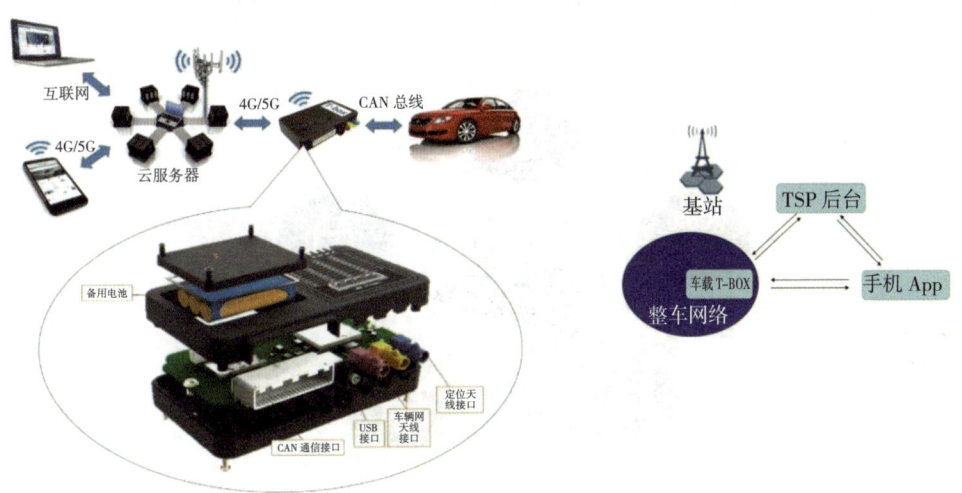

图 5-3-6　车载 T-BOX 的功能　　　图 5-3-7　远程控制

T-BOX 在汽车行驶过程中检测汽车的故障信息，将故障码上传至后台服务，车载系统在不打扰车主的情况下复检故障信息。在确定是故障后，车载软件配合后台服务进行远程故障消除，并将无法消除的故障以短信的方式发送给车主，使车主提前知道汽车存在的故障信息，防患于未然。远程诊断的基本原理是 T-BOX 通过 CAN 总线与整车软件进行通信，最终获得车载信娱系统的 CAN 数据、车载诊断系统的 CAN 数据，并做出相应的处理。

3. 远程控制

用户通过手机 App 控制车门开关、调节空调等。手机 App 首先将控制指令发送给服务端，然后服务端将控制指令发送给 T-BOX，T-BOX 将控制指令转换成 CAN 消息，通过 CAN 总线通知各个 ECU 执行相应操作。

4. 蓝牙钥匙

替代物理钥匙，通过手机 App 创建蓝牙钥匙/授权他人使用蓝牙钥匙进行车辆解锁、闭锁、启动等控制。

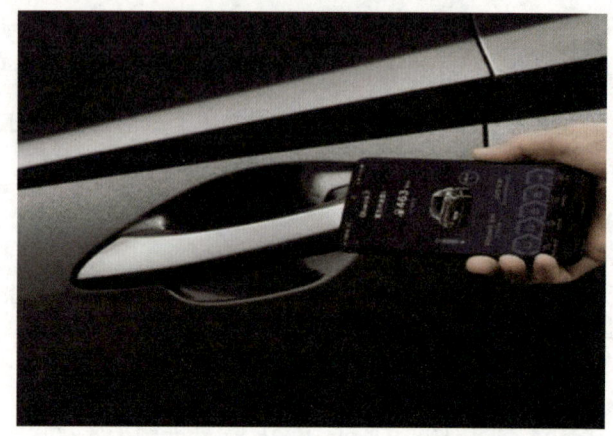

图 5-3-8 T-BOX 的蓝牙钥匙功能

5. 紧急呼叫

部分厂家支持紧急情况呼叫，如翻车、碰撞后人为或自动触发救援电话拨打等。

图 5-3-9 紧急呼叫功能

E-Call，全称是 Emergency Call，是欧盟于 2017 年底强制要求的所有上市新车必须配备的汽车紧急呼叫系统。E-Call 支持手动触发和自动触发两种方式。用户手动按下实体按键（SOS）后产生手动触发，车辆发生紧急碰撞后安全气囊弹出时产生自动触发。车辆发生碰撞时，T-BOX 检测到碰撞信号后会自动拨通 E-Call 求救电话，后台会根据车辆位置信息及时安排相应的救援服务。

6. 安防服务

安防服务含路边救援、车辆异动及异常信息上传，全方面保障行车安全与车辆防盗，例如，车辆被盗后远程报警与定位跟踪。

7. OTA 升级

OTA 升级可远程更新车辆软件，它能优化系统性能，修复漏洞，增添新功能，通过无线下载升级包可轻松实现。

8. 平台监控/监管

根据相应的国家标准和技术规范，T-BOX 会将新能源汽车上的数据实时发送给企业安全检测平台，然后由平台上报给地方监管平台和国家监管平台。

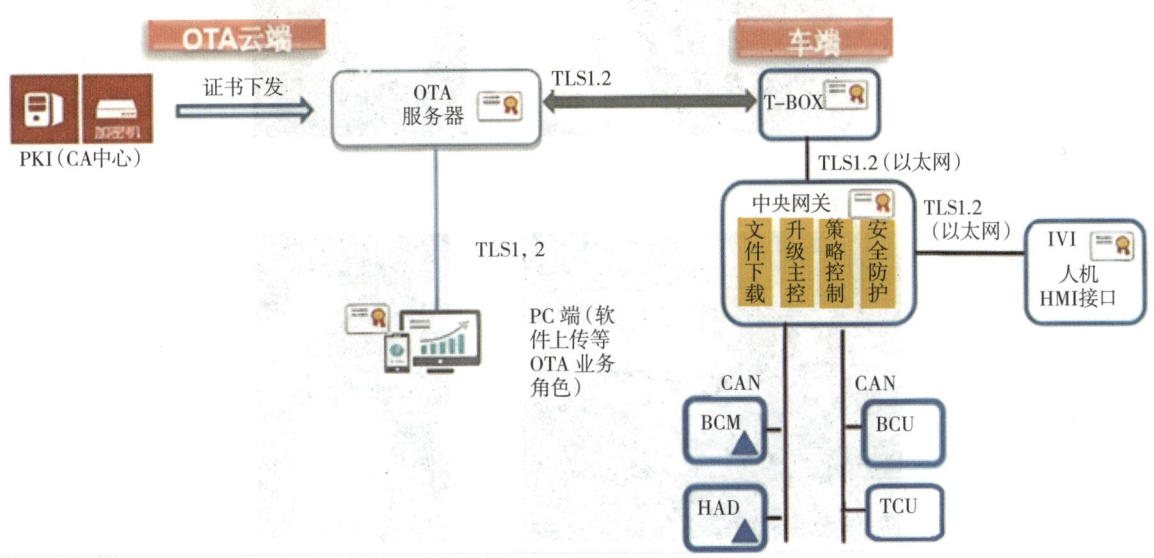

图 5-3-10　OTA 升级

（四）T-BOX 的安装位置

一般 T-BOX 的安装位置有仪表盘内、油门踏板旁、主/副驾驶座下、车机中控内侧、手套箱内、挂挡盖板内等。对 T-BOX 进行取证的时候，一般需要将模块从车上拆下，再用对应的取证工具进行取证。

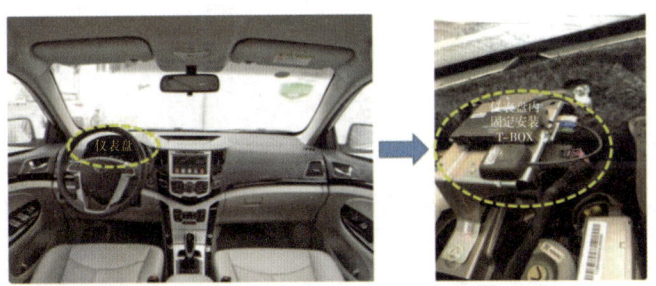

图 5-3-11　仪表盘内

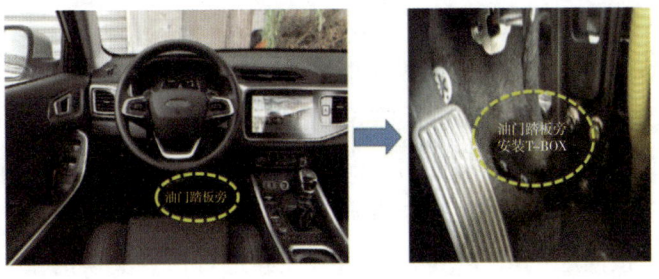

图 5-3-12　油门踏板旁

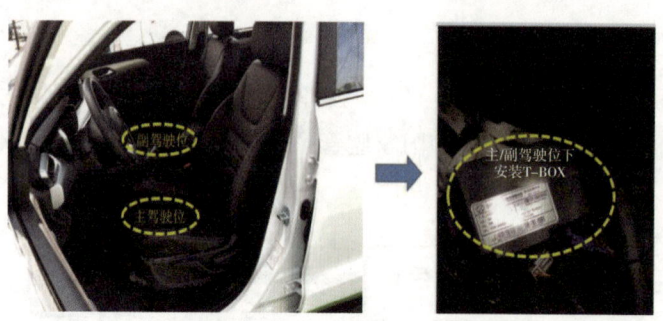

图 5-3-13　主/副驾驶座下

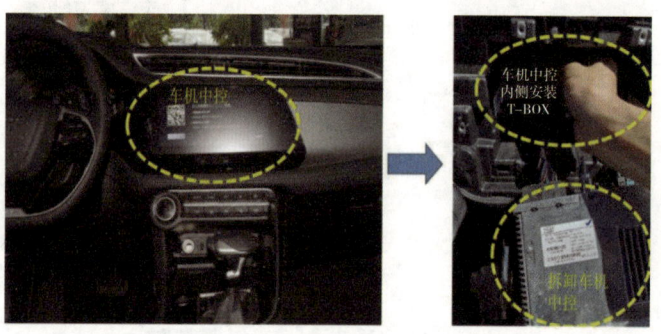

图 5-3-14　车机中控内侧

技能演练：汽车 T-BOX 故障检修

学习目标

1. 熟悉 T-BOX 常见故障；
2. 学会汽车 T-BOX 故障检修。

T-BOX 是车辆的远程信息处理系统，它可以通过无线通信技术与车辆的 ECU 进行连接，实现远程监控和操作车辆的功能。本部分将详细介绍哈弗 H6 报 T-BOX 故障的维修方法，帮助车主更好地解决这一问题。

一、故障表现

哈弗 H6 报 T-BOX 故障时，通常有以下几种表现：

（1）车辆无法启动：当 T-BOX 故障发生时，车辆可能无法正常启动。这可能是 T-BOX 与 ECU 之间的通信中断或 T-BOX 本身出现故障导致的。

（2）远程控制功能异常：如果车主使用远程控制功能操作车辆，如远程解锁、远程启动等，当 T-BOX 出现故障时，这些功能可能会失效或出现异常情况。

（3）车载互联网连接问题：T-BOX 是车辆与外界进行信息交换的重要组件之一，如果 T-BOX 出现故障，车载互联网连接可能会中断或不稳定，导致车主无法正常使用在线导航、音乐等互联网服务。

(4) 行驶过程中出现顿挫感：当 T-BOX 出现故障时，车辆在行驶过程中可能会出现顿挫感或异常噪声，这可能是 T-BOX 与 ECU 之间的通信中断或 T-BOX 本身出现故障导致的。

二、故障原因

哈弗 H6 报 T-BOX 故障的原因可能包括以下几个方面：

(1) T-BOX 本身故障：可能是 T-BOX 内部电路板、芯片或其他组件出现故障导致的。

(2) T-BOX 与 ECU 之间的通信线路故障：可能是通信线路中断、短路或其他问题导致的。

(3) 车载互联网连接问题：可能是车载互联网连接中断、不稳定或其他问题导致的。

(4) 车辆使用环境问题：例如，在信号覆盖较差的地区使用车辆，可能会导致 T-BOX 无法正常工作。

(5) 软件问题：可能是 T-BOX 的软件版本不兼容或存在漏洞导致的。

三、维修方法

针对哈弗 H6 报 T-BOX 故障的维修方法包括以下几个方面：

(1) 检查 T-BOX 电源和通信线路：首先检查 T-BOX 的电源和通信线路是否正常连接，如果没有问题，可以尝试更换 T-BOX 电源或通信线路。

(2) 检查车载互联网连接：如果车载互联网连接存在问题，可以尝试重新连接或更新车载互联网服务。

(3) 检查 ECU 和 T-BOX 的通信协议：如果 ECU 和 T-BOX 之间的通信协议不兼容或存在漏洞，可能会导致通信中断或异常。可以尝试更新 ECU 软件或重新配置 ECU 和 T-BOX 之间的通信协议。

(4) 检查 T-BOX 本身：如果以上方法都没能决问题，可能是 T-BOX 本身出现故障。可以尝试将车辆送至专业维修站进行检查和维修，或者更换新的 T-BOX 设备。

(5) 注意软件更新：如果 T-BOX 的软件版本不兼容或存在漏洞，可能会导致故障。可以关注哈弗官方网站或 App 上的软件更新信息，及时升级 T-BOX 软件。

四、预防措施

为了避免哈弗 H6 报 T-BOX 故障的发生，车主可以采取以下预防措施：

(1) 定期检查和维护车辆：定期检查和维护车辆的各个系统，包括 T-BOX 和 ECU 等组件。保持车辆处于良好的工作状态可以减少故障的发生。

(2) 避免在信号覆盖较差的地区使用车辆：在信号覆盖较差的地区使用车辆可能会导致 T-BOX 无法正常工作。因此，尽量避免在这些地区长时间使用车辆。

项目六

汽车空调系统故障诊断与维修

任务1 汽车空调系统保养

知识学习：汽车空调系统的组成与原理

学习目标

1. 掌握汽车空调系统的组成；
2. 熟悉汽车空调系统的制冷与制热原理。

一、空调系统原理

汽车空调系统通过制冷剂的相态变化实现热量从车内转移到车外，以下是其整体运行原理。

（一）制冷循环原理

1. 压缩过程

空调系统的运行始于压缩机。压缩机由发动机（传统燃油车）或电机（新能源汽车）驱动，其作用是将低温低压的气态制冷剂吸入。压缩机的主要作用是对制冷剂进行压缩，通过压缩，制冷剂的压力和温度急剧升高，变成高温高压的气态。例如，在传统燃油车中，当发动机运转时，通过皮带带动压缩机工作；在新能源汽车中，电动压缩机根据空调控制单元的指令启动工作。

2. 冷凝过程

从压缩机排出的高温高压气态制冷剂进入冷凝器。冷凝器通常位于车辆前部，便于利用行驶过程中的气流进行散热。在这里，制冷剂与外界空气进行热交换。由于外界空气温度相对较低，制冷剂释放热量，温度逐渐降低，气态制冷剂逐渐冷凝成高温高压的液态。这个过程就像我们日常生活中，水蒸气遇到冷的物体表面会凝结成水滴一样，制冷剂从气态变成了液态，同时将热量散发到车外环境中。

3. 膨胀过程

经过冷凝器后的高温高压液态制冷剂接着进入膨胀阀（或节流装置）。膨胀阀的作用是对液态制冷剂进行节流降压，它通过一个小孔或特殊的结构，使制冷剂的压力和温度迅速下降。此时，制冷剂变成低温低压的液态与气态的混合物。这一过程类似于打开一个高压容器的阀门，气体或液体快速喷出时压力和温度会降低。

4. 蒸发过程

低温低压的制冷剂混合物随后进入蒸发器。蒸发器位于车内仪表台下方的通风管道内。在这里，制冷剂吸收车内空气的热量。因为制冷剂的温度低于车内空气温度，车内空气的热量会传递给制冷剂，使制冷剂迅速蒸发，从液态和气态的混合物完全变成气态。在这个过程中，车内空气的热量被制冷剂带走，从而达到车内温度降低的目的。蒸发后的低温低压气态制冷剂又被压缩机吸入，开始下一个制冷循环。

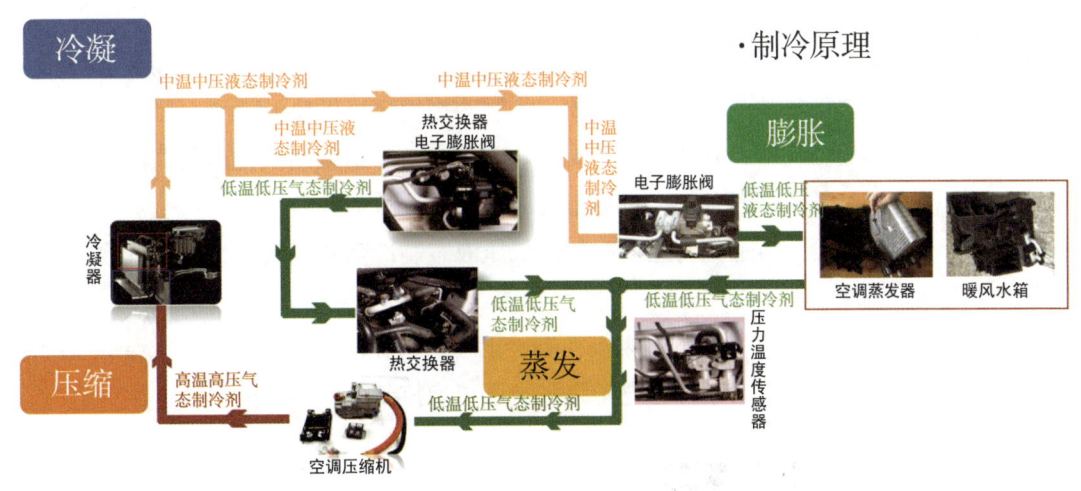

图 6-1-1 空调制冷系统原理

（二）制热循环原理

1. 热泵制热原理

在制热模式下，制冷剂的流向通过四通阀（一种特殊的阀门，可以改变制冷剂的流向）进行切换，与制冷模式相反。压缩机将低温低压的制冷剂气体压缩成高温高压气体后，进入车内的冷凝器（此时作为蒸发器使用）。在车内的这个"蒸发器"中，制冷剂释放热量，加热车内空气。制冷剂由气态变为液态后，通过节流装置降压，进入车外的蒸发器（此时作为冷凝器使用），吸收外界环境中的热量，制冷剂由液态变为气态，最后被压缩机吸入，完成制热循环。这样，热量就从外界环境被"泵"到了车内。

2. PTC加热器制热原理

PTC是正温度系数热敏电阻的简称。当电流通过PTC加热器的热敏电阻元件时，根据PTC材料的特性，其电阻值会随着温度升高而增大。在电流通过时，元件发热，热量通过散热结构传递给周围空气。然后通过风机将热空气吹入车内，实现制热功能。这种制热方式直接将电能转化为热能，虽然升温迅速，但能耗相对较高。

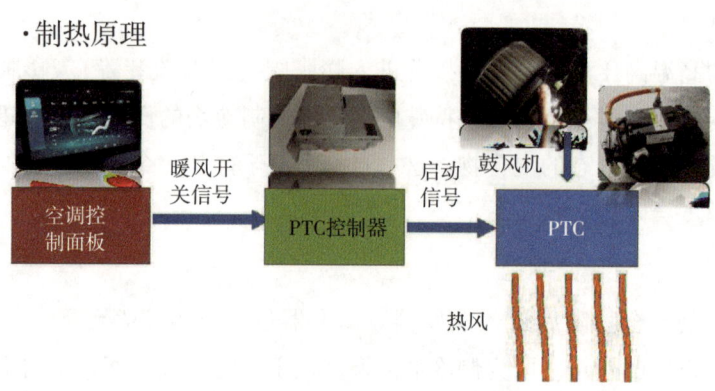

图 6-1-2 空调制热系统原理

二、新能源汽车空调系统组成

(一) 制冷系统

压缩机是制冷系统的核心，常见的有电动涡旋式和活塞式。电动涡旋式效率高、噪声小。其功能是将低温低压制冷剂气体压缩为高温高压气体，为制冷剂循环提供动力。

冷凝器由散热片和管道构成，安装在车辆前部。其作用是冷却压缩机排出的高温高压制冷剂气体，使其变为高温高压液体，同时释放大量热量，通过行驶气流散热。

蒸发器位于车内仪表台下方通风管道内。低温低压液态制冷剂在此吸收车内空气热量，迅速蒸发为气态，实现车内制冷。

膨胀阀（或节流装置）对冷凝后的高温高压制冷剂进行节流降压，使其变为低温低压的液气混合物，为蒸发器中制冷剂蒸发创造条件，电子膨胀阀可精确控制制冷剂流量。

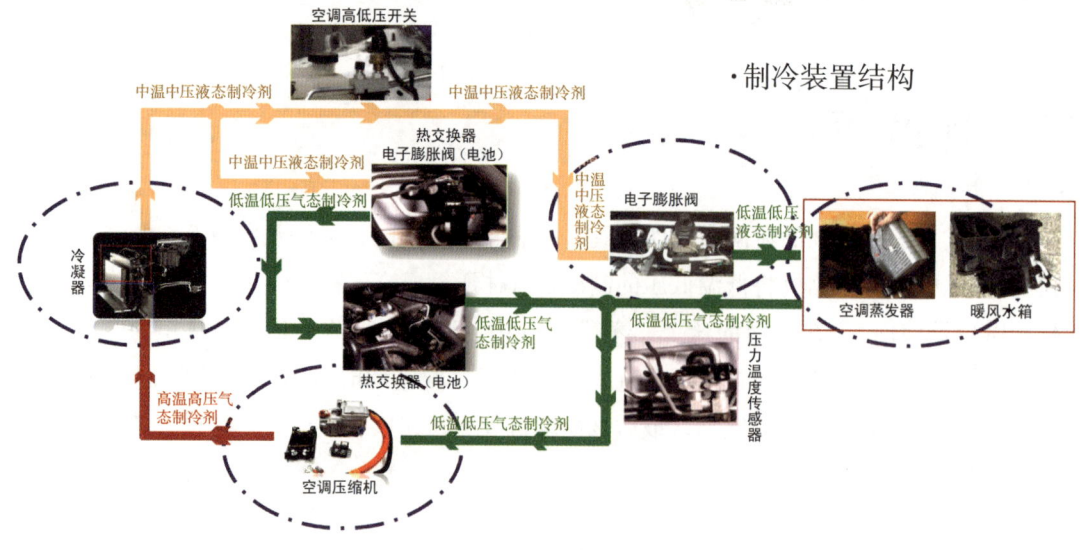

图 6-1-3 空调制冷系统组成

(二) 制热系统

1. 热泵制热系统

基于逆卡诺循环原理，通过压缩机、冷凝器、蒸发器和四通阀等协同，将低温环境热量转移到车内。能效比高，适用范围广。

2. PTC 加热器制热系统

由 PTC 热敏电阻元件和散热结构组成。电流通过时元件发热，热量经散热结构传递给空气。升温迅速、热效率高，但能耗较高，常作为热泵辅助设备。

（三）通风与空气净化系统

1. 通风系统

风机产生气流推动空气循环，有离心式和轴流式。风道输送空气，风门控制流向和流量，实现不同区域通风模式切换。

·制热装置结构

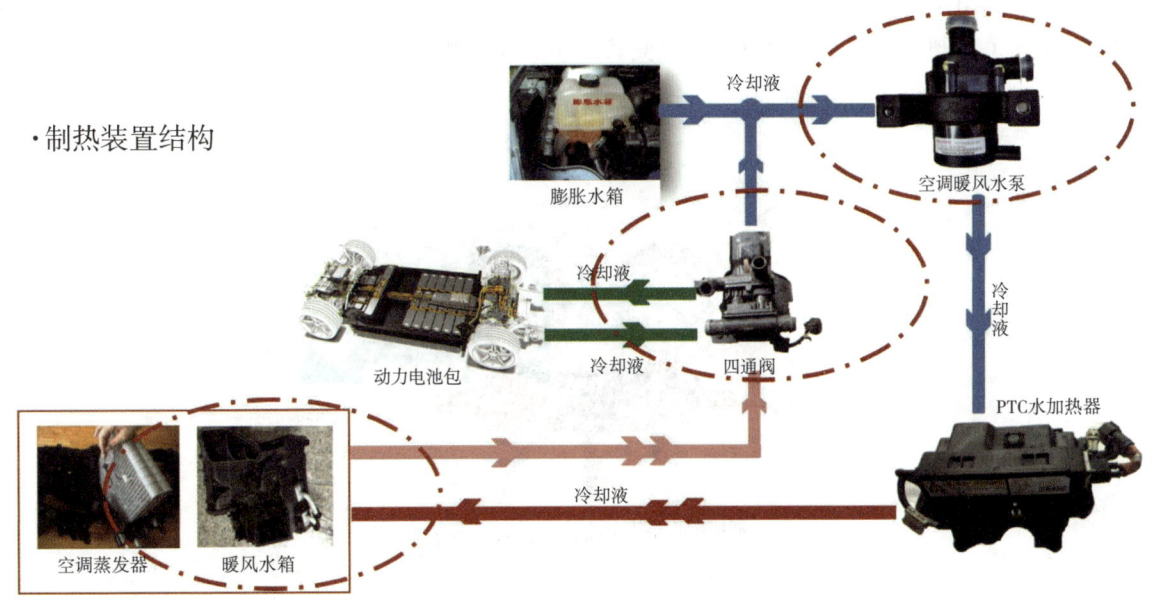

图 6-1-4 空调制热系统组成

2. 空气净化系统

空气滤清器包括普通滤纸式和活性炭式，过滤灰尘、花粉等杂质及有害气体。车内空气净化器有静电吸附式、HEPA 过滤式和负离子发生器等，通过不同原理净化空气。

（四）控制系统

1. 传感器

温度传感器监测车内外及蒸发器温度；压力传感器监测制冷剂压力；光照传感器根据光照调整车内参数。

2. 控制器（空调控制单元 ECU）

接收传感器信号，发出控制指令，实现制冷、制热、通风和空气净化等功能精确控制，具备故障诊断和自我保护功能。

3. 执行器

压缩机调速控制器调节压缩机转速；风门电机控制风门开度；风扇电机调速器调节风机转速。

技能演练1：新能源汽车空调系统压力检测

学习目标

1. 掌握歧管压力表的使用方法；
2. 能够进行空调系统压力检测。

一、歧管压力表介绍

（一）结构组成

歧管压力表由压力表组、两个手动阀和三个软管接头构成。其中包含低压表、高压表和视液窗，还有低压手动阀、高压手动阀以及低压侧管接头、高压侧管接头和中间管接头。这些部件协同工作，实现对空调系统压力的检测和相关操作。

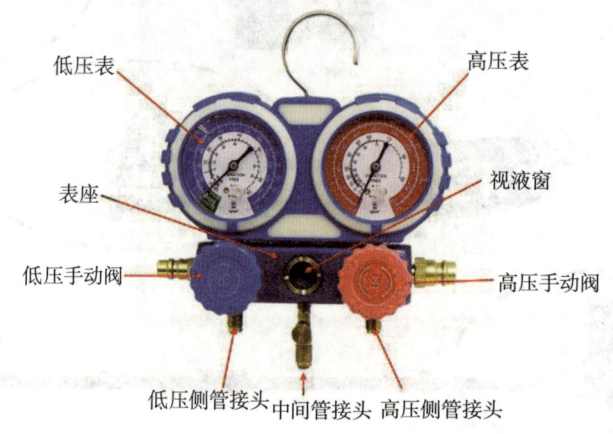

图6-1-5 歧管压力表组成

（二）表盘标识

表盘外圈显示压力数值，内圈可能显示温度（部分型号）等其他信息。通过观察表盘指针所指位置，可以读取相应的压力值，为判断空调系统的工作状态提供依据。

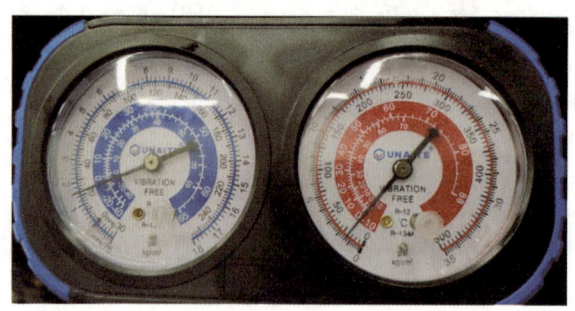

图6-1-6 歧管压力表表盘

（三）功能用途

歧管压力表具有多种功能，包括测量空调系统的高压侧和低压侧压力、回收制冷剂、抽真空以及加注冷冻机油和制冷剂等。

二、压力检测操作步骤

（一）检测前准备

工具准备：准备好歧管压力表组，确保其完好无损且各阀门能正常工作。同时准备防护手套和护目镜，以保障操作人员的安全。

车辆准备：将车辆停放在安全、通风良好的地方，确保发动机（如果是混合动力车且相关操作需要发动机工作）或车辆电源处于可操作状态，并且空调系统处于可检测状态。

（二）连接歧管压力表

将高压软管（红色）连接到空调管路高压维护接头，低压软管（蓝色）连接到空调管路低压维护接头，中间软管（黄色）可根据后续操作需求连接（如连接真空泵或制冷剂瓶等）。连接时要确保连接牢固，并且手动阀处于关闭状态。

（三）排除管内空气

按压排除空气按钮（如果有），或者用手松开歧管压力表上的高低压注入软管的连接螺母，让空气排出后，再将连接螺母拧紧，以确保测量的准确性。

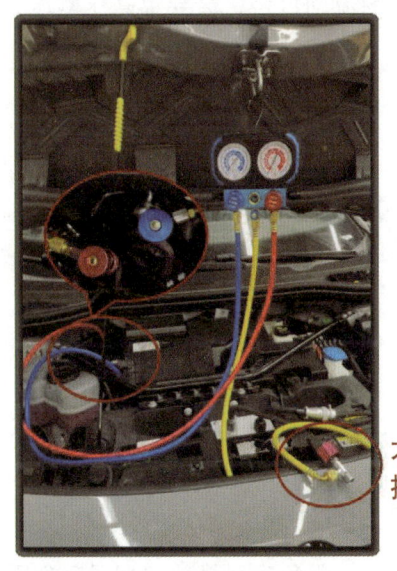
图6-1-7 歧管压力表连接示意

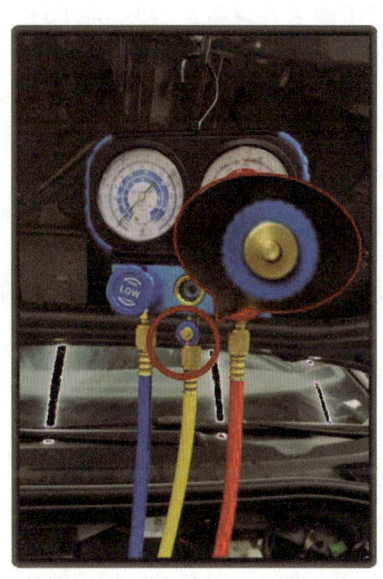
图6-1-8 歧管压力表排除空气

（四）检测初始压力

关闭高、低压手动阀，观察高、低压表读数，记录初始压力。此时指针不动后记录的压力值为系统在未启动空调时的初始压力状态，可作为后续判断的参考基准。

（五）检测运转压力

启动车辆，并打开A/C开关，将温度调至最低状态，鼓风机开最大，打开内循环。观察高、低压表指针变化，待稳定不动后，记录高、低压表数值。这些数值反映了空调系统在正常运转时的压力状态，通过与标准压力值对比，可以判断系统是否正常工作以及是否存在故障。

（六）整理工具，恢复设备

三、压力分析与故障判断

（一）制冷剂相关问题

如果高低压侧压力均高于正常值，可能是制冷剂充注过多；如果高低压侧压力均低于正常值，可能是空调系统存在泄漏，制冷剂泄漏导致系统内部压力过低。

（二）冷凝器问题

如果冷凝器散热效果不好，会导致高低压侧压力升高。可以通过对冷凝器淋水的方法进行判断，如果向冷凝器淋水后压力明显下降，则可能是冷凝器散热效果变差，需要对冷凝器进行检查。

（三）系统中杂质问题

系统中进入空气或水分会导致高低压侧压力指示不稳，压力表指针不规则跳动。

（四）膨胀阀问题

膨胀阀损坏可能导致制冷剂流动异常。如果膨胀阀开启过大，制冷剂流动过快，会导致高压侧压力偏低，低压侧压力偏高；如果膨胀阀开启过小，制冷剂流动过慢，会导致高压侧压力偏高，低压侧压力偏低。

（五）压缩机问题

压缩机损坏或功率下降会导致高压侧压力偏低。可以通过检查压缩机进出口的温度差来判断，如果温差大于30℃，可能是膨胀阀损坏；如果温差低于30℃，可能是压缩机功率下降或损坏导致。

技能演练2：冷媒回收加注机的使用

学习目标

1. 掌握冷媒回收加注机的使用方法；
2. 能够使用冷媒回收加注机进行制冷剂操作。

冷媒回收加注机用于空调系统检修时冷媒的回收与加注，避免冷媒排放浪费且确保系统正常运行。它由压力测量系统（含高、低压表和工作罐压力表）、阀门控制系统（如高、低压手动阀）、储存与加注系统（工作罐及加注回路）、显示与控制模块（显示屏和控制面板）以及动力系统（电源及相关电路）组成。

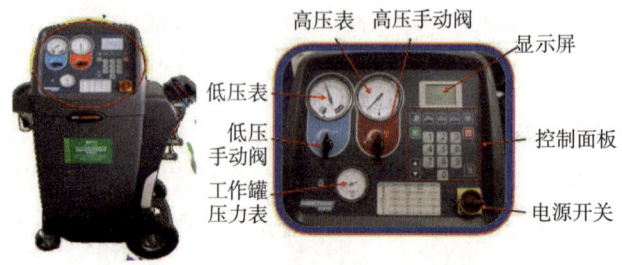

图6-1-9 冷媒回收加注机组成

使用冷媒回收加注机进行制冷剂操作

(一) 制冷剂回收

1. 回收作业准备

进行人身安全防护,如佩戴护目镜和防护手套等。车辆安全防护也很重要,确保车辆处于稳定状态。

将电源插入合适的有地线的电源插座上,并开启设备。按"排气"键进行排气操作,观察罐压表,如果压力过高需继续排气。

2. 连接管路

将红、蓝色软管上的快速接头连接到汽车空调对应的接口上,红色软管连接空调系统的高压接口,蓝色软管连接空调系统的低压接口。打开控制面板上红、蓝色高低压两个阀门。

3. 设定回收重量

按键直到显示屏上显示相关菜单并设定回收重量(如果需要)。

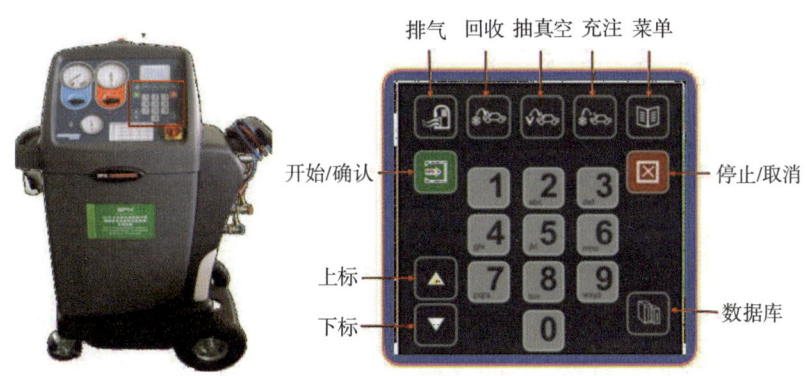

图 6-1-10 冷媒回收加注机界面

4. 启动回收

按相应键,压缩机启动,系统开始清理管路,时间约为 1 分钟。清理管路完成后,开始回收制冷剂,观察压力表指针,当压力到达 -10inHg 时,应及时按"取消"键,停止回收,防止损坏回收机中的压缩机。

5. 排油(如果需要)

回收完成后,根据提示进行排油程序,按相应键操作,观察排油情况。

(二) 制冷剂加注

1. 准备工作

查阅《车辆使用手册》,确认制冷装置中制冷剂的类型及加注量。确保工作罐有足够空间用于加注制冷剂,如果空间不足,需进行调整。

2. 连接管路

同样将设备的红、蓝色软管和汽车空调系统的高低压接口连接,注意红色软管接高压接口,蓝色软管接低压接口。关闭低压阀进行单管充注,打开设备电源开关。

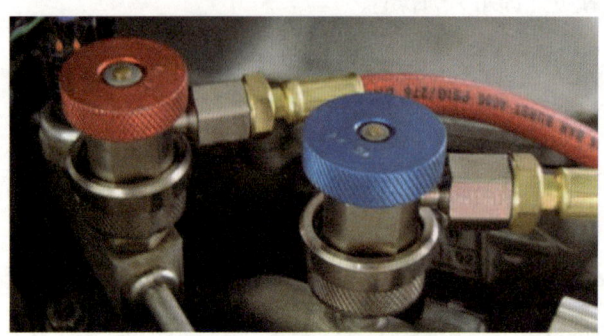

图6-1-11 管路连接情况

3. 设定加注量

按键直到屏上显示相关菜单并设定充注重量,可参考车辆制造商的详细说明或设备的数据库。

4. 加注操作

根据设定,打开控制面板上对应的阀门,按相应键开始充注。屏幕上会显示已充注制冷剂的重量。加注结束后,根据界面显示,对系统进行自动管路清理。

5. 清理空调软管

充注完成后,从车辆上断开高低压快速接头,打开红、蓝色接头,根据程序操作进行清理管路流程,程序结束后按相应键退出。

6. 整理工具,恢复设备

任务2 汽车空调制冷系统检修

知识学习:汽车空调制冷系统

学习目标

1. 掌握汽车空调制冷系统的组成与原理;
2. 熟悉电动压缩机的结构与工作原理。

一、制冷系统的结构组成

(一)电动压缩机

电动压缩机是制冷系统的核心部件,它将低温低压的制冷剂气体压缩成高温高压的气体,为制冷循环提供动力。通过压缩制冷剂,提高其温度和压力,使其能够在制冷系统中循环流动,实现热量的传递和交换。

新能源汽车常用的压缩机有电动涡旋式压缩机和电动活塞式压缩机等。

电动涡旋式压缩机具有效率高、体积小、重量轻等优点。它通过涡旋盘的相对运动来压缩制冷剂气体，具有平稳的运行特性和较高的压缩效率。

电动活塞式压缩机则结构简单、可靠性高。它利用活塞在气缸内的往复运动来压缩制冷剂，这种压缩机在一些新能源汽车中也有应用，特别是在对成本较为敏感的车型中。

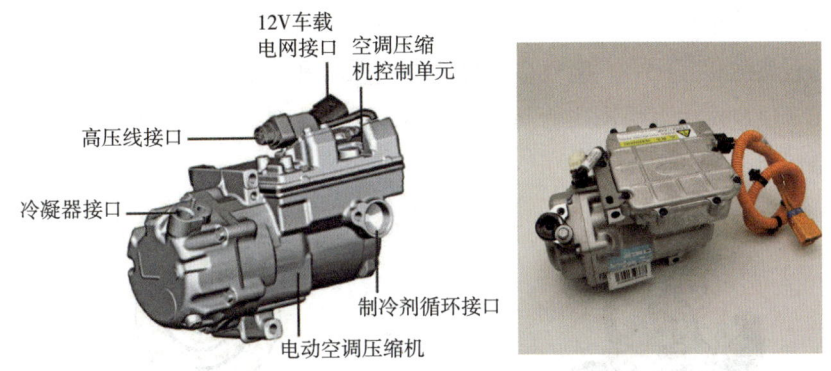

图6-2-1 空调电动压缩机外观

1. 结构

以电动涡旋式压缩机为例，结构包括电气部分、控制部分、机械部分。

电气部分主要包括接插件和电器盒盖。接插件负责连接外部电源和压缩机内部电路，以确保电力稳定传输，其质量对压缩机的启动和运行稳定性至关重要。电器盒盖则起到保护内部电器元件（如控制器等）的作用，防止灰尘、水分和其他杂质进入，避免电器元件受损。

控制部分主要指控制器，通过接收各种传感器的信号，如温度、压力等，来精确控制压缩机的运行状态，包括转速、功率等参数，以实现最佳的制冷效果。

机械部分包含多个关键部件。动涡旋和静涡旋是实现气体压缩的核心，动涡旋在电机驱动下与静涡旋配合形成压缩腔并将制冷剂压缩至高压。十字滑环起密封和导向作用，确保动涡旋和静涡旋相对运动精确且防止制冷剂泄漏。主轴承座作为主要支撑结构承担重量并保证部件位置准确以确保正常运行。平衡块用于平衡运行中的不平衡力，降低振动和噪声，延长使用寿命。密封垫保证部件连接密封性，防止制冷剂泄漏，采用整体全封闭式结构且结构紧凑能适应多汽车平台。电机与压缩机一体式设计，预留调速信号输入接口可通过CAN通信调速，还能利用低温低压制冷剂气体流经发热电器元件吸热，降低元件老化程度，提高可靠性和寿命，同时具备良好的防水、防尘、抗震性能。

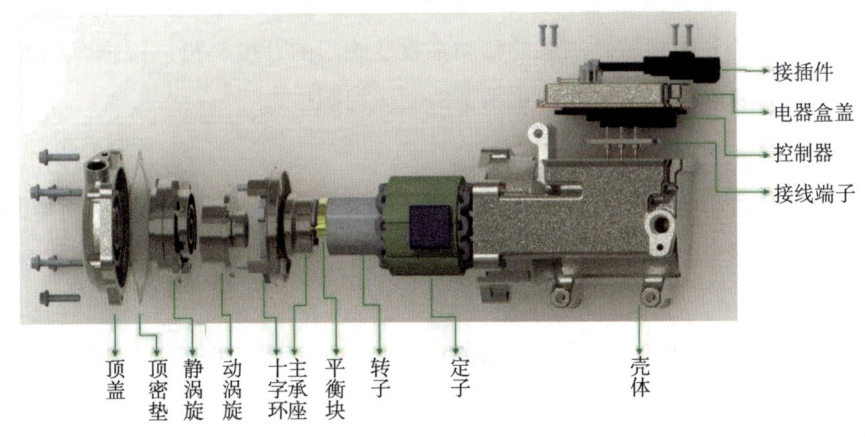

图6-2-2 空调电动压缩机组成

2. 工作过程

电动压缩机在空调系统中具有至关重要的作用。它一方面为制冷剂在系统中的循环流动提供动力，驱动整个制冷循环的进行；另一方面依据空调系统的需求，在控制器综合传感器信号后，通过驱动电路实现压缩机的正反转及停机控制。其工作原理是当空调系统启动制冷功能时，压缩机内部的动涡旋盘和静涡旋盘相互配合，吸气口吸入低温低压的制冷剂气体，随着动涡旋盘的运动，气体被逐渐压缩，在排气口排出高温高压的制冷剂气体，为制冷剂在系统中的循环流动提供动力，从而推动整个制冷循环的进行。

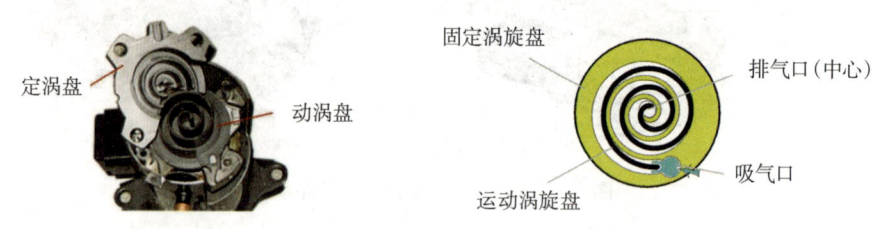

图 6-2-3　空调电动压缩机工作过程

（二）冷凝器

将压缩机排出的高温高压制冷剂气体冷却成高温高压的液体。它通过与外界空气进行热交换，释放热量，使制冷剂的温度降低，便于后续的节流和蒸发。

通常位于车辆的前部，如散热器附近，以便利用车辆行驶时的迎面风进行散热。冷凝器一般由盘管和散热片组成，盘管内流动制冷剂，散热片增加散热面积。盘管通常采用铜管或铝管制成，具有良好的导热性能。散热片多为铝制，通过增加空气与盘管的接触面积提高散热效率。

（三）膨胀阀

膨胀阀对冷凝器输出的高温高压液体进行节流降压，使其变成低温低压的液体，为蒸发器提供合适的制冷剂流量和压力。通过控制制冷剂的流量和压力，可以调节制冷系统的制冷量，以适应不同的车内负荷需求。

膨胀阀主要有热力膨胀阀和电子膨胀阀两种。热力膨胀阀根据蒸发器出口的温度和压力自动调节制冷剂流量。它利用感温包感应蒸发器出口的温度变化，通过内部的膜片和弹簧机构来调节阀门的开度，从而控制制冷剂的流量。电子膨胀阀则由空调控制器根据传感器信号精确控制制冷剂流量，调节精度更高。它通过电机驱动阀芯的移动来改变阀门的开度，可以根据车内温度、蒸发器温度、压力等多种参数进行实时调节，实现更精确的制冷控制。

（四）蒸发器

低温低压的制冷剂液体在蒸发器内蒸发吸热，使蒸发器表面温度降低，从而冷却周围的空气。车内空气通过鼓风机吹过蒸发器表面，热量被制冷剂吸收，空气温度降低后被送入车内，达到制冷的目的。

一般安装在车内的空调箱内，与鼓风机配合，使车内空气流过蒸发器表面被冷却。蒸发器通常也由盘管和翅片组成，以增大热交换面积。盘管内流动制冷剂，翅片则增大了空气与盘管的接触面积，提高了热交换效率。蒸发器的结构设计要考虑到空气的流动阻力和热交换效率的平衡，以确保良好的制冷效果。

(五) 空调控制器

空调控制器是整个空调制冷系统的控制核心,它接收来自各种传感器的信号,如温度传感器、压力传感器等,并根据这些信号对压缩机、冷凝器风扇、膨胀阀以及鼓风机等部件进行精确控制,以实现对车内温度、湿度和空气流动的调节,确保制冷系统的高效运行和车内环境的舒适。

1. 结构与功能

空调控制器内部包含微处理器、存储器、输入输出接口电路等。微处理器负责处理各种传感器信号和执行控制算法,存储器用于存储系统设置参数和控制程序,输入、输出接口电路则用于与外部传感器和执行部件进行通信连接。

从电路连接角度看,它与压缩机通过控制信号线连接,用于发送压缩机的启动、停止和转速调节指令;与冷凝器风扇电机连接,控制风扇的转速以调节冷凝器的散热效果;与膨胀阀通过信号线连接,实现对膨胀阀开度的精确控制;与鼓风机连接,调节鼓风机的转速和出风模式,以控制车内空气的循环和制冷效果的均匀分布。

2. 空调控制器常见故障及影响

通信故障:如果空调控制器与其他部件之间的通信线路出现问题,如断路、短路或信号干扰等,会导致控制器无法准确获取传感器信号或发送控制指令,使得制冷系统无法正常工作。例如,压缩机可能无法启动,或者无法根据车内温度需求调整转速。

电源故障:包括控制器自身的电源电路故障,如保险丝熔断、电源芯片损坏等,以及与车辆电源系统的连接问题。电源故障会导致控制器无法正常工作,整个制冷系统将失去控制,无法实现制冷功能。

二、制冷系统电路分析

空调压缩机电路由多个关键部分构成。电源方面,来自动力电池的高压电经充配电总成等处理后为压缩机提供适配电压。控制器与压缩机电机相连,通过 CAN 通信电路接收空调控制器等的信号,进而精确控制电机转速和运行状态,如产生 PWM 调制信号实现开环调速,以及进行速度和电

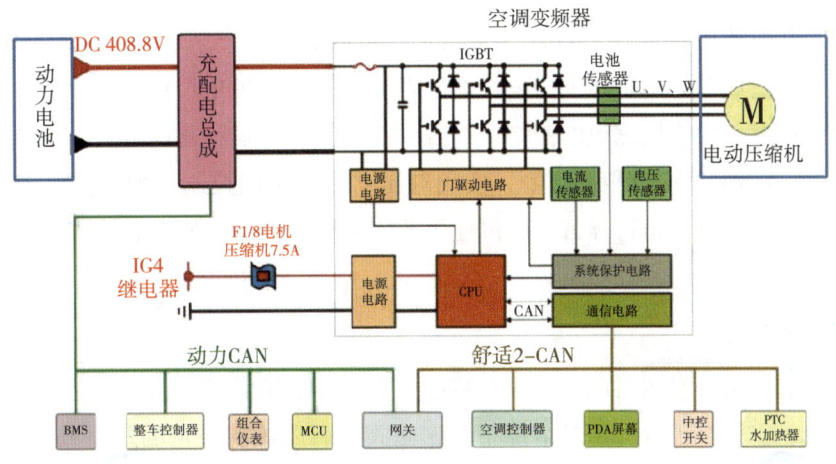

图 6-2-4 空调电动压缩机电路

流闭环调节。多种温度、压力等传感器将信号反馈给控制器，控制器依此及其他指令调整压缩机工作。信号传输在制冷系统的工作中起到重要作用，车内调节温度时，空调控制器经 CAN 通信网络向压缩机控制器发指令。此外，电路具备故障保护机制，当出现短路、过流、过压和欠压等故障时自动触发保护电路，停止压缩机运行，保障系统安全。

技能演练1：制冷不足或不制冷故障检修

学习目标

1. 熟悉制冷不足或不制冷的故障原因；
2. 能够完成制冷不足或不制冷故障排除。

一、工具准备

常用工具：各种规格扳手、螺丝刀、钳子。
专用工具：万用表、制冷剂压力检测设备、检漏仪、制冷剂回收加注设备。

二、检修流程及注意事项

（一）故障现象确认

启动车辆，打开空调制冷功能，将温度设置到最低，观察出风口是否有冷风吹出，以及制冷效果是否满足要求。如果出风口吹出的风为常温风或者制冷效果不明显，则存在制冷不足或不制冷故障。

（二）制冷剂检查

使用制冷剂压力检测工具，连接到制冷系统的低压和高压接口上，检查制冷剂的压力。低压侧压力应在 0.8~1.2MPa，高压侧压力应在 2.6~3.0MPa。如果压力过低，可能存在泄漏，需要查找泄漏点并修复，然后补充制冷剂。查找泄漏点可以使用检漏仪，沿着管路进行检测，也可以使用肥皂水涂抹在管路接头和可能泄漏的部位，观察是否有气泡产生。

（三）压缩机检查

听压缩机工作时的声音是否正常，有无异常噪声或振动。异常噪声可能是压缩机内部部件磨损、松动或不平衡造成的。测量压缩机电机的电阻值，判断电机是否正常。如果电阻值异常，可能需要更换电机。同时，检查压缩机的控制器是否正常工作。控制器通过接收来自空调控制器等的信号，如通过 CAN 通信电路接收相关指令，实现对压缩机的精确控制。如果控制器出现故障，可能导致压缩机无法正常启动或运行异常。可以使用万用表检查控制器的电源输入、输出信号以及与其他部件的连接是否正常。

（四）膨胀阀检查

观察膨胀阀表面是否有结霜现象，如有结霜可能是膨胀阀堵塞；也可以通过检测膨胀阀前后的压力差来判断其工作是否正常。正常情况下，膨胀阀前后应该有一定的压力差。如果膨胀阀故障，需要清洗或更换。清洗膨胀阀可以使用专用的清洗剂，去除内部的杂质和油分。

（五）冷凝器检查

清洁冷凝器表面的灰尘和杂物，检查散热风扇是否正常工作。可以使用压缩空气或低压水枪清洗冷凝器表面，但要注意避免损坏冷凝器。检查散热风扇时，可以通过测量风扇电机的电阻值、检查风扇的转动是否灵活以及观察风扇的叶片是否变形等方法。如果散热风扇出现故障，需要维修或更换风扇。

（六）蒸发器检查

如果蒸发器结霜，需要检查蒸发器温度传感器是否正常，以及空调系统的控制是否正确。可以通过测量温度传感器的电阻值来判断其是否正常。如果蒸发器堵塞，需要清洗蒸发器。清洗蒸发器可以使用专用的蒸发器清洗剂，将清洗剂喷入蒸发器内部，然后用清水冲洗干净。

（七）场地整理及恢复

技能演练2：电动压缩机更换

学习目标

1. 掌握电动压缩机更换注意事项；
2. 能够完成电动压缩机的更换。

一、工具准备

工具准备：绝缘工具套装、诊断仪、放电计、万用表、绝缘扭力扳手等。

车辆准备：关闭启动开关，断开辅助蓄电池负极，确保高压断电，以保障维修人员的安全。同时，回收空调制冷剂，避免制冷剂泄漏对环境造成污染和浪费。

二、更换流程及注意事项

（一）拆卸流程

（1）断开空调压缩机高/低压插接器。

（2）拆卸空调管路固定螺栓，脱开低压管路和高压管路。在拆卸管路时，要注意操作规范，避免损坏管路和接口。断开管路后，要立即塞住或盖住管路接口，以免湿气、灰尘对制冷系统造成污染。

（3）拆卸空调压缩机固定螺栓，然后取下空调压缩机。在取下压缩机时，要注意其重量和放置位置，避免造成人员伤害和设备损坏。

（二）安装流程

（1）将空调压缩机放置回原处，安装空调压缩机固定螺栓并按照规定的力矩紧固。注意拧紧力矩要符合标准，否则可能会导致螺栓松动或损坏压缩机。

（2）安装空调压缩机低压管路和高压管路，安装空调管路固定螺栓并紧固。在连接管路时，要确保接口密封良好，避免制冷剂泄漏。

（3）连接空调压缩机高/低压插接器，注意高压安全，避免触电事故。

图 6-2-5 空调电动压缩机拆卸流程

（4）加注空调制冷剂，先进行空调系统抽真空，然后加注压缩机润滑油和制冷剂。在加注过程中，要按照规定的量和方法进行操作，确保制冷系统正常运行。

（5）高压供电，降下车辆，安装辅助蓄电池负极。完成这些步骤后，要对整个安装过程进行检查，确保没有遗漏任何步骤和部件。

（6）磨合运行，启动车辆，打开空调开关，设置空调温度为低温模式，开启空调制冷功能，使空调压缩机或"低工作负荷下"运转至少5分钟。这是为了让压缩机润滑油均匀分布到空调制冷系统中，之后空调压缩机方可全负荷工作。

图 6-2-6 空调电动压缩机安装流程

图 6-2-7 空调电动压缩机安装流程（续）

（三）检修注意事项

维修操作人员应按规定穿工装，进入车间前应脱掉全部配饰，严格遵守高压安全操作流程。在对高压部件进行作业前，必须确保高压电被切断，以保障人身安全。

操作过程中应做到现场"6S"管理，保持工作环境整洁、有序，工具和设备摆放整齐，便于操作和提高工作效率。

任务3　汽车空调制热系统检修

知识学习：汽车空调制热系统

学习目标

1. 掌握汽车空调制热系统的组成与原理；
2. 了解汽车空调不同的制热方式。

一、汽车空调制热系统的分类

汽车空调制热系统根据组成原理不同主要分为以下几种类型。

（一）PTC 制热系统

PTC（Positive Temperature Coefficient）即正温度系数热敏电阻，是一种具有正温度系数特性的半导体材料。当电流通过 PTC 热敏电阻时，其电阻值会随着温度的升高而增大，从而产生热量。

PTC 制热系统的工作原理是通过控制电流通过 PTC 热敏电阻，使其产生热量，然后将热量传递给空气，从而实现制热的目的。

PTC 制热系统具有结构简单、成本低、制热速度快等优点。但是，由于 PTC 热敏电阻的功率较

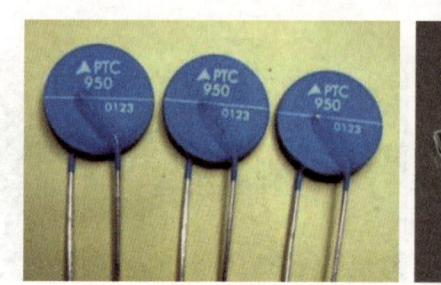
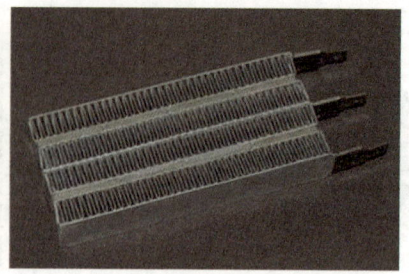

图 6-3-1 热敏电阻及 PTC 加热器

大，会消耗较多的电能，从而影响新能源汽车的续航里程。

1. PTC 电加热式

PTC 电加热式的结构较为简单，主要由 PTC 本体、PTC 护板、PTC 线束等构成，并且通常包裹密封胶条。其工作原理基于 PTC 材料的特性，当电流通过 PTC 电加热器时，PTC 材料因自身的正温度系数特性，随着温度升高电阻增大，从而产生热量。此时，由鼓风机吹出的空气经过空调 PTC 加热器，空气通过热传导吸收热量而被加热为暖风，最后暖风通过风道被持续不断地送进车厢内。

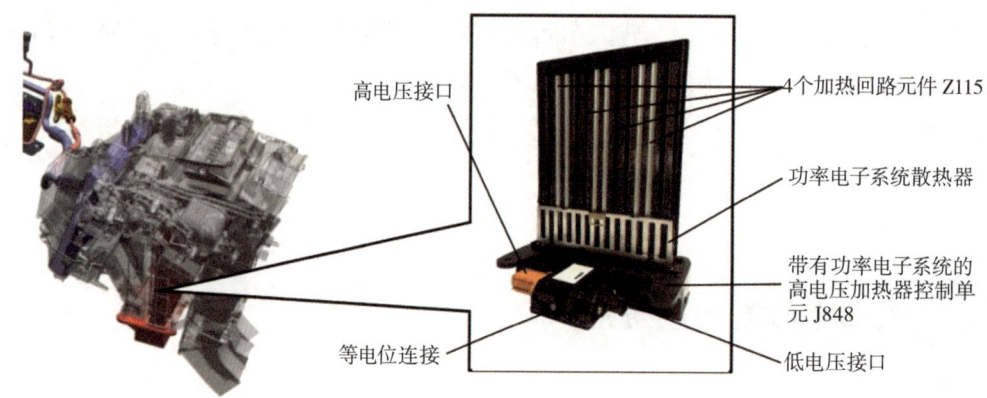

图 6-3-2 大众 ID.4 高电压加热器（PTC）Z130

这种制热方式结构简单使得生产和安装较为便捷，成本也相对较低，同时能够快速制热，在短时间内就能为车厢提供温暖的空气。然而，它也存在一些缺点，由于其制热过程主要依靠电能直接转化为热能，热能利用率较低，电能消耗较大，这在很大程度上会降低纯电动汽车的续驶里程，影响车辆的续航能力。

2. PTC 水加热式

PTC 水加热式的结构相对复杂，包含电动水泵、水壶、温度传感器、PTC 水加热器、加热器芯等多个部件。其工作原理是电动水泵抽取水壶中的冷却液，将冷却液送至空调 PTC 水加热器进行加热。加热后的冷却液由暖风水管流入空调暖风水箱中，然后通过鼓风机使车厢内的冷空气与暖风水箱进行热交换，热量从暖风水箱传递给冷空气，从而将热量送进车厢。

PTC 水加热式具有自身的优势，它的热能利用率较高，电能消耗相对较少，对纯电动汽车续驶里程的影响较小。但它也有不足，由于结构复杂，涉及多个部件的协同工作，导致其成本较高，并且在低温环境下，其制热速度会变慢，无法快速为车厢提供足够温暖的空气。

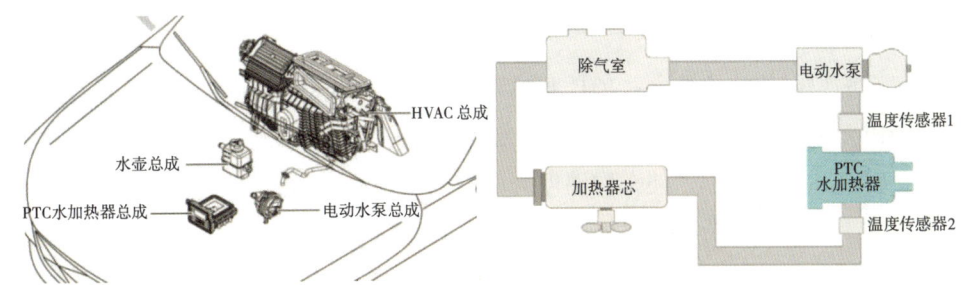

图 6-3-3 PTC 水加热式结构组成及示意

(二) 热泵制热系统

其工作原理是利用逆卡诺循环原理,通过从外界环境中吸收热量,并将其传递给车内空气来实现制热。它由压缩机、冷凝器、膨胀阀、蒸发器等核心部件组成。压缩机将低温低压的制冷剂气体压缩成高温高压气体,送入冷凝器与外界环境热交换后冷却成液体,再经膨胀阀降压降温进入蒸发器,在蒸发器中吸收车内热量后蒸发成气体,最后被压缩机吸入再次循环。其优点是制热效率高、能耗低;缺点是结构复杂、成本较高,且在低温环境下制热效果会受影响。

CO_2 热泵系统,冬季续航里程提升20%至30%

图 6-3-4 大众 ID.4 热泵空调

(三) 余热利用制热系统

利用新能源汽车在行驶过程中产生的余热,如发动机冷却液的热量(对于混合动力汽车)、电池组的热量等。通过热交换器将余热传递给车内空气实现制热。其优点是无须额外消耗能源、节能环保;缺点是制热效果受汽车行驶状态影响,低温环境下制热效果受限。

二、新能源汽车空调 PTC 制热系统的工作原理(以 PTC 电加热式为例)

(一) PTC 材料的电热转换

PTC 材料的电阻值与温度之间存在特殊的关系。当温度较低时,PTC 材料的电阻值相对较小,电流通过时,根据焦耳定律,电能转化为热能,材料开始升温。随着温度的升高,PTC 材料的电阻值迅速增大,电流相应减小,从而限制了功率的进一步增加,使得温度能够稳定在一定范围内。

(二) 空气加热过程

当 PTC 电加热器工作时,鼓风机将空气吹过 PTC 加热器。由于 PTC 加热器表面温度较高,空气在经过时通过热传导吸收热量,温度升高,变成暖风。然后暖风通过风道被输送到车厢各个部位,实现车内空气的加热。

（三）控制系统原理

为了实现对车内温度的精确控制，PTC 制热系统配备了相应的控制系统。控制器通过温度传感器检测车内温度以及 PTC 加热器自身的温度等参数。当车内温度低于设定值时，控制器增加 PTC 加热器的电流，提高其发热功率，使车内温度升高；当车内温度达到或超过设定值时，控制器减小电流，降低发热功率，从而维持车内温度的稳定。

三、新能源汽车空调制热系统的发展趋势

（一）提高能效比

研发更高效的制热技术和材料，减少能源消耗，提高制热系统的能效比。例如，改进 PTC 材料的性能，使其在保证快速制热的同时，降低电能消耗；优化热泵系统的循环效率，提高其在低温环境下的制热能力。

（二）集成化与智能化

将制热系统与车辆的其他系统进行更深入的集成，实现信息共享和协同控制。同时，利用智能算法和传感器技术，实现制热系统的智能化控制，根据车内人员数量、环境温度、车辆行驶状态等因素自动调整制热功率，提供更舒适、节能的制热效果。

（三）环保与可持续发展

随着环保要求的不断提高，制热系统的设计和材料选择将更加注重环保和可持续性。例如，减少对氟利昂等对环境有害的制冷剂的使用，探索更环保的替代方案；在余热利用制热系统中，进一步提高余热回收效率，降低车辆的整体能耗。

四、新能源汽车空调制热系统的组成

（一）PTC 控制模块

PTC 控制模块是制热系统的核心控制部件。它接收来自车内温度传感器、空调控制器等的信号，并根据这些信号控制 PTC 加热器的工作状态和功率。

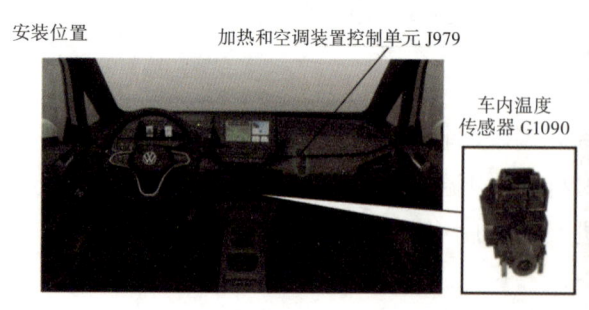 

图 6-3-5 大众 ID.4 控制单元的位置

该模块具有复杂的电路结构，包括微处理器、功率放大器、保护电路等。微处理器依据预设的算法和接收到的信号进行分析和决策，然后通过功率放大器向 PTC 加热器提供合适的电流，以实现精确的温度控制。保护电路用于防止 PTC 加热器在异常情况下受到损坏，如过流、过压、欠压和温

度过高保护。

(二) 空调鼓风机

空调鼓风机是将加热后的空气输送到车内各个部位的关键设备。它由电机驱动,产生强大的气流,将热空气通过风道系统均匀地分布在车内。鼓风机的性能直接影响车内温度的均匀性和制热效果。其转速和风量可以根据需要进行调节,通常由空调控制器根据车内温度和设定温度的差异来控制。

(三) 空调四通阀

在一些采用热泵技术的新能源汽车空调制热系统中,空调四通阀起着关键作用。它可以改变制冷剂的流向,使制冷剂在制热循环中按照正确的路径流动。

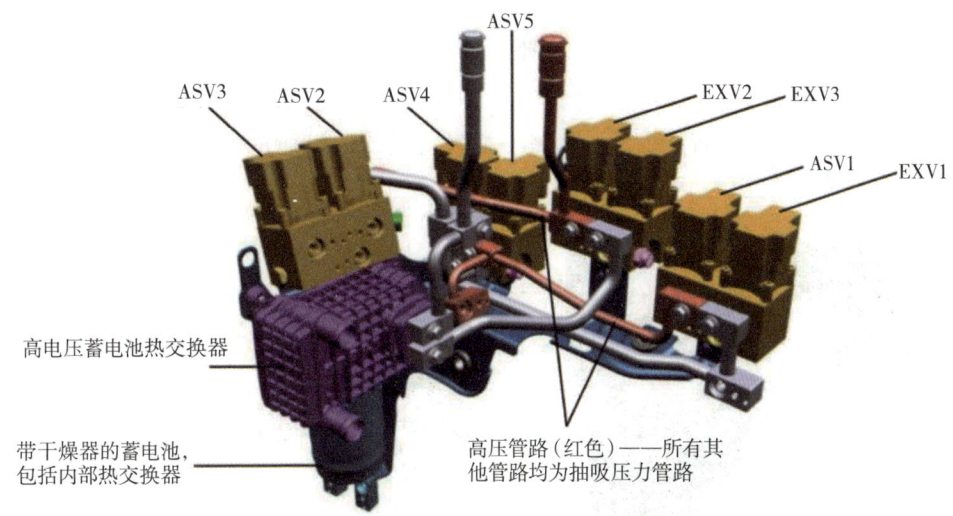

图 6-3-6 大众 ID.4 控制单元的热泵阀门单元总成

四通阀通过内部的阀芯移动来实现制冷剂流向的切换。在制冷模式下,制冷剂按照一种流向流动;在制热模式下,四通阀切换制冷剂的流向,使制冷剂从车外吸收热量并在车内释放,从而达到制热的目的。

(四) 膨胀水箱

膨胀水箱用于储存和调节冷却液的体积。在制热系统中,冷却液在管道和部件中循环流动,会随着温度的变化而膨胀和收缩。膨胀水箱为冷却液提供了一个缓冲空间,防止冷却液在膨胀时损坏管道和部件。此外,它还可以通过其内部的液位传感器监测冷却液的液位,当液位过低时,会发出警报,提醒驾驶员及时添加冷却液。

技能演练:PTC 系统的检查与维护

学习目标

1. 掌握新能源汽车空调 PTC 系统的检查与维护内容;
2. 能够完成新能源汽车空调 PTC 系统的检查与维护。

一、PTC 的检查与维护

（一）外观检查

（1）检查 PTC 的外观是否整洁，有无碰伤、划痕等明显损伤。外观损伤可能会影响 PTC 的散热性能和电气性能，进而影响其制热效果。

（2）检查 PTC 的连接部位是否可靠，不松动。连接松动可能会导致接触不良，产生电阻过大、发热异常等问题，甚至可能会引发电气故障。

（3）检查 PTC 的标识是否清楚。清晰的标识有助于维修人员快速了解 PTC 的型号、参数等重要信息，便于进行维修和更换操作。

（二）插接器检查

（1）检查高/低压插接器是否完好，无破损。插接器破损可能会导致电气连接中断，使 PTC 无法正常工作。

（2）检查插接器的针脚是否无松动、短针、断针等情况。针脚问题同样会导致电气连接不良，影响 PTC 的工作性能。

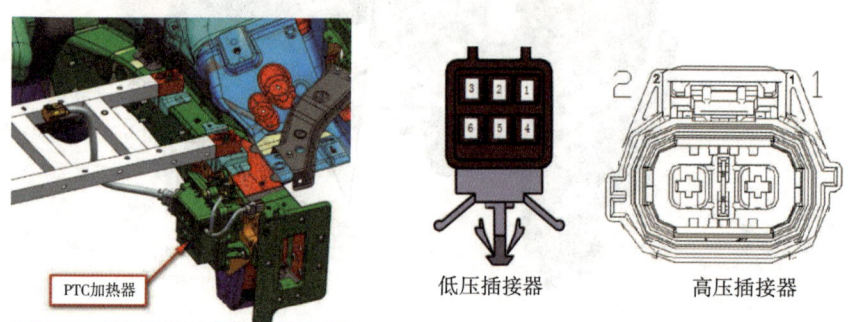

图 6-3-7　PTC 插接器

（三）绝缘检查

使用绝缘电阻测试仪测量金属散热件表面与塑架框外表之间的冷态绝缘阻值。绝缘阻值应不小于 50Ω，如果绝缘阻值过低，可能会导致漏电现象，危及人身安全和设备安全。

图 6-3-8　PTC 绝缘检测

(四)拆装步骤

(1) 将电源挡位退至 OFF 挡,断开蓄电池负极。这是为了确保在拆卸过程中不会发生触电事故,保障维修人员的安全。

(2) 拆掉四合一控制装置。四合一控制装置可能与 PTC 的工作有一定关联,拆除它可以更好地接近 PTC 部件。

(3) 拆掉连接 PTC 的暖风管路。在拆除暖风管路时,要注意防止冷却液泄漏,可使用合适的容器收集冷却液。

(4) 释放冷却液。根据车辆的具体结构和操作规范,释放冷却液,避免冷却液在维修过程中造成不必要的麻烦。

(5) 断开 PTC 上的接插件。接插件断开后,PTC 与电路系统分离,可以进行下一步的拆卸操作。

(6) 用棘轮扳手拆卸两个固定螺栓和一个双头螺柱,取下 PTC。在拆卸螺栓和螺柱时,要注意使用合适的工具,并按照规定的力矩进行操作,避免损坏部件。

图 6-3-9 PTC 在车上的位置

(五)安装步骤

(1) 将 PTC 与大支架固定。在固定过程中,要确保 PTC 的位置正确,与其他部件的配合良好。

(2) 用棘轮扳手紧固两个固定螺栓和一个双头螺柱。紧固时要按照规定的力矩进行操作,以保证连接的可靠性。

(3) 接上 PTC 上的接插件。接插件连接要牢固,确保电气连接良好。

(4) 接上连接 PTC 的暖风管路。在连接暖风管路时,要注意密封良好,防止冷却液泄漏。

(5) 装上四合一控制装置。安装要正确,确保其功能正常。

(6) 加注冷却液。按照车辆的规定要求,加注适量的冷却液,并注意排除管路中的空气。

(7) 接上蓄电池负极。完成安装后,恢复车辆的电气连接。

二、PTC 控制器的检查与维护

PTC 控制器在制热系统中起着至关重要的作用。它是 PTC 加热器的控制核心,通过对 PTC 加热器的精确控制,实现制热系统的高效、稳定运行。其主要功能包括驱动控制 PTC 加热器,根据需要调整其功率大小,以满足不同的制热需求。同时,它还具备多种保护功能,如过流保护、温度保护、欠压保护和过压保护等。过流保护功能可以防止 PTC 加热器因电流过大而损坏。当电路中的电流超过设定值时,控制器会自动切断电源,保护 PTC 加热器和其他相关部件。温度保护功能可以监

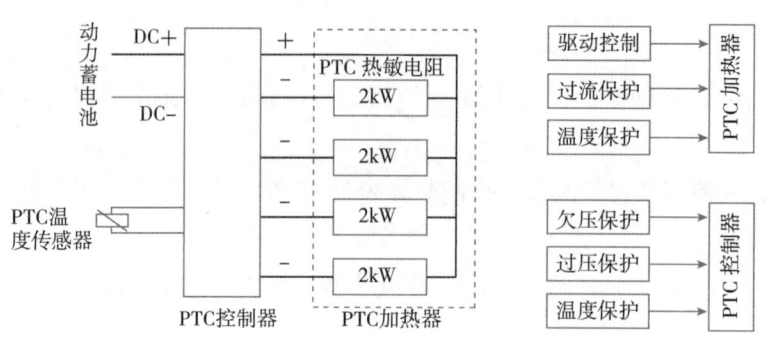

图 6-3-10　PTC 控制器的原理与功能

测 PTC 加热器的温度，当温度过高时，控制器会采取相应的措施（如降低功率或停止供电），以避免 PTC 加热器因过热而损坏。欠压保护和过压保护功能可以确保 PTC 控制器在合适的电压范围内工作。当电压过低或过高时，控制器会停止工作或采取相应的保护措施，以防止设备损坏。

1. 电路分析

制热系统从动力蓄电池获取电能，通过电路传输到 PTC 控制器，然后由控制器根据温度传感器的信号和设定的控制策略，向 PTC 热敏电阻提供合适的电流，以实现对 PTC 加热器的控制。

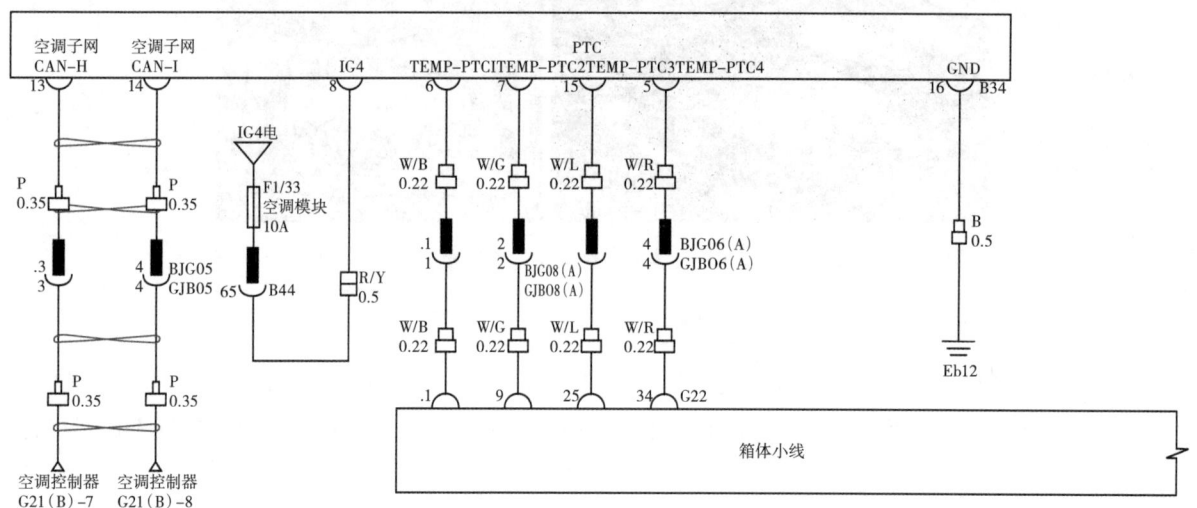

图 6-3-11　PTC 电路原理

2. 检测流程

当空调 PTC 控制器无法工作时，首先要验证故障。可以通过观察相关指示灯是否正常亮起，或者使用诊断仪读取故障码和数据流，来初步判断故障的大致位置和原因。

检测空调 PTC 控制器供电线。使用万用表测量供电线的电压是否正常，如果电压不正常，可能是线路断路、短路或保险损坏等原因导致。如果是线路问题，则需要维修故障线路；如果是保险损坏，则需要更换保险。

检测空调 PTC 控制器搭铁线。同样使用万用表测量搭铁线的电阻是否正常，如果电阻过大，可能是搭铁不良，则需要维修或更换故障线路，以确保良好的电气接地。

检测空调 PTC 控制器控制线。检查控制线是否有断路、短路等情况，使用万用表测量控制线的信号是否正常。如果信号不正常，可能需要维修故障线路或更换空调控制器。

检测空调 PTC 控制器温度传感器。使用万用表测量温度传感器的电阻值是否符合规定的温度—电阻特性曲线。如果电阻值不正常，可能是温度传感器损坏，则需要维修故障线路或更换 PTC 温度传感器。

最后进行拆装空调 PTC 控制器和维修结果检验。在拆装过程中，要注意操作规范，避免损坏部件。维修结果检验可以通过再次使用诊断仪读取故障码和数据流，以及实际测试制热系统的工作情况，来判断维修是否成功。

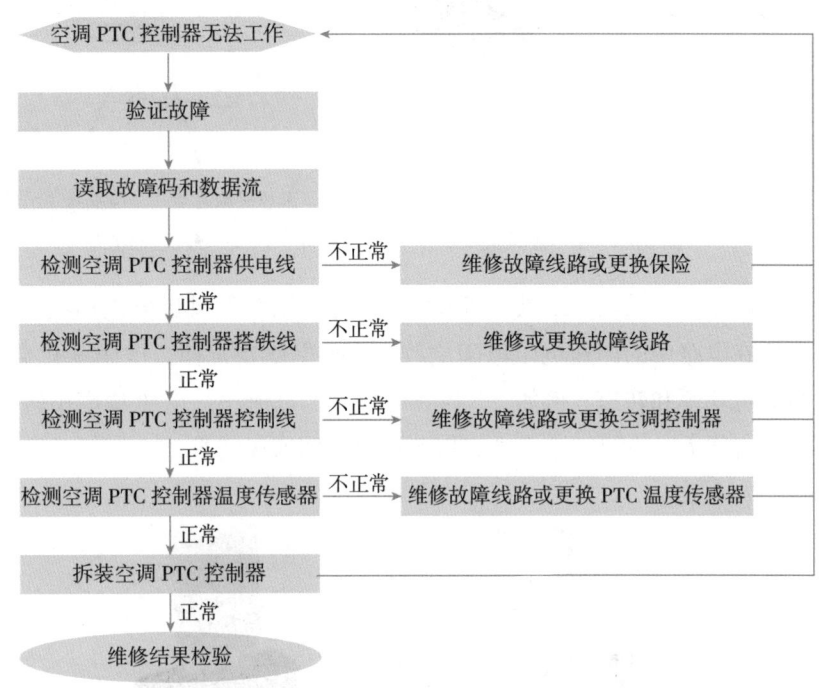

图 6-3-12　PTC 控制器检测流程

任务 4　汽车空调通风和净化系统检修

知识学习 1：汽车空调通风系统

学习目标

1. 掌握汽车空调通风系统的结构组成；
2. 掌握汽车空调通风系统的工作原理。

一、空调通风系统的结构组成

进风口通常位于车辆的前部，如前保险杠附近或发动机舱与车厢之间的防火墙处。其主要作用是引入外界空气进入空调通风系统。进风口一般配备有格栅或滤网，格栅用于防止较大的异物进入，滤网则可以过滤一些灰尘和杂质，初步净化进入的空气。

鼓风机是通风系统的核心动力部件。它通过电机驱动叶轮旋转，将空气从进风口吸入并加速，使其能够在通风管道中流动。新能源汽车鼓风机控制原理主要有调速电阻式和调速控制器式两种。

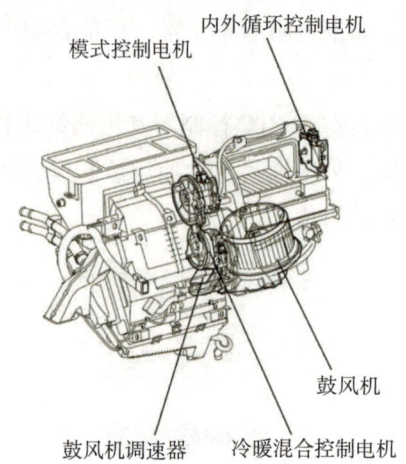

图6-4-1 鼓风机　　　图6-4-2 鼓风机结构

调速电阻式控制原理：其电路由鼓风机开关、调速电阻和鼓风机电机构成。当鼓风机开关处于不同挡位时，串联在电路中的调速电阻值随之改变。依据欧姆定律，电阻变化会使电路电流改变，进而影响鼓风机电机功率和转速。例如，1挡时电阻大，电流小，电机功率小转速低；随着挡位升高，电阻减小，电流增大，电机转速升高，以此满足不同通风需求。

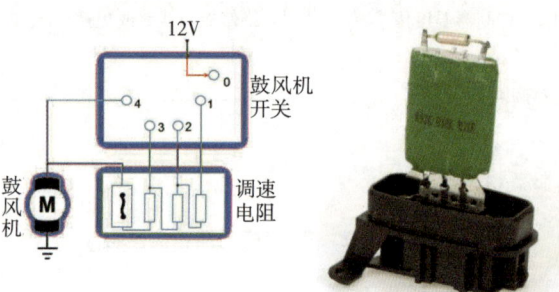

图6-4-3 鼓风机调速电阻式控制原理　　　图6-4-4 鼓风机调速电阻

调速控制器式控制原理：电路包含空调控制单元、鼓风机调速模块、鼓风机电机以及相关反馈和控制信号线路。空调控制单元依据车内环境和设定，向鼓风机调速模块发送PWM控制信号。PWM信号占空比决定功率管导通和截止时间，从而控制电机平均电压。占空比增大，电机电压升高转速加快；反之则降低。同时，鼓风机电机的反馈信号经调速模块传至空调控制单元，使其实时了解工作状态并调整，实现精确控制。

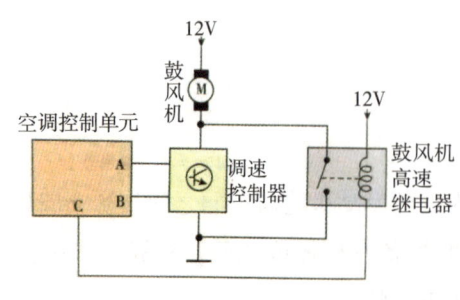

图6-4-5 鼓风机调速控制器式控制原理　　　图6-4-6 鼓风机调速控制器

鼓风机主要由电机和叶轮组成。电机提供旋转动力,叶轮则负责将空气吸入并推送出去。叶轮的形状和设计会影响鼓风机的风量和风压性能。

通风管道在车内呈复杂的网络状布局,连接着进风口、鼓风机、出风口以及车内的各个通风区域。它将经过鼓风机加速的空气输送到需要的地方。通常采用塑料或橡胶等材质制成。这些材质具有一定的柔韧性和密封性,能够防止空气泄漏,同时也能减少噪声的传递。

出风口分为多种类型,如面部出风口、脚部出风口、除霜出风口等。面部出风口主要用于向车内乘员的面部区域提供舒适的气流;脚部出风口可以为脚部提供温暖或凉爽的空气;除霜出风口则用于清除挡风玻璃和侧窗玻璃上的霜雾。出风口通常配备有可调节的格栅或叶片,可以改变出风的方向和角度,以满足不同的使用需求。

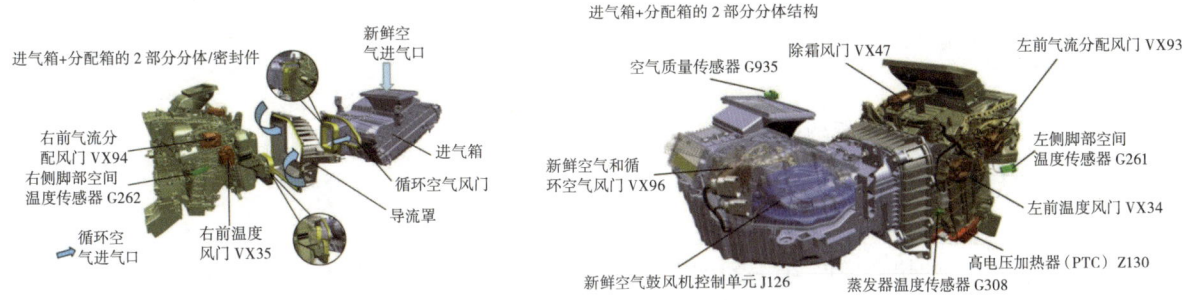

图6-4-7 大众 ID.4 通风系统结构示意

通风模式控制部件用于控制通风模式的切换,如内循环和外循环的转换,以及不同风向模式的调整。当操作空调控制面板上的按钮时,控制电机或执行器会接收到信号并驱动相关部件运动,实现通风模式的改变。

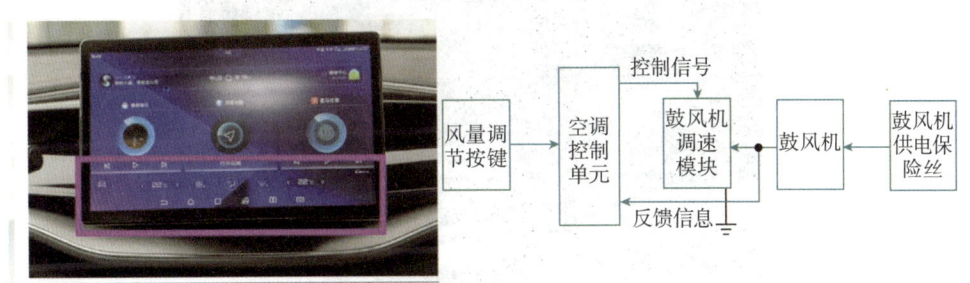

图6-4-8 通风模式控制　　图6-4-9 鼓风机控制原理

二、空调通风系统的工作原理

当空调通风系统处于外循环模式时,进风口打开,外界空气通过进风口进入通风系统。空气经过鼓风机加速后,通过通风管道输送到各个出风口,为车内提供新鲜空气。同时,车内的污浊空气会通过出风口或其他缝隙排出车外,实现车内空气与外界空气的交换。

在内循环模式下,进风口关闭,车内空气在鼓风机的作用下循环流动。这种模式可以快速调节车内温度,并且在外界空气质量较差时,能够防止污浊空气进入车内。通风系统通过控制电机或执行器切换通风模式,根据车内环境和驾乘人员的需求,灵活地在内外循环模式之间切换。

图 6-4-10　空调系统内外循环按钮

知识学习 2：汽车空调净化系统

学习目标

1. 掌握汽车空调净化系统的结构组成；
2. 掌握汽车空调净化系统的工作原理。

随着新能源汽车的快速发展与广泛应用，人们对其各方面性能的要求不断提高。其中，车内空气质量直接关系到驾乘人员的健康与舒适。新能源汽车空调净化系统作为保障车内空气环境的重要装置，在提升车辆整体品质方面起着关键作用。

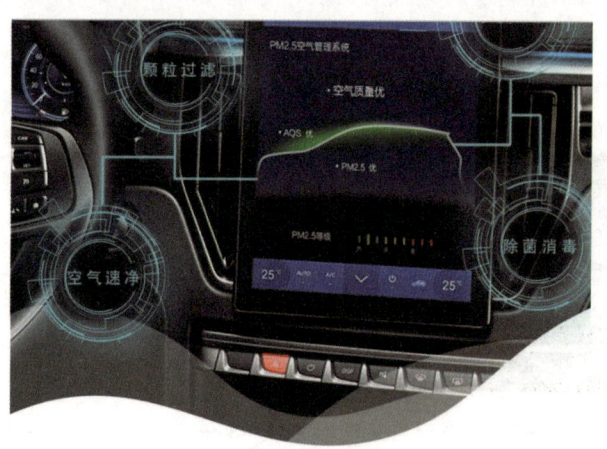

图 6-4-11　空调净化系统

一、空调净化系统的结构组成

滤网是净化系统的重要组成部分，它能够过滤空气中的灰尘、花粉、颗粒物等杂质。滤网的材质和过滤精度各不相同，常见的有普通纤维滤网、活性炭滤网等。普通纤维滤网主要用于过滤较大的颗粒物，活性炭滤网则具有吸附异味和有害气体的功能。

一些新能源汽车的空调净化系统配备了负离子发生器或等离子发生器。负离子发生器通过释放负离子，使空气中的颗粒物带电，然后相互吸附形成较大的颗粒，便于被滤网过滤掉。等离子发生器则可以产生等离子体，等离子体具有杀菌、消毒和分解有害气体的作用。

空调净化系统可能配备有空气质量传感器,用于检测车内空气质量的变化。传感器可以实时监测空气中的污染物浓度,将信号反馈给空调控制器,以便控制器根据空气质量情况自动调整净化系统的工作强度。

ID.4车型中配置了二氧化碳传感器以检测二氧化碳浓度。通风系统依据传感器反馈的数据,自动调整通风量,确保二氧化碳浓度维持在适宜水平,为人们提供舒适健康的空气环境。

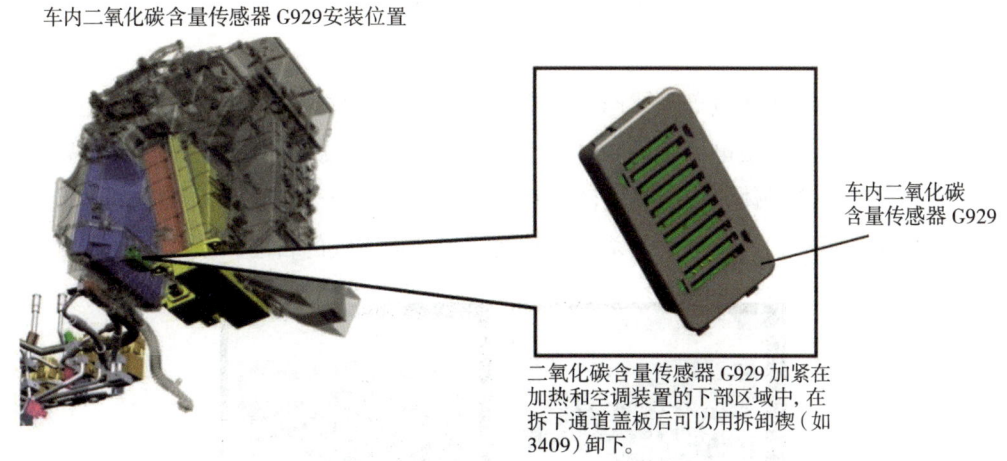

图6-4-12 二氧化碳传感器的安装位置

传感器采用NDIR(非色散红外)吸收法进行工作。红外线辐射在测量通道中从IR源射向过滤器和探测器。每个气体分子都具有吸收特定波长的特性。对于二氧化碳,波长为4.3微米。光学过滤器对探测器的测量信号进行清晰化处理,从而使其可以更有针对性地测量特定波长的辐射强度。入射辐射强度越低,汽车内部空间的二氧化碳浓度越高。

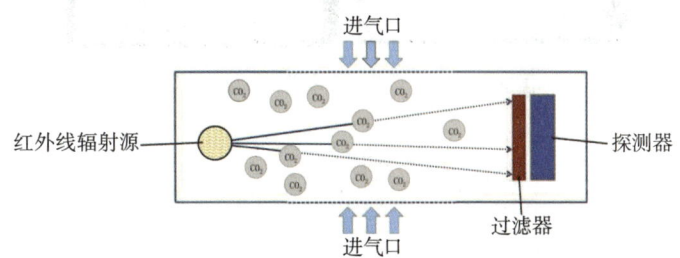

图6-4-13 二氧化碳传感器的工作原理

车内二氧化碳含量传感器G929结构:三个连接触点被分配给接线端30/31,中间被分配给LIN总线2。信息从传感器传输到空调控制单元,然后再传输到ICAS1(车载应用服务器)。

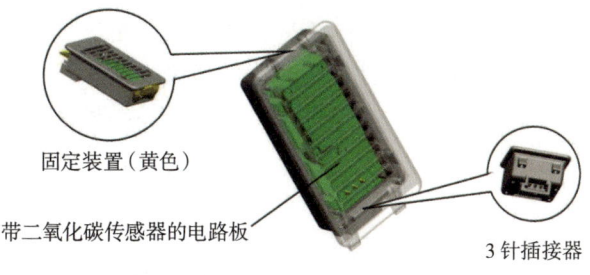

图6-4-14 二氧化碳传感器的结构

二、空调净化系统的工作原理

（一）过滤原理

当空气通过滤网时，滤网的纤维结构会拦截空气中的颗粒物，使其无法通过。不同过滤精度的滤网可以过滤不同大小的颗粒物，从而实现对空气的净化。活性炭滤网中的活性炭具有多孔结构，能够吸附空气中的异味和有害气体分子，进一步提高空气的质量。

（二）离子发生原理

负离子发生器通过高压放电等方式产生负离子，负离子释放到空气中后，会与空气中的颗粒物结合，使其带上负电荷。带负电荷的颗粒物会相互吸引，形成较大的团聚体，更容易被滤网捕获。等离子发生器产生的等离子体包含大量的活性粒子，这些活性粒子可以与空气中的细菌、病毒和有害气体分子发生化学反应，将其分解或杀死，从而达到净化空气的目的。

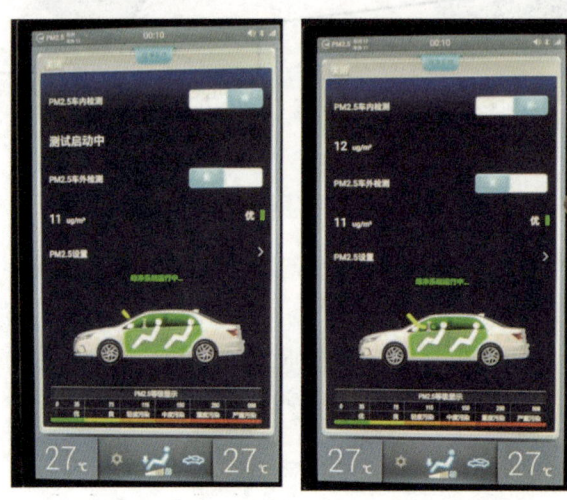

图 6-4-15 空调净化系统功能测试

技能演练1：汽车空调通风系统不良故障及检修

学习目标

1. 掌握汽车空调通风系统常见故障现象及原因；
2. 能够完成汽车空调通风系统的检查。

一、故障现象

车内空气流动不畅，出风口风量小，无法满足车内的通风需求。

二、故障原因分析

（一）鼓风机故障

1. 鼓风机电机损坏，如电机绕组短路或断路，会导致鼓风机无法正常工作，无法提供足够的风量。电机轴承磨损也会影响鼓风机的转动,降低风量输出。

2. 鼓风机叶轮损坏或堵塞,叶轮变形、破损或被异物堵塞,会影响空气的吸入和推送,导致风量减小。

(二) 通风管道问题

(1) 通风管道堵塞,可能是由于灰尘、杂物堆积在管道内,或者管道被压扁、扭曲,阻碍了空气的流动。

(2) 管道连接处密封不良,导致空气泄漏,也会使出风口风量减小。

(三) 出风口故障

出风口格栅或叶片堵塞,影响空气的流出。出风口调节机构损坏,无法正常调节出风方向和角度,也会影响通风效果。

三、检修方法

(一) 检查鼓风机

听鼓风机工作时的声音,判断是否有异常噪声。如果有异常噪声,可能是电机或叶轮出现故障。测量鼓风机电机的电阻值,判断电机绕组是否正常。如果电阻值异常,需要更换电机。检查鼓风机叶轮是否有损坏或堵塞,如有,则需要清理或更换叶轮。

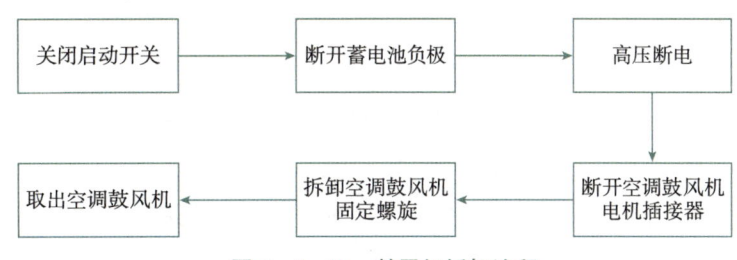

图 6-4-16 鼓风机拆卸流程

(二) 检查鼓风机电源

检查电源供应是否正常,包括保险丝是否熔断,电源线是否连接良好等。

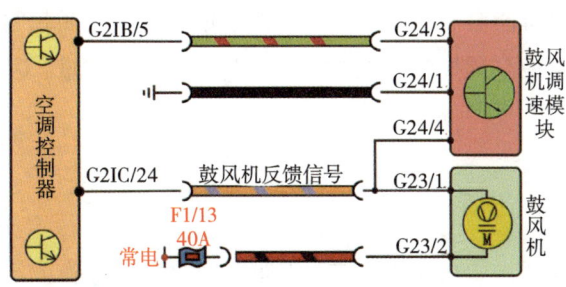

图 6-4-17 鼓风机电路原理

(三) 检查通风管道

检查通风管道是否有明显的堵塞、变形或损坏。对于堵塞的管道,可以使用压缩空气或吸尘器进行清理。如果管道变形或损坏,则需要修复或更换管道。检查管道连接处的密封情况,如有泄漏,则使用密封胶进行密封。

(四) 检查出风口

清理出风口格栅或叶片上的堵塞物。检查出风口调节机构是否正常工作,如有损坏,则需要修复或更换。

技能演练2：汽车空调净化系统不良故障及检修

学习目标

1. 掌握汽车空调净化系统常见故障现象及原因；
2. 能够完成汽车空调净化系统的检查。

一、汽车空调净化系统常见故障及检修方法

(一) 净化效果不佳

1. 故障现象

车内空气质量仍然较差,有异味或污染物浓度较高,净化系统无法有效去除空气中的杂质和有害气体。

2. 故障原因分析

(1) 滤网问题。

滤网堵塞严重,无法正常过滤空气。滤网长时间使用后,会积累大量的灰尘和杂质,降低过滤效率。

滤网损坏,如滤网出现裂缝或破损,会使空气绕过滤网,无法达到有效过滤的效果。

(2) 负离子发生器或等离子发生器故障（如果有）。

负离子发生器或等离子发生器无法正常工作,可能是电源故障、电极损坏或内部电路故障等导致。无法产生足够的负离子或等离子体,就无法有效地净化空气。

(3) 传感器故障（如果有）。

空气质量传感器故障,可能会导致净化系统无法根据车内空气质量自动调整工作强度。传感器信号不准确或无法传输,会使空调控制器无法正确判断车内空气质量,从而无法做出正确的净化系统调整。

3. 检修方法

(1) 检查滤网。

定期检查滤网的清洁程度,如发现滤网堵塞严重,需要及时更换或清洗滤网。对于可清洗的滤网,可以使用清水或专用的滤网清洗剂进行清洗,清洗后晾干再安装使用。如果滤网损坏,需要更换新的滤网。

(2) 检查负离子发生器或等离子发生器（如果有）。

检查负离子发生器或等离子发生器的电源供应是否正常,包括保险丝是否熔断,电源线是否连接良好等。检查电极是否有损坏的迹象,如电极是否被污染、腐蚀或断裂等。如果电极损坏,则需

要更换电极。使用专业的检测设备检查负离子发生器或等离子发生器是否能够正常产生负离子或等离子体。如果内部电路故障，可能需要对其进行维修或更换。

图 6-4-18　$PM_{2.5}$ 净化器（比亚迪秦）

（3）检查传感器（如果有）。

对于有传感器参与控制的净化系统，可以检查传感器是否正常工作。测量传感器的电阻值或输出信号，判断其是否符合标准。如果传感器故障，需要更换传感器。

（二）净化系统不工作

1. 故障现象

净化系统完全没有启动，无法对车内空气进行净化。

2. 故障原因分析

（1）电源问题。

净化系统的电源供应出现问题，如保险丝熔断、电源线断路或接触不良等，导致净化系统无法获得足够的电能而停止工作。

空调控制器无法正确控制净化系统的电源开启，可能是控制器故障或通信线路故障等原因导致。

（2）主要部件故障。

滤网、负离子发生器或等离子发生器等主要部件同时出现故障，也会导致净化系统无法工作。

3. 检修方法

（1）检查电源。

检查净化系统的保险丝是否熔断，如熔断，则需要更换保险丝。检查电源线是否连接良好，是否有断路或接触不良的情况。使用万用表测量电源电压，判断电源是否正常。

检查空调控制器与净化系统之间的通信线路是否正常，确保控制器能够正确控制净化系统的电源开启。

（2）检查主要部件。

按照前面所述的方法，分别检查滤网、负离子发生器或等离子发生器等主要部件是否正常工作。如果发现部件故障，则需要根据具体情况进行维修或更换。

新能源汽车空调通风和净化系统的正常运行对于车内环境的舒适性和空气质量有着重要影响。通过对通风系统和净化系统的结构、原理以及常见故障的检修方法的了解，维修人员可以更加准确地诊断和解决系统出现的问题，保障车内通风和净化系统的良好性能，为驾乘人员提供健康、舒适的车内环境。在检修过程中，需要仔细检查各个部件，使用合适的工具和检测设备，遵循正确的检修流程和安全规范，以确保检修工作的质量和效率。

任务 5　汽车空调控制系统检修

知识学习：汽车空调控制系统

学习目标

1. 掌握汽车空调控制系统的组成与原理；
2. 掌握空调控制器的功能与电路组成。

一、汽车空调控制系统概述

汽车空调控制系统是一个复杂的系统，它负责协调和控制空调系统的各个部件，以实现车内温度、湿度、空气流动和空气质量的调节。该系统主要由空调控制器、传感器和执行器等组成。

二、空调控制器

（一）功能与作用

空调控制器是整个空调控制系统的核心，它接收来自各种传感器的信号，如温度传感器、压力传感器、阳光传感器等，并根据这些信号对压缩机、冷凝器风扇、膨胀阀、鼓风机以及风门执行器等部件进行精确控制。它可以实现对车内温度的精确调节，根据设定温度与车内实际温度的差异，控制压缩机的启停和转速，调节制冷或制热的强度。同时，空调控制器还能控制通风模式，如内循环和外循环的切换，以及不同风向模式（面部吹风、脚部吹风、除霜等）的调节。

（二）电路组成与原理

内部包含微处理器、存储器、输入输出接口电路等。微处理器负责处理各种传感器信号和执行控制算法，存储器用于存储系统设置参数和控制程序，输入输出接口电路则用于与外部传感器和执行部件进行通信连接。从电路连接角度看，它与压缩机通过控制信号线连接，用于发送压缩机的启动、停止和转速调节指令；与冷凝器风扇电机连接，控制风扇的转速以调节冷凝器的散热效果；与膨胀阀通过信号线连接，实现对膨胀阀开度的精确控制；与鼓风机连接，调节鼓风机的转速和出风模式，以控制车内空气的循环和制冷效果的均匀分布。

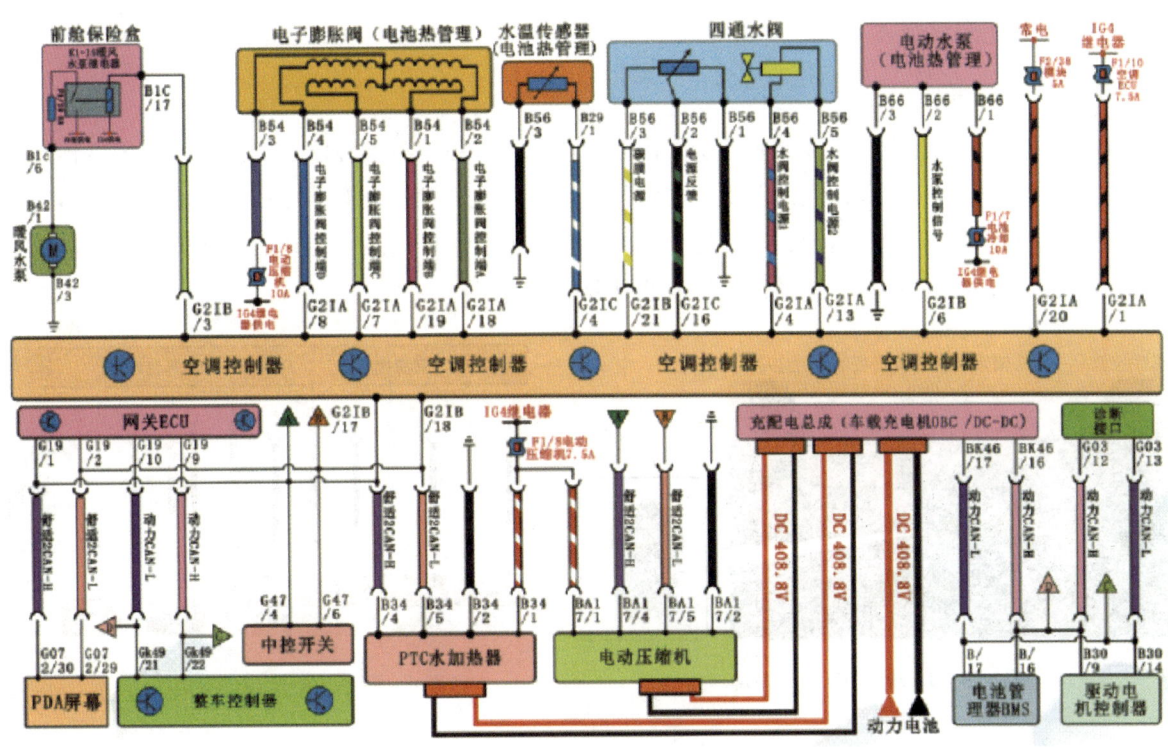

图 6-5-1 空调控制器电路组成

三、传感器

在空调控制系统中，传感器起着至关重要的作用，如湿度传感器、日照传感器、空气质量传感器、温度传感器、制冷剂压力/温度传感器（"P+T"传感器），它们如同敏锐的感知器官，为系统的精准运行提供关键信息。

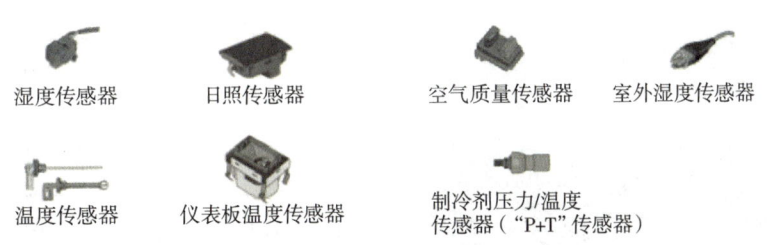

图 6-5-2 空调系统常见传感器

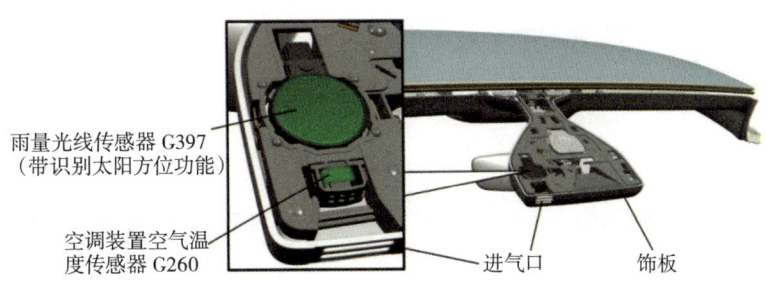

图 6-5-3 部分传感器在车上的位置

(一) 温度传感器

1. 类型与位置

温度传感器包括蒸发器温度传感器、车内温度传感器、环境温度传感器等。蒸发器温度传感器安装在蒸发器附近,用于检测蒸发器下游的空气温度,防止蒸发器表面结冰;车内温度传感器通常位于仪表板附近或车内中央区域,用于检测车内的空气温度;环境温度传感器一般安装在车辆的前部,如前保险杠左侧或散热器前端,用于检测外界的环境温度。

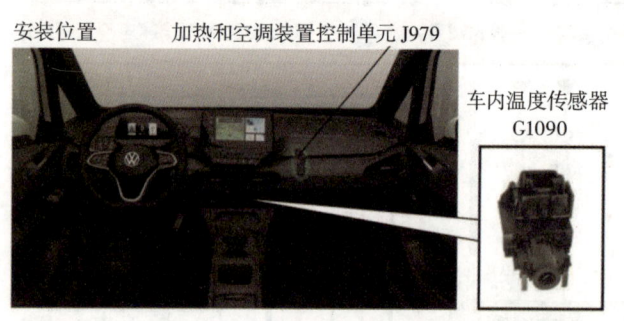

图6-5-4 大众 ID.4 车内温度传感器

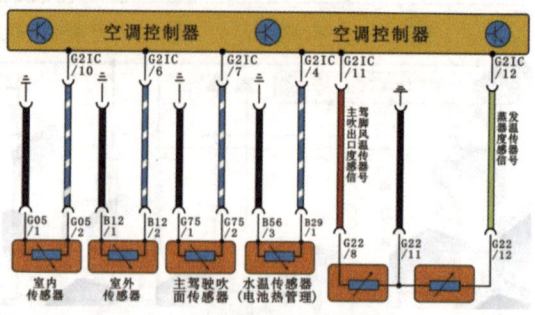

图6-5-5 温度传感器电路

2. 工作原理

多采用 NTC(负温度系数)热敏电阻,随着温度的上升,电阻减小。通过测量电阻值的变化,可以将温度信号转换为电信号,并传输给空调控制器。以图6-5-7为例,电源电压为5V,R_1为固定阻值电阻,R_2为负温度系数热敏电阻,随着温度的上升,电阻下降,R_2所分的电压即随之下降,因此可以通过 M 点的电位间接表示环境温度。控制模块以 M 点的电压为输入信号确定应对系统采取哪些调整。上述电路中产生的是0~5V的模拟电压信号。在故障诊断时,可根据此原理进行电阻或电压测量从而判断故障点。

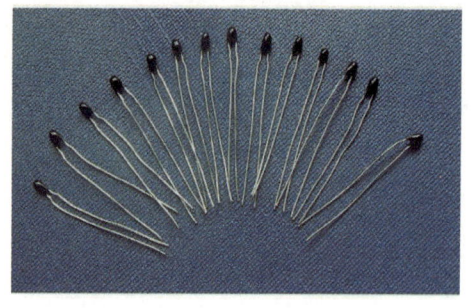

图6-5-6 温度传感器

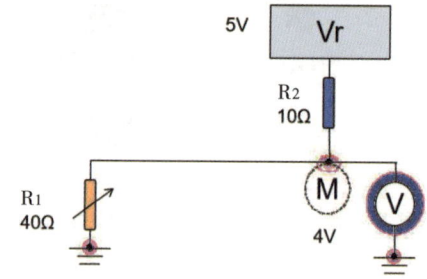

图6-5-7 NTC 热敏电阻工作原理

(二) 压力传感器

1. 作用与位置

压力传感器安装在空调管路中,主要用于控制空调冷凝器散热风扇转速,当压力过低或过高时会切断压缩机功率输出。

图6-5-8 压力传感器示意

图6-5-9 压力传感器

2. 工作原理

以电容式制冷剂压力传感器为例，其工作原理如下：在制冷剂回路中，压力的变化会致使传感器中电容极板之间的间距发生改变。电容量，即电容器存储电能的能力，也随之产生变化。电容量的表示单位通常为法拉。当制冷剂压力升高时，电容器极板间隙减小，电容量增大，此时传感器内部的电子控制装置将其转换为电压信号，且电压会上升；若制冷剂压力下降，传感器在复位弹簧的作用下回位，电容器间距增大，容量减小，输出电压则相应下降。

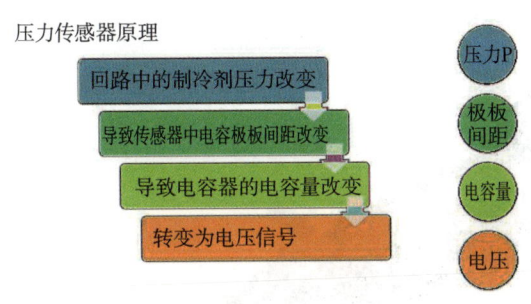
图6-5-10 压力传感器电路

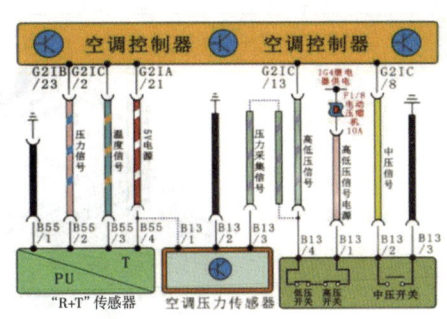
图6-5-11 压力传感器工作原理

（三）阳光传感器

1. 功能与安装位置

一般安装在车辆的前挡风玻璃附近，通常同时具备检测光照强度和车外温度的功能，因此又被称为二合一传感器。

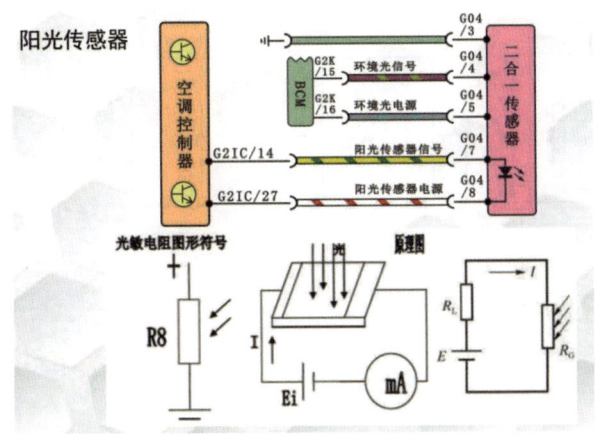
图6-5-12 阳光传感器工作原理

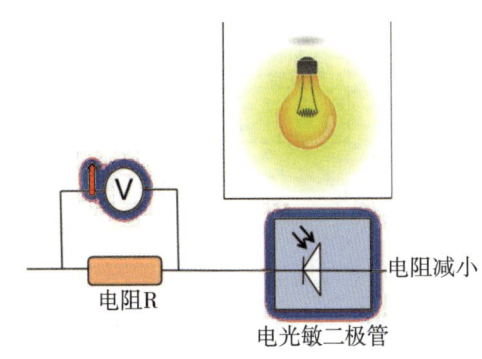
图6-5-13 阳光传感器电路

2. 工作原理

多为光敏二极管，光照越强，导电性越强，电阻越小，电流越大，电阻 R 的分压越大。通过检测电流或电压的变化，将阳光强度信号传输给空调控制器。

四、执行器

（一）压缩机

压缩机是制冷系统的核心部件，将低温低压的制冷剂气体压缩成高温高压的气体。空调控制器通过控制信号线向压缩机发送控制指令，调节压缩机的转速和启停，以实现制冷或制热的需求。

（二）鼓风机

鼓风机的转速控制方式主要有调速电阻式和调速控制器式。调速电阻式通过改变鼓风机开关与调速电阻的接通方式来调节转速；调速控制器式则是空调控制单元通过 PWM 信号控制鼓风机调速模块中功率管的功率输出变化，从而调整鼓风机电机转速。

图 6-5-14　鼓风机外观

（三）空调控制器

空调控制器根据车内温度和通风需求，向鼓风机发送相应的控制信号，调节其转速和启停。

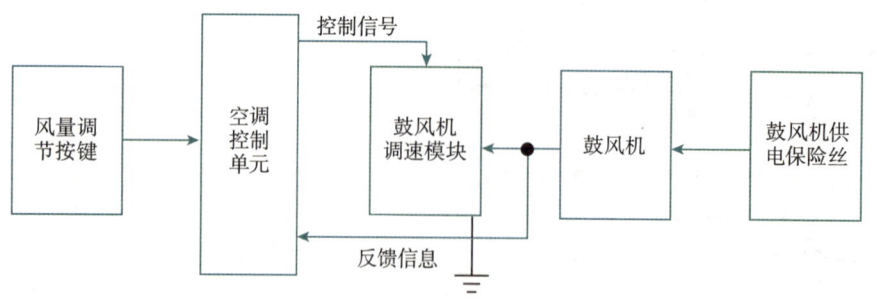

图 6-5-15　鼓风机控制原理

（四）风门执行器

作用与控制原理：

风门执行器包括内外循环风门执行器和温度风门执行器等。内外循环风门执行器用于控制车内空气的循环模式，温度风门执行器用于调节制冷或制热的出风温度。空调控制器根据传感器信号和用户设定，向风门执行器发送控制信号，驱动风门的开启和关闭角度，实现不同的通风模式和温度调节。

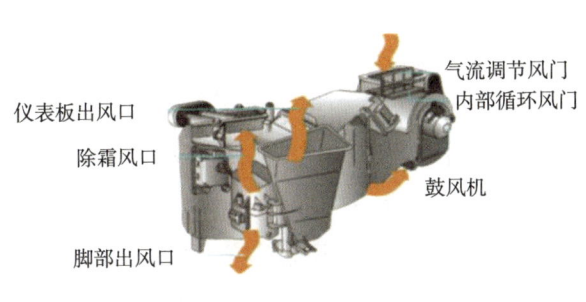

图 6-5-16 风门执行器外观

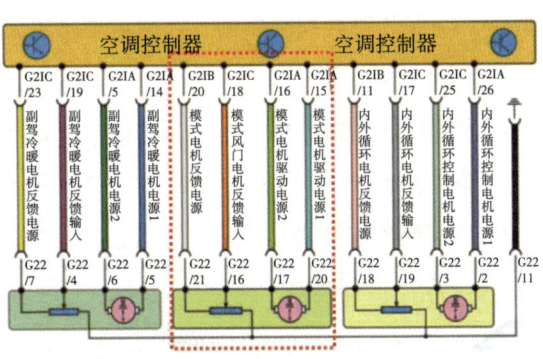

图 6-5-17 风门执行器电路原理

五、通信线路

CAN 总线是新能源汽车中常用的通信方式，用于空调控制器与其他车辆控制系统（如整车控制器、电池管理系统等）以及空调系统内部的各个部件（如传感器、执行器等）之间的通信。它具有高速、可靠、抗干扰能力强等优点。

部分空调系统可能还采用 LIN 总线等其他通信方式，用于特定部件之间的通信。

技能演练：汽车空调控制系统检修

学习目标

1. 掌握汽车空调控制系统的检修流程；
2. 能够完成汽车空调控制系统的检查。

一、工具准备

常用工具：各种规格扳手、螺丝刀、钳子。
专用工具：万用表、制冷剂压力检测设备、示波器。

二、检修流程

（一）空调控制器检修

1. 外观检查

检查空调控制器的外观是否有损坏、变形、烧焦等迹象。

2. 电路板检查

打开控制器外壳（如果可能），检查电路板上的元件是否有明显的损坏，如电容鼓包、电阻烧焦、芯片引脚松动或断裂等。同时，查看电路板上的线路是否有断路、短路的情况，可以使用万用表进行测量。

3. 电源电路检查

检查控制器的电源输入线路,包括保险丝是否熔断,电源线是否连接良好。测量电源输入端口的电压,确保其符合控制器的工作电压要求。

4. 接地检查

检查控制器的接地是否良好,接地不良可能会导致信号干扰和控制器工作异常。使用万用表测量控制器的接地端与车身地之间的电阻,电阻值应接近于零。

(二) 传感器检修

1. 温度传感器检修

检查温度传感器的安装位置是否正确,传感器探头是否与被测物体充分接触。测量温度传感器的电阻值,根据温度与电阻的对应关系,判断传感器是否正常工作。如果电阻值异常,可能需要更换传感器。同时,检查温度传感器的连接线路是否有断路、短路情况,确保传感器能够将准确的温度信号传输给控制器。

图 6-5-18 实车上的温度传感器

图 6-5-19 不同温度下温度传感器的电阻值

端子	温度(℃)	下限值(kΩ)	上限值(kΩ)
1-2	-25	126.4	134.7
	-10	54.60	57.65
	0	32.25	33.69
	10	19.68	20.35
	20	12.37	12.67
	30	7.95	8.14
	50	3.51	3.66

对于蒸发器温度传感器,还需要注意其是否能够有效防止蒸发器表面结冰,可通过观察蒸发器表面状态和检测传感器信号来判断。

2. 压力传感器检修

检查压力传感器的安装是否牢固,是否有泄漏的迹象。使用压力计检查空调系统的压力,正常低压侧为 0.8~1.2MPa,高压侧为 2.6~3.0MPa,并与压力传感器的测量值进行对比,如果偏差较大,可能是传感器故障。测量压力传感器的电源电压和输出信号电压,判断传感器是否正常工作。同时,检查传感器的连接线路是否正常。

3. 阳光传感器检修

检查阳光传感器的安装位置是否正确,表面是否清洁,无遮挡。测量阳光传感器的输出信号,判断其是否正常工作。如果传感器故障,可能需要更换。同时,检查其连接线路是否良好。

(三) 执行器检修

1. 压缩机检修

检查压缩机的外观是否有损坏,如外壳破裂、管路接口松动等。听压缩机工作时的声音,判断是否有异常噪声,异常噪声可能是由压缩机内部部件磨损、松动或不平衡造成的。测量压缩机电机的电阻值，判断电机是否正常。检查压缩机的离合器（如果有）是否正常工作，以及压缩机的润滑油是否充足。同时，要检查压缩机与控制器之间的连接线路是否正常，确保控制器能够正确控制压缩机的启动、停止和转速调节。

2. 鼓风机检修

检查鼓风机的叶轮是否有损坏或堵塞，电机是否正常工作。听鼓风机工作时的声音，判断是否有异常噪声。测量鼓风机电机的电阻值，检查其电源供应和接地是否良好。检查鼓风机与控制器之间的连接线路，确保控制器能够控制鼓风机的转速和启停。对于调速电阻式鼓风机，还需要检查调速电阻是否正常；对于调速控制器式鼓风机，要检查调速模块是否正常工作。

3. 风门执行器检修

检查风门执行器的安装是否牢固，机械连接部分是否灵活。使用万用表测量执行器的电阻值，判断其是否正常。检查执行器与控制器之间的连接线路，确保控制器能够正确控制风门的开启和关闭角度，实现不同的通风模式和温度调节。

图 6-5-20　实车上的风门电机

（四）通信线路检修

1. CAN 总线检修

检查 CAN 总线的连接是否牢固，线路是否有断路、短路情况。使用示波器或专用的 CAN 总线检测工具，检查 CAN 总线上的信号波形是否正常。如果 CAN 总线出现故障，可能会导致控制器与其他部件之间无法正常通信，影响空调系统的整体运行。

2. 其他通信线路检修

对于采用其他通信方式（如 LIN 总线等）的空调控制系统，也要检查相应的通信线路是否正常，确保控制器能够与相关部件进行准确的信息交互。

三、故障诊断与排除的一般流程

（一）故障码读取与分析

使用专业的诊断工具读取空调控制系统的故障码，根据故障码的提示信息，确定故障的大致范围和原因。故障码可以帮助维修人员快速定位问题所在，提高检修效率。

（二）故障排除方法

根据故障诊断的结果，采取相应的故障排除方法。例如，如果是传感器故障，则更换传感器；如果是执行器故障，则修复或更换执行器；如果是控制器故障，则可能需要对控制器进行维修或更换；如果是通信线路故障，则修复线路连接或更换损坏的线路部件。

四、注意事项

（一）安全事项

在检修空调控制系统时，要先断开车辆的电源，确保操作安全。对于涉及高压电的部件（如压缩机等），要特别注意高压电安全，避免触电事故。在处理制冷剂时，要注意防止制冷剂泄漏，制冷剂在一定条件下可能对人体和环境造成危害。

（二）操作规范

在拆卸和安装空调系统部件时，要按照正确的操作规范进行，避免损坏部件。使用工具时要选择合适的规格和型号，确保工具的正确使用方法。在测量电气参数时，要确保测量仪器的正确连接和使用，避免测量误差。

参考文献

[1] 五万字一文读懂汽车车道偏离报警系统 LDW[OL]. https://zhuanlan.zhihu.com/p/574085458.

[2] 吕丕华. 汽车安全与舒适系统故障诊断与维修[M]. 北京:中国劳动社会保障出版社,2021.

[3] 张军. 汽车舒适与安全系统检修[M]. 北京:机械工业出版社,2021.

[4] 赵宇,郑春光. 汽车安全与舒适系统检修[M]. 北京:人民邮电出版社,2017.